本书获二〇二一年贵州省出版传媒事业发展专项资金资助

本书获贵州省孔学堂发展基金会资助

为生民立命：从身体到密契

沈清松　著

孔學堂書局

本书获2021年贵州省出版传媒事业发展专项资金资助

本书获贵州省孔学堂发展基金会资助

图书在版编目（CIP）数据

为生民立命：从身体到密契 / 沈清松著. 一贵阳：

孔学堂书局, 2024.8

（孔学堂文库 / 郭齐勇主编）

ISBN 978-7-80770-314-3

Ⅰ. ①为… Ⅱ. ①沈… Ⅲ. ①生命哲学—研究 Ⅳ.

①B083

中国版本图书馆CIP数据核字(2021)第277713号

孔学堂文库　郭齐勇　主编

为生民立命：从身体到密契   沈清松　著

WEI SHENGMIN LIMING : CONG SHENTI DAO MIQI

策　　划: 张发贤
责任编辑: 张基强　黄文华
责任校对: 陈　倩
书籍制作: 刘思妤
责任印制: 张　莹

出版发行: 贵州日报当代融媒体集团
　　　　　孔学堂书局
地　　址: 贵阳市乌当区大坡路26号
印　　制: 贵阳精彩数字印刷有限公司
开　　本: 787mm×1092mm　1/16
字　　数: 320千字
印　　张: 17
版　　次: 2024年8月第1版
印　　次: 2024年8月第1次
书　　号: ISBN 978-7-80770-314-3
定　　价: 78.00元

自序

中国知识分子皆熟知宋儒张载（1020—1077）的名言："为天地立心，为生民立命，为往圣继绝学，为万世开太平。"此语气魄之大，感动人心。士人闻之，多能发心，立为己志。然处在21世纪的今天，对于张载此言，不能不有新诠。其中"为生民立命"一语，换今天的话来说就是为天底下的苍生百姓寻找出生命意义之所在，仍恒为中国哲学家使命之所在。然其余各句，皆须略加新诠。

首先，"为天地立心"一语，当然不能诠释为要寻找出宇宙的中心，而应诠释为"心存天地以公正之心对待万物"之义。由于当代宇宙论的改变，现今吾人发现宇宙之大，并非宋儒的天地观所能比拟。非但人所在的地球不再是太阳系的中心，而是以太阳为中心；而且，太阳系所在的银河系中，不知还有多少个太阳系；且银河系之外又有其他无数类似银河系一般的星系；更且宇宙还在不断地膨胀之中，真不知其中心何在。但无论如何，宇宙对其中的万物，皆一视平等，公正对待。一如天既下雨给善人，也下雨给恶人。也因此，张载的首句"为天地立心"虽不可理解为欲为天地立其中心，但却仍可解为"效法天地公正对待万物之心"。

其次，在当前全球化过程中，不同文明相遇相撞、互动频繁，以致文明交流成为伦理、学术与宗教互动的重点，不再是仅为某一传统中的往圣继述绝学，而是有无数须继绝学的文明传统，而且皆须在相互交流中共同寻索出更高、可普化的理念与智慧。至于为"万世开太平"，说来简直是乌托邦，试观人类历史，有战争之日远超过无战争之时，有冲突之日远超过和平之时；且在日常生活中，无时不斗、无日不争，究竟万世太平终不可期。唯一可以企求的儒家理想，是在每一次的交往中，极力获取当时最高程度的和谐，努力达至"各正性命，保合太和"（《周易·乾》）之境，使得每个人都可自我实现其本性，而整体合起来又有充量的和谐。

为此，用今天的话来新诠张载的"四为"说，可以重新诠释为："效法天地公正对待万物之心，为生民立定生命的意义，为文明间相互交流寻求更高可普化之价值理想，并时时刻刻在各冲突情况中致力于充量的和谐。"

本书之作，旨在继承哲学家这一不变的使命：为天下苍生百姓，立定生命的意义。按照我的理解，欲立之命，始乎身体与自我的身命，中经社会文化的群命，终乎密契于终极真实的天命。这三层相互衔接而不能间隔，牵一发而动全身，然又层次有别，循序渐进，由身而群而天，可谓下学而上达。既须步步为营，由低而高，由下而上，又可援引来自上方资源，向下层灌注，以至上下相资，左右逢源。

揆诸中西哲人，皆有类似论述。如孟子（前372—前289）所言"四端"，虽始乎端苗，然其发展以至于卓越，如火之始燃，泉之始涌，则可成就德行；若更加扩充，则成仁政；乃至尽心知性，则可至于天。同样的，古希腊先贤亚里士多德（Aristotle，前384—前322），倡由潜能以至于实现，认为人有好的能力，若能养成好习惯，便可达至卓越，以养成德行，而有德的个人，始能有和谐之社会；有和谐之社会，始有正义之个人。甚至可进而体会如"思想其自身"（noesis noeseos）的神明一般，其所思者厥为至善，然吾人至多仅能片刻有之，而神明则经常如此。可见，中西哲学家皆同意，由身命，到群命，到天命，实为一体之发展，身命中已经含藏群命与天命，而天命亦可下贯至群命与身命，乃至全体圆满实现。

总的说来，在高科技发展的全球化时代、中西文明交流的脉络下，本书重新诠释张载"为生民立命"一语，思考人应如何寻求并完成其生命的意义。分就身命、群命、天命，层层而论，然各层皆包含其他层面之意涵。

第一部分讨论身命，论及个体的生命意义。首章可视为总论，讨论身体、社会参与和灵修三层次及其相互关系，从身命出发，再分化为身命、群命与天命，逐一论之。其次，继之以现象学奠立者胡塞尔（Edmund Husserl，1859—1938）的位格论，用以确证位格是人的本性、尊严与价值所在，是人的生命意义的基础，文中并论及所涉其他哲学问题。随后，讨论自我与多元他者的关系，反思法国哲学家吕格尔（Paul Ricoeur，1913—2005）的自我诠释学，并进行分析与批判。自我与多元他者的关系是人一生中无法避免的议题。本章拟借对吕格尔的自我与他者的讨论，来阐明、厘清并发展出一套更为合理的诠释学观点。随后，再讨论情意发展与实践智慧。情意虽是在人的身体与世界的关系中兴起，然情意的发展则必须由机体的身体转向体验的身体，由情绪管理的层面提升到实践智慧的层面。实践智慧亦需由道德实践提升至生命实践，甚至触及终极信仰的层面。本文将逐层讨论情意发展的历程，并阐发其与实践智慧的关系，旨在指出身命之中已有群命，必须培养德行，完满实践智慧。再来，更要指出，在身命中，不但已有群命，而且更有天命。为此，将特别以本人的业师赖醉叶（Jean Ladrière，1921—2007）所论人生意义的多重层面，来讨论道德、理性与信仰之间的关系。我将凸显赖醉叶先生的道德风范，以道德生活为止于至善的一种召唤和邀请。他关怀理性前景，最终以信仰为其归趋。

第二部分讨论群命，论及群体生命的意义。首先讨论高科技时代的伦理基础与实践，以面对当前高科技发展，以人的位格为本发展出仁爱与正义的伦理基础，构成伦理规范，塑造道德品格，形成伦理生活方式。其次，继上部分的主旨，将意义的动力溯至身体中的意义欲望，延伸至社会的沟通，以形成共同有意义的生活，作为群命之要旨。于是，将本人的一篇演讲稿《意义、再现：沟通行动与传播理论的基本问题》与问答纳入，先之以演讲，继之以问答，盼能以与多元他者彼此的问答，作为社会沟通的形式，并视为群命的基本精神。再者，由于群体生命若要有意义，必须寻求值得共同奉献的理想，我称之为人文信仰。然人文信仰有其脆弱性，且其能恒久者多来自宗教信仰，为此，必须继之以从人文信仰到宗教信仰的讨论。最后，作为第二部分的总结，提出一个有关群命的指导概念，也就是"充量和谐"：在每个冲突或均衡的状态中，寻求该情况可得的最高限度的和谐，并且将之放在"人与自然、人与人、人与超越界"的三重关系中来讨论。

第三部分讨论天命：终极的生命意义。首先，由于终极意义不离前述的身命与群命，因而必须回返身命，先从发展心理学与个人生命的成长，观其与宗教信仰的关系。这点无论在个人修养还是在生命教育，皆有必要加以留意。然后，再进到比较宗教学的领域，讨论世界上的两大宗教，也就是基督宗教与佛教的比较与交谈，聚焦于"觉悟与救恩"。两大宗教虽然各自有不同的终极关怀，佛教关心觉悟，而基督宗教则关心救恩，然皆有其所向往的终极真实，不至于在虚无主义威胁下，让生命意义失落，任心灵探索落空。[并于书后附上高僧净慧法师（1933—2013）对拙文的评论——《阅〈觉悟与救恩〉一文的启示》]之后，再继之以哲学与宗教的比较。由于中国哲学与中国宗教有许多共通点，它们都重视身体，也都喜欢使用隐喻与对话来表述，然其哲学性与宗教性仍有所不同。本文旨在借比较《庄子》与《老子中经》中有关身体、隐喻与对话的观念，以突出道家、道教的科学、哲学与宗教中的一个重要议题，集中于身体、隐喻与对话的主题。最后，第三部分的总结，我们将从比较宗教学（comparative religion）、比较密契论（comparative mysticism）角度，从当今世界的特性，看待中国灵修与基督徒密契论的比较与会通，特别集中在慷慨的恩典与被动的随顺两个看似对比，其实汇合的两项密契特质。事实上，由于与终极实体的密切契合正是中国哲学与基督宗教的共同关切点，一如中国哲学所谓的"天人合一""与造物者游"，或西方基督宗教所谓"密契于天主""与主交谈"等，其中的奥义正显示中国灵修与基督徒密契论的终极关怀。

须知，西方主流哲学往往把人与终极真实的关系与密契论当作宗教领域的内涵，而无关乎哲学理性的探讨。然而，从中国哲学角度，甚至从印度哲学及东方哲学的角度，人与终极真实的关系才是哲学的基本议题之一，如道家的道论、儒家的天人合一、佛家的涅槃与般若境界。为此，今后西方哲学也有必要将密契论纳入哲学领域，加以哲学省思，而中国哲学与东方哲学，更应该继续发展此一优势，勿怠勿忘。

其实，对以上身命、群命与天命各主题的关怀，早在我其他著作中便已有之。尤其本人的《跨文化哲学论》一书，可以视为本书的前身，为本书奠立了跨文化哲学的基础。例如对于身命，读者可参照我在该书的《大脑、情感与情意发展》一章，以补充本书从机体身体（尤其大脑）转向体验身体，以及机体身体在情感生活中所扮演角色的看法。其次，关于群命，由于人生意义之一在于有贡献于文化的传承，对此还可参阅该书《关于文化传输的哲学考虑》一章。而且，由于今天人们的群体生活多是在城市中度过，也因此，我在该书中结合现象学与中国哲学来省思城市之道，亦请参阅。再者，群体生活并不止于国内，且由于当前大量移民现象，已经延伸到海外的华人，他们应如何在花果飘零的日子里，度一有意义的生活，亦请参阅该书《海外华人与中道精神——从灵根自植到和谐外推》一文。在有关天命的论述中，由于西方学术界关切宗教哲学甚久，用功甚深，颇有心得，亦请参考该书《西方宗教哲学前沿问题——兼论宗教与人生命》一章，用以呼应中国人向来对人生意义的关怀。再者，基于我所论人生应由人的原初慷慨，进而产生相互性并完成相互性，因此有必要讨论如何由慷慨赠予产生法则并完成法则。于是，转向本体对终极真实有无尽慷慨（本体论），乃至产生宇宙及其中的法则的看法（宇宙论）。

我在该书中曾透过比较托马斯（Thomas Aquinas，1225—1274）自然法与老子（前571—前471）天道观，来赋给由赠予产生法则的想法以本体论和宇宙论的基础。

本书获得出版，特别要感谢贵阳孔学堂书局的慷慨与远见，尤其是郭齐勇教授的慧眼、鼓励与协助，以及张发贤先生的热情邀约，还有编辑张基强先生的用心关照细节。诸多因缘，促成此书的出版。本人特在此表示感谢之意。

沈清松（Vincent Shen）

2018年秋序于多伦多

目录

第一部分　身命：个体的生命意义

第一章 身体、社会参与和灵修

人的生命意义可以分身命、群命、天命言之。所谓"身"有"身体"之意，也有"自己"的意思。意义兴起于人身体中迈向意义的欲望，发而为各种表象，成就于语言。语言既是身命所成最有意义之物，同时又在语言沟通中进入群命的层次。群命是指人在群体中交往，实践伦理，探寻并实现共同有意义的生活。然身命与群命又隐然指向天命。所谓"天"是中国古代所指向的超越界，在本文中用以代表终极真实，因此所谓天命亦即人在与终极真实关系中的生命意义。由身命，到群命，到天命，实为人一体之发展，身命中已经含藏群命与天命，而天命亦可下贯至于身命，乃至全体圆满实现。为此，本章可视为总论，由身命出发，讨论身体、社会参与和灵修三层及其相互关系，分就身、群、天，层层而论，且各层皆包含其他层面之意涵，再在各部分中，分化为身命、群命与天命三大部分的内涵，并逐一讨论。

一、身命的起点：人的身体

无论是当代西方的现象学，还是古代中国的传统哲学，都非常重视"身体"在身心关系中的地位。的确，现象学是20世纪最富原创性的思潮，由胡塞尔（Edmund Husserl，1859—1938）奠基，到了海德格尔（Martin Heidegger，1889—1976）更朝向实存的人转变。可以说，20世纪的西方哲学发生了根本的转折。简单地说，从笛卡尔（René Descartes，1596—1650）的"我思故我在"变成胡塞尔的"先验自我"对人的"主体性"（subjectivity）的强调，再转变成海德格尔的"此在"（Dasein），以特定时空中人的定在及其超越性来开显存有，着重的是人对存有的开显。其后，更由海德格尔的此在，转成梅洛-庞蒂（Maurice Merleau-Ponty，1908—1961）的"吾身"（corps propre），以身体为我与世界的原初接触点，视身体为存有开显之原初所在。由人的主体性降至我的身体，可谓已经到了人存在的底基，同时也是到了必须翻升的谷底了。

其实，中国哲学甚早就重视身体。例如，新出土的战国时期郭店儒家竹简"仁"字的写法，原作"㤹"，可见原始儒家是以身心合一为仁，此外，也是以二人为仁。当然，由身心为仁到二人为仁，其间仍有连续性，表示人身心合一，而后对他人、他物有感有应，于是而有仁。其后，道教经典《老子想尔注》和《老子中经》也说："吾，道也""吾，身也"。①整体说来，古典儒家与道家，甚至是道教，都重视人的身体。后来宋明儒学对身体采较压抑的态度，如程颢（1032—1085）区分天命之性（心性）与气质之性（身体），而朱熹（1130—1200）有所谓"去人欲而存天理"之说。一直要到了清代儒学，才对此加以反省，因而批评宋儒对"天理"与"人欲"、"天命之性"与"气质之性"的二元区分，这才出现了颜元（1635—1704）、戴东原（1724—1777）等人，返回对身体的肯定，并以欲望为人追求意义的动力。颜元认为"舍气质无以存养心性"②，认为心性的修炼必须透过身体来进行。既然身体为实践之基，便不能区分"天命之性"和"气质之性"，甚至尊此贱彼。颜元的讨论以身体做譬喻，尤其是以眼睛的功能为喻，来说明不必做如此的区分。③至于戴东原，他也主张不要区辨"天命之性"和"气质之性"，并承继《礼记·乐记》"夫民有血气心知之性"之说，用"血气心知"来言"性"。所谓"血气"指的是人的身体；所谓"心知"指的是人的思维与认识的能力。"血气心知"合而言之，指人有身体、有头脑，能运动，又能思维。

可见，在中国哲学里面，从郭店竹简以身心合一为仁，到戴震对《礼记》"血气心知"的再诠释，有其连贯性，都是对身心关系在差异中有连续的强调。至于西洋哲学到了晚近身体现象学中突出身体的优位，虽然时间上较迟，但若不计较时间先后，也可谓中西贤者所见略同。

---

①见顾宝田、张忠利：《新译老子想尔注》，三民书局1997年版，第9、53、104、124、144页。"道者，吾也……"并在身体中予以定位；见《老子中经》，《正统道藏》（第37册），新文丰出版公司1985年版，第302、314页。

②〔清〕颜元：《性图》，《存性篇》卷二，《习斋四存编》，上海古籍出版社2000年版，第70页。

③例如颜元说："只宜言天命人以目之性，光明能视即目之性善，其视之也则情之善，其视之详略远近，则才之强弱，皆不可以恶言。盖详且远者故善，即略且近，亦第善之不精耳，恶于何加？惟因有邪色引动，障蔽其明，然后有淫视而恶始名焉。然其为之引动者，性之咎乎？气质之咎乎？若归咎于气质，是必无此目而后可全目之性矣。"（〔清〕颜元：《驳气质性恶》，《存性篇》卷一，《习斋四存编》，第37—38页）

二、体验的身体与机体的身体

本文要从身体中的欲望开始谈起。然而，在现象学里面，梅洛-庞蒂重视的是"体验的身体"（corps vécu, body as lived），而不是"机体的身体"。梅洛-庞蒂的现象学区别"机体的身体"（corps organique, body as organism）与"体验的身体"。机体的身体是指由大脑、四肢、五官、百骸所构成的生理整体；体验的身体则是人在日常生活中实存地感受到或者说是体验到的己身。梅洛-庞蒂强调人的"身体—主体"（body-subject），指的是人体验的身体。现象学只注重体验的身体而不谈机体的身体。然而，中国哲学与中医主张两者不可分，身体兼"机体的身体"与"体验的身体"，两者虽有别但仍连续，这也是我的主张。在我看来，体验的身体与机体的身体关系密切，既有联系又断裂，既存在差异又互补。譬如，戴震在《孟子字义疏证》中指出，人的身体中最重要的就是能兴起"知觉运动"，并认为人之所以会从自然的状态达到必然的目的，其究竟的动力是"欲"。[①]戴震彻底推翻了宋明理学"理""欲"二元对立的思想，将"欲"解释为人迈向道德的善的基本动力，将"理"解为"条理"。换言之，"欲"作为一种动力必然会迈向有意义的生命，甚至会迈向有秩序的宇宙，乃至德行的陶成。

且让我举心理学的例子来说明。例如，一个初生婴儿在机体身体方面仍然缺乏统合感，甚至都不知道如何运用其四肢，也因此谈不上主体的感受与体验。通常要到六个月到十八个月或两岁之间，婴儿的机体身体开始有了统合感，其运动机能有了整合性。也因此，在心理上，开始形成某种自我感。显然，体验的身体也随着机体身体而成长。拉康（Jacques Lacan，1901—1981）将这个时期的心理称为"镜子时期"，是因为此时的婴儿会在母亲的眼里看到自己，在母亲（或养育自己的亲人）眼中所映现的，是妈妈疼爱的我；然其所看到的其他小孩，往往也只是自己复制映现的形象（image of the double）而已。虽然人都会经历这一时期，但总不

①例如，戴东原说："欲者，血气之自然，其好是懿德也，心知之自然，此孟子所以言性善。心知之自然，未有不悦理义者，未能尽得理合义耳。由血气之自然而审查之，以知其必然，是之谓理义；自然之与必然，非二事也。就其自然，明之尽而无几微之失焉，是其必然也。如是而后无憾，如是而后安，是乃自然之极则。若任其自然而流于失，转丧其自然，而非自然也，故归于必然，适完其自然。夫人之生也，血气心知而已矣。"（戴震：《孟子字义疏证》，《戴震集》，里仁书局1980年，第285页）

能停留于此。人若停留于镜子时期，则是由于欲望的动力封限于自己的复制影像（double），甚至将多元他者化约为所爱自我的同一或其映像。封闭自己于其中，这是不正常的。正常的发展，应该是勇敢走向下一阶段，接受多元他者的差异，更迈向多元他者。

又如，从四岁开始，男孩子会较喜欢母亲，女孩子会较喜欢父亲。弗洛伊德（Sigmund Freud，1856—1939）称之为"伊底帕斯情结"（Oedipus complex，又译"俄狄浦斯情话"）——恋父或恋母情结。弗洛伊德视角看，这一时期是所谓"性器期"（phallic stage），孩童的注意力转移到性器部位，开始对自己或他人的性器感兴趣，心理随着机体身体的发展而展开。埃里克森（Erik H. Erikson，1902—1994）将这时期称为"介入期"，是指人的逐渐成熟使其开始主动介入人际关系网络，"包括透过身体攻击以介入别人身体，借大声说话以介入别人耳朵与注意，透过活泼运动以介入空间，借不断好奇以介入不知道的领域"[1]。又说："三到六岁小孩比任何其他时期更愿意快速学习，不厌倦地学习，且愿意将自己的想望转化为对社会有用的追求。"[2]针对这个时期，拉康强调负面规范的学习，侧重"不可以这样""不可以那样"。其实，在这一段时期更重要的是正面情感的发挥与学习。埃里克森强调"信任"，的确掌握了正面情感与价值的重要性。除此之外，我认为初步萌发的"爱"的意识，更是最基本的正面情感。小孩子从父母与周遭重要他人的爱，学习到如何去爱别人。爱的能量在家庭的环境中累积并推展。基本上，伊底帕斯情结只是对爱力的推展的窄狭式解读，将爱力化约为性欲。其实，爱力的累积与发展是从时空上最邻近的人开始，逐渐外推，由近而远，由类似而转为差异，伊底帕斯情结仅只是其中一个可能的形态，应该将它放在爱力累积与外推的更大过程中进行理解与诠释。

再如，在十二三岁之后，儿童由于身体的生长，尤其性器官的明显变化，逐渐踏入青春期，开始了可能让父母与老师头痛的青少年（teenagers）时期。弗洛伊德认为青春期生理的变化很大，是因为性与攻击性的冲动再度因着成长而返回，且因着性能量的充满而动荡，为此重新燃起青少年的伊底帕斯情结，使得青少年不容易待在父母的身边。至于埃里克森虽然同意弗洛伊德所言，接受冲力的增强确是问题所在，但他认为这只是问题之一。在社会的要求与冲突之下，更大的是青少年的

---

[1]Erik H. Erikson, *Childhood and Society*, 2nd ed. (New York: W. W. Norton, 1963), 87.
[2]Erikson, *Childhood and Society*, 28.

"自我认同"与"角色迷惑"的问题。①

在我看来，青少年的人格成长有三项基本特征：其一，生理与心理的力量的发展催促他们探求亲密关系或新颖关系的建立；其二，在前面所说的"镜子时期"中，自我与非我影像的对立，在青少年时期明显化为善、恶的二元对立，虽然他们对善、恶的诠释各不相同，而且并不一定正确，但是疾恶如仇则是青少年的天性；其三，青少年由于探索自我认同，意欲形成自己的主体性，追求人格自主，这时期兴起的价值理想是"正义"，心理朝向伦理价值的追求更为明显。由此可见，虽然说此阶段价值面的发展更为重要，也因此形成了更强烈的心理与伦理特征，但机体的身体仍与体验的身体密切相关。

针对身心的发展，其心理学的解释应该有更为一致的奠基性论述，也就是哲学奠基。由婴孩到青少年，再由青少年以至成年甚或老年，人之所以为人需要一个更为基础性的说法。也因此，让我换用现象学的语言来说：欲望是人迈向意义的最原始的动力，可谓吾人最原初的意义企向。欲望虽是人迈向意义的最原始动力，不过，人的欲望呈现于机体兼体验的身体的场域之中。既然如此，机体兼体验的身体也就被视为是迈向意义的第一个企向所兴起的场所。从现象学观点来看，身体可以视为是欲望借以呈现的现象学场域（*champs phénoménologique*），在这场域之中呈现了吾人迈向意义的最初虽无意识但活跃着的欲望。欲望是存在于身体之中，并且透过身体的运动获致表达。正如吕格尔（Paul Ricoeur，1913—2005）针对梅洛-庞蒂所说的：

> 这位现象学家（指梅洛-庞蒂）所说的意思，并不是认为弗洛伊德所谓的无意识就是身体。他只是在表明身体的存有模态，既非在我内的表象，也不是在我之外的事物，而是任何吾人可以想见的无意识的存有者的模态。此一范式的地位并不是来自对于身体的生物性的规定，而是来自身体的存有模态的双重

---

① 埃里克森认为，青少年由于身心的成长太快，几乎不容易定下心来认识自己。为此，一个青少年常会照镜子，注意自己的模样，看看自己是否够好，是否符合别人的期待；而且，有时候身心的冲力好像不在自己的控制之下，会四处冲撞。由于在学校与社会中的多样接触，青少年往往有更多的选择和机会，因此不知道自己的将来会怎样，往往需要有个专注的焦点以辨识自我。为此，青少年容易加入团体，或结成帮派，甚至运用暴力，强力排除异己或差异。为了确定自我认同，他们往往把自己、自己的理想和自己的敌人给刻板印象化了。参见Erik H. Erikson, "Identity and the Life Cycle: Selected Papers," *Psychological Issues*, no. 1 (1959): 92。

性，一个存在者的意义，正是在一个身体之内被把握到的意义，同时也是一个指向意义的行动。[①]

由此可见，身体赋予了无意识中的欲望以双重的存有学模态，它既是一个指向意义的原初行动，同时也是表达意义的原本所在。换言之，身体中的原初欲望是指向意义的动力，同时身体也是意义表达的原初场所。当然，我所谓的身体，兼具机体与体验的身体之意。

三、能欲、可欲与所欲

从人的身体中无意识的欲望开始，便有一非决定的、不确定的动力在寻求意义，此一动力不是固定的，所以能发展出各种形式的意义，并超越任何特殊形式的实现。这一在人欲望中的原初动力，起自内在，迈向超越，其起初的存在样态与动力，尚未及于当代新儒家牟宗三（1909—1995）或唐君毅（1909—1978）等人所谓的理想主义的超越精神——后者应该是人在后来的发展，而是一种原初呈现于身体的无私欲望，作为人指向他人、别物的动力，而且人可以更求向上、更求圆满伸展，乃至转入并涵盖有意识的心理与精神层面。总的说来，人的心理与精神能力的活动，虽总称为"心"，但它是就动态、发展而言的，而非纯粹、静态的"心"。这是心的原初状态，而且终人之一生不离者，正是欲望。

基本上，人探求意义的原初动力，是从身体中的欲望开始，再逐层发展。欲望作为意义动力，通过获取各种形式的表象，首先是非语言形式的，其后则是语言形式的，且在语言形式方面，先是口说的，其后才是书写的，使我们得以一步步迈向有意义的生活，并预备其后更高级、更精致形式的语言，譬如艺术的、科学的、伦理的，甚或是宗教或灵修的等等。总之，人的欲望含藏不可限定的意义动力，会不断发展并自行超越，这是人由内在而超越的动力根源。所谓"内在超越"并非意指牟宗三所说的唯心的过程，其实，人之所以能由内在而超越，起自欲望，发自身

---

①Paul Ricoeur, *De l'interprétation, essai sur Freud* (Paris: Édition du Seuil, 1965), 372.

体，并在逐层上跻的发展过程里，进而贯穿心灵与精神。简单地说，是由身体中的欲望作为原初意义动力，进而呈现为表象，然又超越种种表象，逼近终极真实，遂行其下学而上达的历程。

人出生、成长并发展于多元他者的脉络之中，且生来具有指向多元他者的意义动力。人的原初意欲，在无意识中被称为"欲望"，在有意识状态被称为"意志"，皆是同一走向可欲之善的动力，虽可表现于不同层面，其实皆是同实、续出而异名。关于人的原初意欲，法国哲学家布隆代尔（Maurice Blondel，1861—1949）称之为"能意志的意志"（volonté voulante），以有别于已经意欲的"所意志的意志"（volonté voulue）。我认为，称之为"意志"恐怕仍嫌太早，在这之前应还有欲望同样欲求意义，所以我称这原初动力为"能欲望的欲望"（desiring desire，简称"能欲"），以有别于"可欲望的欲望"（desirable desire，简称"可欲"），与"所欲望的欲望"（desired desire，简称"所欲"），共计三层，以有别于布隆代尔的两层。

让我简单说明一下。原初欲望或能欲由于是在我身中指向他人、别物的原初动力，基本上是不自私的，是人自我走出的原初慷慨，或可称之为人的"本心"。人的本心在己是一慷慨自我走出的动力，然其动也，必指向他人或别物的善，诚如孟子（前372年—前289）所言"可欲之谓善"（《孟子·尽心下》）。于是，由"能欲"转为"可欲"，从此欲望有了方向，是为欲望之初发，可称为"初心"。及其因为特定需求，如饥则欲食、渴则欲饮，或因习性而更有其他偏好，则有了明确而特定的对象，其所欲求的对象或所欲，是特定而有限的，并且人在努力获取，以及享有该对象之时，很可能会转向自我封闭，甚或变成自私的，从此才有朱熹等人所谓"去人欲"的问题。换句话说，欲望在己为能欲，其初发而为可欲，都是不自私的，而是自我走出朝向他人、别物之善的原初慷慨；然而，当其定着于某一对象，在努力获取该对象，甚至在享用该对象之时，主体会倾向于自我封闭，变成为己的，也因而可能转成自私的。这时便需节制之德，甚至是去欲之功。

若从身心一致发展的角度来重新阅读《中庸》"喜怒哀乐之未发谓之中，发而皆中节谓之和"，其中喜、怒、哀、乐等皆是因所欲发而产生的心理状态，然就其未发而能发而言，则是"中"。按道理说，应该没有不能发之中，否则怎么会有后来所谓的发而皆中节可言？设若《中庸》有一不能发之"中"的设定，或一个纯粹静态的"中"的设定，那将是不可能达至的预设。然而，我重视的是能发之"中"，亦即人之"能欲"，且其因"可欲"之善而动，是一重要的出口，旨在于善的认定，并因而发用出来。及至由"可欲"而定着在"所欲"上，则须调之以修养、节制，甚至是礼教，才能使其发而皆中节，达至和谐。今天看来，未发而能发的能欲是人存在的真实状态，它必须经过可欲、所欲而发，乃至发而皆中节。至于纯粹静态的未发，则不无疑问，《中庸》或将之设为一纯粹的、理想的状态。然而，孔子（前551—前479）于此段文字最后说"中庸其不可能也"，似乎解构了一切人朝向作为理想、静态的"中"所做的设定与努力。从《中庸》文本上看，中庸之所以不可能，不但是因为能使"天地位、万物育"的宇宙之"中"，单凭一般人的能力不可能达至，而且也是因为纯粹静态之中的不可能达至，除非有了圣人与天合一的密契经验，才能至此。也因此，《中庸》文本从此转向动态的、人人可达至的"诚"的论述。

在此意义上，我认为后来宋明儒家依据《中庸》所讲的"尊德性"或"德性"，或者道家所谓的"德"，或佛教所说的"三善根"，都可理解为指向人与万物的本然善性（儒家虽主要在指向人，然道家则还包含万物，佛家还包含众生）、本然动力或本心。至于老子（前571—前471）所谓"失仁而后义，失义而后礼。夫礼者，忠信之薄，而乱之首"（《老子》第三十八章）；或孟子所言放失之本心，甚至"童山濯濯"所喻示的状态，或"人欲横流"所描述的堕落之状；或佛教所谓贪、嗔、痴三毒，所说的都是指原本善性或本心在逐层堕落、放失，甚或旦旦伐之，之后所造成的不同程度的自我封闭的自私状态。对于这些，人都必须常加以针砭，使心灵重获自由，重返本来面目，还回初心甚或本心，或孟子所谓"可欲之谓善"，甚或《中庸》所言未发而能发之中，或我所谓的"能欲望的欲望"不自私且慷慨自我走出之本心。

四、欲望与表象的形成

在日常生活中，我们能感受到自己身体的原初亲密性与差异性之间的张力。我身体的亲密性表示我就是我的身体，或者，至少我的身体不同于我的房子、我的车子，而是与我的自我亲密地相关的且是自我的一个本真的部分。在这一层次上，而且只有在这一层次上，一个人可以说，"吾身便是自我"。但在另一方面，我的身体其实也不等同于我自己，因为它会抗拒我的意志，而且不断地朝向世界上的多元他者，也就是朝向他人、别物而开放。这一事实显示了我的身体与自我的差异性所在。

内在于我身体中的欲望，一直会指向多元他者，或如拉康所谓的"欲望是他者的语言"，是他者在我之内说话，这是因为我的欲望便是指向多元他者，以他人、别物为意义之所向。在此，我将"他者"改为"多元他者"。事实上，我是用"多元他者"一词来代替拉康或列维纳斯（Emmanuel Levinas，1906—1995）、德里达（Jacques Derrida，1930—2004）、德勒兹（Gilles Louis René Deleuze，1925—1995）等人所谓的"他者"（the Other），这是因为我们都是出生于多元他者之中，并在其间成长发展。至于"他者"则仅是抽象之词，我们在实存状态中从未真实面对单纯而抽象的"他者"。就具体的存有论而言，其实我的身体作为欲望的源起与实现之场，总是意指于多元他者，并因此开始追求有意义的生活，且不断超越任何已经欲求的特定对象。具体地说，我们若时时想到多元他者，心理会比较健康。

我认为，身体的运动整合超越了由身体的亲密性与差异性所造成的张力，并且借此开始产生意义。在此，我们可以理解意义在身体运动上的根源。能欲，作为我身之内意义的原始企图，首先是浸润在身体的动力与运动之中。当身体的运动透过像表情、姿态、声音或图像等这些非语言式的表象加工运作之时，便达到意义形成的初步，这也是使吾人的欲望开始成为可理解的意义企图的初步，或者说，这是吾人的欲望通往意义的初步。成为表象，即取得一个可理解的表达方式。姿态、表情、声音或图像等，即提供吾人将无意识的意义动力转译为有意识语言的基础，虽然这样的转译不可能完整，因为没有任何表象可以完整表达能欲的动力。欲望首先透过非语言的表象表达，即透过将x表达为y的方式，这表示它们具备一种海德格尔所谓的"宛然的结构"（as-structure），就如同在隐喻的情形一般。根据尼采（Friedrich Wilhelm Nietzsche，1844—1900）的说法，所有的表象，虽出自无意识，然其一旦成为有意识的表象，已然是一种修辞。[1]这里所谓的"修辞"，虽常常被用来指称一门作为学科的修辞学或者一种特殊的语言技巧，在此只用以表示呈现"实在本身"（reality itself）的某种表象而已。因此我选择"隐喻的"一词，而非"修辞的"，如此我们才可以保留欲望的自我开显与实在本身的模拟关系，既同又不同，既相似又差异，既连续又断裂，而不是把它们视为只是一种修辞的机制，

---

[1] Friedrich Nietzsche, *Cours de rhétorique*；法文版见Jean-Luc Nancy and Philippe Lacoue-Labarthe, trans., "Rhétorique et langage," *Poétique*, no. 5 (1971)；英文版见Carole Blair, trans., "Nietzsche's 'Lecture Notes on Rhetoric': A Translation," *Philosophy and Rhetoric* 16, no. 2 (1983): 94–129。

如同尼采提议的那样，其中仅侧重修辞的面向，却没有任何实在界的基础。

　　吾人能欲的动力在无意识中便会倾向于要用可理解的表象来表达自己。不论其原先是多么隐晦不明，多么不理性或为意识所不及，总是会倾向于运用表象来表达自己，由能欲迈向可欲，形成表象，首先是借由非语言的表象，然后借由语言的表象。弗洛伊德在《梦的解析》（The Interpretation of Dream）中讨论到"梦思"（dream thought）与"梦作"（dream work）的关系时，就已经陈明了欲望的可表象性。除了浓缩（condensation）与转移（displacement）等机制以外，可表象性（representability）的机制是使梦思获得表达的最重要的梦作机制。[1]梦作机制使得某些特定的梦思得以显现，其中含藏特定欲望的秘密，将之转变为某种图像式的语言。这种可表象性是欲望表达的一种具体形式，它扮演着新形式表达与梦之残余内容的中介。即使这种表象性的表达要比概念性的表达来得具体，但它仍然可以与说和写的语言相配合，甚至会进一步为某些个别的梦思获取适当的语言转化。[2]

　　简言之，人的身体在指向多元他者之时产生运动，特别是经由图像、声音或表情、姿态等形式的表象运作出来，成为意义动力的接引，而经由产出可理解表象之途，步步前进。人在指向多元他者并与之互动之中，先形成非语言的表象，进而形成语言的表象，并透过所形成的表象，进一步与他人、他物进行表达、沟通与互动。

　　透过不同的表象形式，例如声音、图像、姿态或表情等，人的意义企图获得了特定化，成为有某种可理解形式的身体运动，这是音乐、绘画、舞蹈、表演艺术、书法、雕塑等艺术的共同来源。这样说来，身体的运动，特别是经由图像、声音或表情、姿态等形式加工者，便成为吾人欲望动力的可理解性的初阶，因为它具现了吾人朝向意义的初步，在产出可理解表象之途上迈出了第一个重要的一步。在这一层面之所以有所谓"文化差异"，其最初的表达形式便是这些声音、图像或表情等可理解形式在性质上或规则上的差异。在这里，各不同文化群体的音乐、绘画、舞蹈和表演艺术等，甚或是电影艺术——后者是综合了影像、音乐与身体行动来呈

---

[1] "只要是抽象形式的梦思都是无法利用的；一旦它变成图像的语言（pictorial language）后，梦的运作所需的对比与仿同（如果没有，它也会自己创造的）在这种新的表达方式下就能够更容易地确定了。这是因为在每种语言的历史进展中，具体的形式（concrete forms）比概念名词（conceptual term）具有更多的关联。" Sigmund Freud, *The Interpretation of Dreams*, trans. James Strachey (New York: Penguin Books, 1976), 455.
[2] "我们可以这么想，在形成梦的中间过程中（为使得杂乱纷歧的梦思变得简洁而统一），大部分精力是花在使梦思转变为适当的语言形式。" Freud, *The Interpretation of Dreams*, 455.

现在时间中运动的影像，借以诉说各种不同的故事——其实都是一种"欲望的诱动者"（inducers of desire）。它们借声音、图像、表情等或其综合所说的故事，来明说并借此规定了欲望的意义动力，尽管所有这一切都假定了欲望的可表象性。正是由于它们，人对意义的欲求才得以规定、明说并导引。

由身体的运动转入可理解的形式，不只对意义的形成与表达甚为重要，而且是各种艺术形式的共同起源，无论是"塑出"可理解形式，一如绘画、书法、音乐等，或是"塑入"可理解形式，如陶瓷、雕塑、舞蹈和表演艺术等。从艺术哲学的角度来说，意义的欲望透过表象获取可理解的形式，是音乐、绘画、舞蹈、表演艺术、书法、雕塑、诗等艺术的共同意义根源，其间有由非语言表象朝向语言表象的转进，无论如何，这些艺术形式其实都是"欲望的诱动者"，旨在诱出欲望朝向艺境的正向发展。同时，当人的意义动力有所窒碍，出现心理病征之时，它们也有抚慰心灵的疗愈作用。借声音、图像、表情、姿态，直到下一节要讨论的语言等种种成象形态，艺术活动规定了、明说了、导引了并传达了人对意义的欲求，而当意义动力被扭曲或阻塞之时，这些艺术的活动也有打通管道的治疗作用。

因此，艺术创作是始自身体中走出自我的意义动力与原初慷慨，其中并无道、器对立，然其所追求的，则是道的揭露与道成肉身，并在其中企求扩充与圆满。人的身体中涌动着无穷的意义动力。的确，意义的涌动是出自身体，进而透过不同形式的表象呈现，如声音、图像、姿态或表情等，在这一连串成象的过程中，意义的企图获得了特定化，也取得了某种可理解的形式。因此，我同意荣格（Carl Gustav Jung，1875—1961）所谓"成象"（imaging）之法，尤其是在由他的后人刊行的《红书》（*The Red Book*）一书中，揭示了许多心灵成象与艺术创作的奥秘①。不过，我认为人的身心所成之象，并不仅限于图像而已，而且还有声音的象、舞蹈与身体姿态所成的象、塑入与塑出的象，以及众象在动态中的综合。

总之，透过各种不同的非语言表象，身体中的意义动力获得特定化和分化，成为音乐、美术、舞蹈、戏剧等艺术形式。这些不同形式的艺术的共同源起，是取得可理解形式的身体运动，至于它们的差异，则在于所取得可理解表象形式的不同；它们都是"欲望的诱动者"，规定、明说并导引了人对意义的欲求，欲望中意义动力的发展是人在不同艺术中得以跨越界域的基本动力。

---

①C. G. Jung, *The Red Book*, ed. Sonu Shambadani, trans. Mark Kyburz, John Peck, and Sonu Shambadani (New York: W. W. Norton, 2009).

五、语言表象的形成

如果迈向意义的初步是取得非语言式的可表象性，其进一步的意义，则是取得语言表象的形式。从童年时代开始，透过他人慷慨地率先对我们说话、教我们说话，我们因而逐渐获取语言，学会说话，并借此打开了一个有意义的世界。因此，语言可谓多元他者对我们不求还报的赠礼（gift）。当我们逐渐长大，在学校、在社会上，又学习了其他各种各样的语言，于是得以进入其他形形色色的意义世界，从而丰富了我们自己意义世界的建构。由此可见，所谓成长不仅是一生理的或教育学的事实，而且也是意义形成与建构的超越历程，是一个接受与创造，内外兼备，或说内外交融、外推与内省兼而有之的辩证历程。

语言是表达性的（expressive），这是说语言已经是经由某种诠释（interpretation）来进行的表达方式。举例来说，当我说"这一颗苹果是红的"时，不只是表达我个人对这颗苹果所拥有的感觉，"红色"这个语词也给予了我对于该苹果的知觉的整个生理与心理过程一个语言上的诠释，这一诠释允许我们看到某物宛若"红色"，虽然"红色"并不能完全地描述该物。忽略这一描述的不完全性，则会有执着于使用约定俗成语言的固着化的危险。

语言也是引发性的（evocative），意即对语言的某一特定用法的公开宣示，将会引发某种精神与身心状态的反应。语言因此是一种主体际的"心力共作"，在其间所表达出来的语言将会唤起某种特定的身心状态，可以是有意识的，也可以是无意识的。语言的这种召唤功能不仅曾经被用于巫术，而且也曾被古希腊哲学家们所留意，他们早已理解到，对事物或个人的命名，不单单只是一个称呼而已。名字的呼唤，将会碰触到与该事物或个人有关的本质成分。呼唤一个名字，就是呼求于或致力于引发某一事态的出现。

从非语言的表象作为初步，到随后的语言习取，我视语言的表达功能为一种自我的扩展与延伸，或更好说是一种"外推"的方式。然而，就语言的引发功能而言，语言似乎也可以挑起在个人自我之内或多元他者之间的其他可能性。从心理治疗来说，当病人与心理医生交谈时，其自我叙述越是表达性的越好，这是由于病人越能自我表达，越能发现产生问题的缺口或障碍所在。然而，心理医生所使用的语言，则须特别注意其引发性，这是由于医生的话语势将引发病人的某种身心状态。

可以说，意义的追寻是一种在"向存在的可能性开放"与"体现已揭露的现实性"之间的辩证过程，在此过程中，能欲的隐微难明与其可表象性、语言的习取与意义的建构、语言的表达性与语言的引发性、人心的外推与自省的辩证，甚至解构、建构、重生或再建构的辩证，扮演了极为重要的角色。

由于身体层面的意义建构完成于语言，而语言本身是沟通性的，因此身体层面的意义建构，最终是成就于主体际（intersubjective）的互动。在此，人的性生活可视为此一层面的一个例证。既然意义的动力始发于身体，而且身体的运动是我们的意义企向的起源地，即吾人产生意义之动力开拓出由内在而超越的道路之所在，现在我们应可就此一脉络来说明性生活的意义。一方面，健康的性行为让我们感觉到自我就是身体的存在，而不觉得身体与自我有什么距离，这种亲密感与完整性的经验完全不同于知觉或一般语言沟通的外在性、片断性与不完整性。另一方面，性的经验也使得作为身体行动的知觉与沟通，能经由表象和语言而获得升华。换言之，性行为也是一种身体的运动，在其中我们透过表象（想象的与真实的）与语言（例如甜言蜜语）的中介，在更进一步的亲密性与他异性的辩证中，去感知到某位重要他者的身体，并与之进行沟通。

在我看来，身体层面的意义动力由前述种种成象过程，在语言和书写中取得其最富于意义的表达形式。在此，人所追求的意义取得其最精致与巧妙的表诠，是以书法在自由挥洒之际，综合了人身体的运动以及意义展演的痕迹。书法也因此具有抒发性情乃至治疗的作用。至于诗，一如黑格尔（Georg Wilhelm Friedrich Hegel，1770—1831）所说，则更是所有艺术形式的精粹。因为语言所传达意义的非物质性与纯粹性，黑格尔甚至把诗的艺术地位放在绘画与音乐之上。不过，可别忘了，诗常运用隐喻联结心中的意象，并以音乐式的韵律来进行吟咏。书法和诗，是身体中意义动力得以任运成象的高峰，但仍与其他成象过程相连，不即不离。

类似的想法也可以应用到我们对其他更抽象事物的欲望上。例如，虽然我们对追求意义的欲望，很有可能甚或事实上指向或固着在宰制他人的权力上，或者拥有更多的财富上，但是欲望的动力总是指向更为深沉的目标，远超过权力与财富。如果人有意识或无意识地将其对意义的欲望固着在权力与财富上，并因而阻碍了欲望动力对于意义进一步的追求，这将会成为导致心理疾病的原因之一，也因此必须加以对治。其实，我们可以将金钱视为人试图建立的一套公认的象征系统，以代表在某一群体中利益交换的约定价值的制度。至于权力，尤其是政治权力，则可视为是人经由组织和体现群体的历史性，借以实现自己或群体的主体性的力量，虽说其滥用终将导致暴力，然任一群体终不能不有此力量。既然政治总是涉及自我与多元他者的历史性的实现，而金钱则涉及自我与多元他者的利益交换的象征系统，可见两者皆含有走出宰制、暴力与占有，而迈向沟通并共同建构有意义世界的契机，是推及更大多数的多元他者的共同善之动力。

其实，人心若是能对更超越的意义采取更加开放的态度，并且决心面对更丰富的意义开显，如此才可说是走进了健康人心智的康庄大道。性、金钱与权力，甚至因其滥用所衍生的暴力，都是现今电影最热门的主题，虽然它们最多也只是"欲望的诱动者"，但总不能因此理所当然地被它们所困惑，甚至为它们执迷不悟，以致心理困顿、疾病丛生，反而应该对其意义与限制加以理解，进而超越。换言之，在超越之中进行解构、重生与再建构。

六、由身命指向群命：相互沟通、实践智慧与共同理想

简单说来，人生的历程是不断在外推中进行自我超越与内省自觉的历程。外推（strangification）是一不断走出自己、走向新境界、走向他者甚至陌生人（strangers）、走向多元他者的历程。然而，若只有外推而无自觉，则会有逐万物而不返的危机。外推是人生极为重要的历程，中国哲学家多深有体会。例如孟子言"推"，尝谓"推恩足以保四海；不推恩，无以保妻子。古之人所以大过人者，无他焉，善推其所为而已矣"（《孟子·梁惠王上》）。可见，孟子重视善推的重要性。然而，孟子更重视由尽心而知性而知天的自觉历程，他说："尽其心者，知其性也。知其性，则知天矣。"（《孟子·尽心上》）这是特别强调尽心知性的内觉功夫。可见，一方面有外推，另一方面有内觉，两者之间的张力与辩证，构成了孟子修身与群命的基调。这类卓见清楚地指出，人生作为内心自觉与社会意义共建的历程，是不断既在外推过程中由内在而超越，且在反省过程中由自觉以致真诚的历程。

人的原初欲望指向多元他者，并开始经营有意义的表象，这是"表达"与"沟通"在人性中的根本动力所在。人的原初意欲在与愈来愈复杂的多元他者互动过程中，其所建构之诸表象及其关系网络也愈趋复杂，这点被皮亚杰（Jean Piaget，1896—1980）有关儿童的逻辑观念与人际互动成正比发展的研究结果所证实。换言之，人有走出自我封限的动力，指向有意义的表象，以规定其所追寻的善，并指向多元他者，且在成就多元他者的善之时，完成一己之善。可见，人是在动态关系的存有论脉络之中，不断指向他人、别物，并在经营表象的过程中，形成有

意义的世界，这是"沟通"行动的人性论基础，并因此使得各种形式的传输成为可能。至于乔姆斯基（Avram Noam Chomsky，1928—）所谓"语言能力"，或哈贝马斯（Jürgen Habermas，1929—）所谓"沟通能力"，却将此一人性"动力"看成只是一种"能力"，而且都只限于语言层次，哈贝马斯甚至只集中于论辩式的沟通。我不赞成将此种立基于人的存有学"动力"，窄化为只是一种心理学意义的"能力"，即使说是先验的心理能力，也仍不足。此外，我们还须考虑其他非语言式或先于语言式的沟通，甚至有白居易（772—846）"此时无声胜有声"（《琵琶行》），或庄子（前369—前286，一说前275）"相视而笑，莫逆于心"（《庄子·大宗师》）的无言沟通却意义丰饶的境界。

人的伦理生活是透过沟通来与多元他者一同实现共同价值，建立共同善的生活。就心理健康而言，也有其伦理道德的层面，却往往受到忽视。对此一层面，儒家特别注意。例如孟子在《孟子·公孙丑上》中就说："其为气也，配义与道；无是，馁也。是集义所生者，非义袭而取之也。行有不慊于心，则馁矣。"他明白指出，养气的道理通于道德生活，若心中道德空虚，那么气也就养不起来，甚至会感到气馁；相反，若是集义所生，则可浩气长存。若用更简单的语言来说：如果伦理关系都没搞好，势将引起许多人际关系与心理的冲突，安得健康？更何况修心养气？

伦理生活起自人与人的沟通。正如胡塞尔在《纯粹现象学与现象学哲学观念（第二册）》（*Ideen zu einer reiner Phänomenologie und phänomenologischen Philosophie II*）（以下简称《观念II》）中使用"沟通行动"（communicative act）一词，并将它定位在一个人与其他人透过沟通行动进行人的共在意义的共同建构。对我而言，这要比哈贝马斯的"沟通行动"概念更早提出，且更为重要。哈贝马斯认为，人与自然的关系是一种技术控制的关系，人与其他人的关系是沟通的关系。对哈贝马斯而言，沟通是透过论辩的语言来进行的，其中一方提出论题，另一方提出反对论题，然后双方彼此透过事实和论证寻找论据，以便在更高层次、共同可接受的命题中寻求共识。对胡塞尔而言，沟通并不只是智性或语言性的沟通，还包含某种评价和实践的历程，譬如爱和还爱、恨和对恨、信任和相互不信任。胡塞尔说：

> 隶属于社会集结的人对彼此而言都是同伴，他们并不是相对立的物体，而是相对的主体，彼此生活在一起，无论是现实地或是潜在地，透过爱和还爱的

行动，恨和对恨的行动，信任和相互不信任的行动等等。[1]

　　胡塞尔这些话清楚说明：沟通行动中存在一种伦理向度，因而沟通行动并不仅限于智性的、论辩的关系。比较起来，哈贝马斯所说的，是一种论辩性的沟通行动；而胡塞尔所用的"沟通行动"一词，主要是在表达一种社会性的存在意义的建构，表示人们透过伦理的方式共同建构有意义的生活。[2]正如主体际的相互了解必须诉诸共同可理解的语言。同样的，社会生活的共同意义的建构也必须诉诸共同的理想和价值，才有可能透过伦理实践，共同去达成。

　　用我的话来说，人的能欲发展到了有意识的地步，称为意志。此阶段的"心"，是一有意识地指向他人、别物的善的动力。意志的对象是善，其中蕴含了可欲的价值。伦理所涉及的，是人在与多元他者的关系中实现共同善的生活。详言之，所谓伦理的善，是人在与多元他者的关系中，经由实践活动而实现共同可欲的价值于共同生活中，借以体现共同的善。人的意志只有在自我走出之时，才能辨识出多元他者的善，并且唯有当多元他者的善获得实现之时，才有一己善的实现。由此可见，意志本身是不自私的，意志会不断向外走出，是迈向他者的动力本身，是来自能欲的一种原初慷慨。在如此的原初慷慨推动之下，才会进一步成立"相互性"（reciprocity）的要求。伦理上关于所谓相互性的原理，一般被称为金律（the Golden Rule），大体上以各种不同的方式存在于各种文化圈、宗教团体和伦理群体之中。金律仍可区分为消极的和积极的两种。像孔子所谓"己所不欲，勿施于人"（《论语·卫灵公》），并未明说人该做什么，而只说不该将己所不欲者强施于他人。这是儒家版的消极金律。至于孔子所谓"己欲立而立人，己欲达而达人"（《论语·雍也》），则明说该做的正面方向，这是积极的金律。然而，在金律得以形成之前，须先有意志无私地自我走出，指向多元他者的善与公共的善，才能进一步形成相互鼓舞、相互约束的金律。换言之，先有慷慨，才有相互性。

---

[1]Edmund Husserl, *Ideen zu einer reinen Phänomenologie und phänomenologischen Philosophie II: Phänomenologische Untersuchungen zur Konstitution* (Den Haag: Martinus Nijhoff, 1952), 193.
[2]因此胡塞尔在《观念Ⅱ》中说："社会性是经由一种特属社会性的沟通行动所构成的，在这种沟通行动当中，自我转向他人，在其中自我也意识到他人正是自己所转向，且了解到自己这种转向，并且或许会针对此而调整其行为，且相互对应，透过同意和不同意的行动来转向另一自我。"（Husserl, *Ideen zu einer reinen Phänomenologie und phänomenologischen Philosophie II: Phänomenologische Untersuchungen zur Konstitution*, 194.）

若要衡定原初慷慨、相互性与主体性之间的适当关系，实现伦理的善，便需要"实践智慧"。亚里士多德（Aristotle，前384—前322）的"实践智慧"（phronesis）不同于康德（Immanuel Kant，1724—1804）所谓"实践理性"（*praktische Vernunft*）。因为康德的"实践理性"强调的是对人的意志自律地遵守道德义务，强调的是对道德义务的遵守；然而亚里士多德的"实践智慧"，旨在变动不居的情境中，判断与实践整体之善，以便达至卓越，成就德行。亚里士多德说："所谓实践智慧，也就是善于审决对自己为善和有益之事，但不是局部的，如对于健康、强壮有益之事，而是导向普遍的善的生活的事物。"①值得注意的是：亚里士多德之所以主张有"普遍的善"，是由于其相信"形式"的普遍性；然而，在今天，本质主义深受质疑，难以再主张有纯粹普遍的善（universal good），但我们至少可以主张"可普化的善"（universalizable good），也就是我认为的善透过外推，别人可以接受、可以分享、可以视之为善。

由于个人慷慨走出自我封限，走向多元他者，人才会进一步形成相互性。就是说，原初慷慨的自我走出、走向他者，先于相互性的成立。在两个人能形成相互性之前，必须至少先有一人自我走出，走向对方，才有可能进一步形成相互性。因此，在我看来，在所有正面价值中，最为根本的是慷慨、仁爱与自由，在这些价值的基础之上，才能进一步形成并成就涉及相互性的其他价值，如平等、正义、相互尊重、友谊等等。在我看来，基本的道德价值是仁爱与正义。仁爱是对他人、他物的联系与感通，并因而顾念他人、他物的善，总归于耶稣所言"爱人如己"，或孔子所言"爱人"，或孟子所言"仁者爱人"。至于"正义"在道德哲学或伦理学上的最终要旨，在于尊重每一个人实现自我、主体性与自主的愿望。至于政治、社会、经济层面的"分配的正义"和"交换的正义"，正是基于道德的正义。例如，报复往往是由于施暴者不尊重别人，以致分配不公或交换不公而引起的。虽然，报复是源于分配正义或交换正义先被破坏了，但是，正是由于违反了道德的正义，不尊重每一个人实现自我、自由的人格权，才会在政治、社会、经济上忽视甚至破坏分配或交换的正义。

人要有圆熟的判断，才能在具体情境中知道该说什么、该做什么，而成就共同的善。实践智慧须能顾及整体的善，甚至会为了整体的善而克制自己。这是亚里士多德所言的节制之德，也是孔子所谓的"克己复礼"（《论语·颜渊》）。关于节

---

①Aristotle, *Nicomachean Ethics* 1140a25–30.

制，要实现他人之善与共同之善，意志有时必须对自己的欲望有所节制。节制是致力于使他者之善与公共之善得以实现，并使得人的情感能力卓越化的一种德行，其目的不是禁止情感的发泄、扼杀感性的快乐或使自己享受得更少，而是在与他人的适当关系中享受，使自己更为卓越，以便享受得更好。

成年人参与社会生活的本质，在于意义的共同建构，其中共同的理想扮演着十分重要的角色。如果没有共同的理想，只有共同的利害关系，往往会造成公共领域中互为主体关系的恶质化。没有理想，只有利益，将会使个人陷落在自私的自我当中。社会生活成为自私的个人或占有式的个人彼此杀戮的战场。由于封闭的主体性自我膨胀，使得在政治、教育、学术论坛甚至公共游乐场所中，人际关系恶化，到处都有安全顾虑，到处需要监视录像。缺乏共同理想的隶属感，不但使社会生活变质，更造成人际基本信任的消失，使个人和群体皆失去了建构安身立命的意义世界的能力。

我将社会中人们对于价值理想的信念称为"人文信仰"，并且认为成年人格最需要培养的就是人文信仰。所谓"信仰"是指个人或群体对生命意义的最后基础的一种心灵上的投注。对于社会生活中共同意义的建构而言，人文信仰所提供的理想是凝聚人心、促成人们互信的心灵价值。理想价值也是属于超越界，由于其抽象性、理想性与可普性，而吸引人们共同携手，朝向它们竞奔，一起建构有意义的生活世界。质言之，"人文信仰"是将生命的意义投注在像仁爱、正义、真、善、美、和谐等出自人性的要求，且人性可予以实现的价值。对于人的社会生活的意义而言，共同理想是非常重要的。

七、由群命而天命：宗教信仰与灵修生活

一般说来，人到晚年更容易体会到人间价值的有限性，甚至会体会到"空""无所得"的感受。[①]值得注意的是，人文价值与理想往往有其宗教根源。

①关于佛教所谓"空"，我认为可归结为三义：其一，从存有论讲，"空"意指缘起性空；其二，从灵修讲，"空"意指不执着，甚至无执于"空"，所谓"无所得"属此；其三，从语言上讲，名实无当，语言乃人所建构，无固定指涉于实在界。

西方的人文价值多是来自基督宗教传统，而中国的人文价值则往往来自儒家、道教、佛教的宗教情怀，乃至民间信仰传统的俗世化与内在化。人文信仰的确能使人们的个人生命与社会生命（身命与群命）有意义，然而，成年人十分容易遗忘人文信仰的超越性，而自我封限于社会的内在性之中。随着生命的成长，世事日趋复杂，人会发现：每个人都是有限而且脆弱的，最后都可能背叛自己原先的理想，使自己原本所追求的仁爱、正义、真理、和谐等变成一场空。于是觉察到：人本身并不是人文信仰的最后保障。人文理想中的超越向度往往是来自更为深远的基础，如此一来，人就需要向宗教信仰延伸。如果不知道基础与根源，往往会停留于人的内在性，从而将自己封闭在世俗之中。成年人终究会面对向宗教开放或封闭于内在性的抉择。理论上，我们可以追问："到底理想从何而来？"如果说，有限而脆弱的人性不是人文理想的最终基础，那么，深加反省便会将人们带向宗教的层面。

　　人的生命成长的最后阶段，是在与超越界的关系之中形成精神生命。这是"心"的更高层发展。一般而言，这会发生在人的老年时期，但作为一种生命形态也有可能出现在其他阶段。的确，有些禀性纯真的儿童、青年或本应忙于社会生活的中年人，对宗教或超越界的事理具有特别的敏感度，甚至更优于其他才干。不过，大体说来，宗教情操通常会发生在人的生命成长的成熟阶段。尤其到了转趋晚年，已然历经五味杂陈、曲折复杂的人生，由于阅历广博，体验甚深，心中更期盼去妄返真，向往终极真实。如果在成年时期没有一去不返地自我封闭在个人的主体性或世俗的内在性之中，则无可避免地终会将生命意义投注在超越者身上。此时，在其对生命意义的探索与意义世界的建构中，宗教信仰将扮演日愈重要的角色，前此所获取的宗教知识与宗教经验，将会在拥有者的心灵中发挥最大的效用。

　　诚如前述，人文信仰是人们在社会中凝聚、团结，共同建构有意义世界的触媒与黏合剂。然而，人文理想的超越性往往会被主体性或社会的自我封闭所遗忘。人的脆弱与有限无法赋予价值理想以终极基础。宗教信仰不把价值的最后基础只放在人身上，而是投注在一超越者的身上。此所谓超越者，是上帝或天主，是佛，是安拉，是老天爷等等，或一"不知名的神"，或最后说来，在遥远的远方，一切虔诚的心灵终会相遇。无论如何，对超越者的投注是宗教信仰最根本的基础，也因此宗教信仰有其"超越性"。"超越性"是对比于"内在性"来了解的，所谓"内在性"是指生命存在意义的根源及其证成是内在于人的主体、社会和世界之中。至于"超越性"则指存在与意义的根源与证成，不能仅仅由诉诸人的主体、社会和世界而获得，却必须诉诸一完美的存在者，才能获得终极解释。换言之，这时候的生命，是超越的生命、属灵的生命、探触神圣界的生命，或简言之，天命也。

正由于人相信超越者，所以人所相信的终极价值，包含宗教价值与仁爱、正义、真、善、美等人文价值，才会成为神圣的，因而有别于世俗价值。在此"神圣性"是相对于"世俗性"而言。所谓世俗性是特指满足于、封限于社会日常生活内在运作之中，至于神圣性则由于其与人的日常生活的距离或与人力操控之物有某种深邃难言的精神性差距，因而值得人心向往，甚或自觉渺小。总之，"超越性"和"神圣性"正是宗教信仰的本质特性，并因此使人的情意生活有了终极的归宿与提升，不会自囿于有限的人性，也不会引发人的主体性的骄狂。

为达至终极真实，人需要进行灵修。我将"灵修"定义为，"自我修身与止于至善的种种观念与实践方法"，其目的在于针对人迈向意义的欲望及其实现，透过身心提升的种种步骤，借以滋养、活化并实现人的生命，及其与终极真实的关系。简单地说，灵修便是圣女大德兰（Saint Teresa of Avila，1515—1582）所谓的"止于至善之道（the Way of Perfection）"。为此，灵修所基本关心者，是透过自我修养与自我实现，来度一健康完整、意义丰渥、止于至善的生活。基本上，基督宗教①比较强调在迈向与终极真实（上帝、天主）的密契过程中来看待灵修，而中国哲学里的儒、释、道三家则更关切养生、修心与成德，而将密契经验纳入灵修过程中，然他们皆重视灵修，则是不争的事实。由于溢出我的主题之外，我们稍后在别的篇章中再谈。

八、重返身体：灵修生活中身体的地位

晚近，灵修与治疗的关系受到广泛的注意，本文由于篇幅所限，不进行讨论。倒是有一个问题，我想在本章的最后加以探问：到底在灵修生活与密契经验中，身体有没有任何正面的、积极的地位？我之所以会问这个问题，是因为有不少苦行论述，主张必须弃绝身体，实行苦修，才能使灵魂超脱。例如，在西方中世纪发展出来的某些否定身体的灵修主张，甚至极端到自我鞭打，苦行到了自虐的地步。在我看来，如此否定身体，与其说是表现灵魂的坚韧，不如说正好表现了灵魂的软弱，

①本书中"基督宗教"（Christianity）一词泛指天主教、基督教、东正教和英国圣公会。

因为如此轻慢、虐待天主所赐的肖像才能提振灵魂，其中不但在存有论上假设了心身二元论，在伦理学上采取去人欲始能存天理的偏颇原则，而且在神学上没有了悟"道成肉身"的要义。

然若没有上述的错误预设，只将身体的刻苦视为一种方法，该也是可以积极看待的灵修方式。在这一点上，我们可以举基督宗教和道家的例子来说明。就基督宗教而言，例如圣十字若望（Saint John of the Cross，1542—1591）在《灵魂的暗夜》（"Dark Night of the Soul"）中唱道："一个暗夜/点燃着爱的急切渴望/哦，纯然的恩典/我出走/未被瞧见/我的殿堂现在一切静止。"①然后，他在《登上加尔默罗山》（Subida del Monte Carmelo，英文为Ascent of Mount Carmel）一书中对这第一节诗的评注是："在这第一节诗中，灵魂渴望以撮要的方式宣称自己在暗夜中出走，被上帝所吸引，且点燃着唯爱主之火。这一暗夜是一种对俗世外物的感性欲望、肉身的喜好和意志的满足的剥落和炼净。这一切剥落是在感官的净化中进行的，也因此，此诗宣称灵魂在殿堂（按：指身体）静止时出走，因为感官部分的欲望静止且在灵魂中睡着了，而灵魂也在他们中睡着了。人无法从欲望的痛苦和焦虑中解脱，除非欲望被节制而且睡着了。也因此灵魂宣称，未被瞧见地出走，是一纯然的恩典，没有来自肉身欲望或其他一切的阻挠。"②可见，圣十字若望没有主张身心二元论，他说"感官的欲望静止且在灵魂中睡着了，而灵魂也在他们中睡着了"，这话道出了两者虽有张力但仍和谐之道。之所以有必要超越身体，只是因为在方法上有必要如此，才会"从欲望的痛苦和焦虑中解脱"。

在中国哲学方面，道家的灵修主张也与此类似。道家的灵修方法始自守神练气，以物观物，终而能融入于道，随道流转。老子所言："载营魄抱一，能无离乎？专气至柔，能婴儿乎？涤除玄览，能无疵乎？爱民治国，能无知乎？天门开阖，能无雌乎？明白四达，能无为乎？"（《老子》第十章）指出道家的灵修实践首先要"守神"，将身心持守为一，不致分离；进而"练气"，透过呼吸的控制，借以返回生命力根源，柔顺宛如婴儿。"守神""练气"都与身体的姿态有关。进一步，将人的意识视为一玄镜，能照见万物本质，尤其要"以身观身，以家观家，以国观国，以天下观天下"（《老子》第五十四章）。让身体成其为身体，以观见

---

①St. John of the Cross, The Collected Works of St. John of the Cross, trans. Kieran Kavanaugh, O.C.D. and Otilio Rodrigues, O.C.D. (Washington, DC: Institute of Carmelite Studies, 1979), 68.
②St. John of the Cross, The Collected Works of St. John of the Cross, 74.

身之本质；让家、乡、国、天下等皆各按其层级显示自身，以观见其本质。特别要注意其中"以身观身"一语对于身体本身的尊重。之后，应以"无为"的原则"爱民治国"，进而"顺从天道"。顺从天道的根本原则，在于采取阴性、被动、柔弱的原则，不坚持个人意志，不强调宰制的欲望，为道之过站，随道流转。在此，可以看出道家哲学所言深刻的密契经验，是以最高的被动性接受道，任道的韵律将自己带走，随道流转。此种对于被动性的强调，中、西密契论皆十分相似。[1]

可以看出，道家的灵修有"以身观身"对身体的基本肯定。在基督宗教，也可用身心合一的方法来体现耶稣所肯定的人性当中的神性。耶稣在《若望福音》中说："在你们的法律中不是记载着：'我说过，你们是神'吗？如果那些承受天主话的，天主尚且称他们是神，而经书是不能被废弃的。"[2]可见，身心合一的灵修是以身体的圣化为旨，而不是以身体的弃绝为务，是以耶稣在他伯山上显圣容，使身体成为天主光明的显现，作为典范。[3]

由以上例证看来，若说对身体的否定仅具有方法学的地位，那么对身体的肯定不但可以成为达至密契经验的手段，而且可以突显身心合一的存有学意义，最后将心灵所达至境拉回到身体并反映在身体的表现上，用以例证身体显圣和道成肉身的神学意义。

其实，不只基督宗教有所谓人的神性的说法，在其他宗教中也有之。例如，佛教所言"众生皆有佛性"或道家所言"万物皆各有其德"，而所谓"德"就是在万物中的道，道教甚至有所谓"道性"之说。至于儒家，基于人文主义的想法，至多

---

[1]最后，关于"明白四达，能无为乎"，所谓"四达"即"四大"，亦即二十五章所言："故道大、天大、地大，王亦大。域中有四大，而王居其一焉。"（其中两句本人曾主张应读为"人亦大""而人居其一焉"，理由在此不赘）由事天而随道流转，"道"既然遍在万物、穿透万物，人自然可以明白"四大"，亦即明白存在的四大范畴——道、天、地、人。不过，"明白四达，能无知乎？"表示其并非理智性的推理和表象性的认知。

[2]《若望福音》，《圣经》，思高圣经学会1992年版，第1660页。

[3]如果要增加一些跨文化比较的例子，我们还可以提到，例如，在伊斯兰教中出现的素菲派和犹太教中出现的卡巴拉派（Kabbalah），在十二三世纪时皆出现了某种重视身体的密契经验。素菲派中有些人使用音乐和舞蹈来提升精神的专注力，在舞蹈中达至身心平衡，并纳主于心怀。其中被称为"旋转的托钵僧"的毛拉维亚派（Mawlawiyyah），更强调用舞蹈集中精神，泯除自我界限，体验空无，在旋转中使身心宛若献主的灯台。同样的，卡巴拉派的西班牙犹太密契家阿布拉菲亚（Abraham Abulafia，1240—约1292）也发展出一种犹太式的瑜伽，运用呼吸、祈祷与特定身体姿态，借以开启灵魂封口，达至自我解脱。和中国道家的凝神练气与佛教的参禅打坐一样，其意义都是在从身体的动作与运用开始灵修，也将灵修的高峰经验最后返回到身体上面来。

只说到"人人皆可成为尧舜"，然也是勉励人应成圣成贤，止于至善。

九、结语

以上，我先论身命，从身体中的"能欲"说起，以及能欲之迈向"可欲"之善，到实现于"所欲"，落实在各种表象的建构及其限定中，然而又趋向于超越所有限定的实现。这一说法更切合于心的发展。心的作用始自慷慨自我走出的能欲，然后再发展为"意识都是先意识到什么"的意向性，再发展为能意志与所意志的辩证互动，成熟于社会伦理生活，也就是群命。然后，再而上跻于天命，而完成于灵修与宗教生活，甚至与终极真实的密切契合。这一过程，显示人在各个层面，逐层上跻、不断超越的过程，其实是同一生命的不断外推、超越，乃至朝向止于至善之途。为了止于至善，我们必须不断超越，用理想来共同提携，并且不断返回身体，而且择善固执，不断改过迁善，乃至日新又新，始能真正止于至善。

第二章 论位格之构成：现象学奠立者胡塞尔的论述

一、引言

位格（person）是人的本性、尊严与价值所在[①]，正是人的生命意义的基础。然而，究竟位格是如何构成的？这是哲学上，尤其现象学上，非常值得探讨的一个问题。所谓"构成"（constitution）的问题，是现象学奠立者胡塞尔现象学中十分重要的一部分，主要关切的是探究者在方法学上经历了现象学还原之后，在先验的态度之下，从最彻底的出发点——"纯粹自我"，来针对探究的对象，例如自然世界和精神世界，型构纯真的知识内容。至于胡塞尔对于"位格的构成"的讨论，则是隶属于其所谓精神世界的构成部分。

胡塞尔对于"构成"问题的讨论，主要集中在《观念II》里。该书的副标题是"构成的现象学研究"（*Phänomenologische Untersuchungen zur Konstitution*）。该书原稿的出版历经波折，原先起自1912年胡塞尔用铅笔所作的速记稿，此速记稿随后发展为《观念II》和《观念III》的主要内容。有关《观念II》的部分，胡塞尔在1915年重写，并由当时担任助教，后来成为修女的史坦茵（Edith Stein，1891—1942）编辑，而且将胡塞尔在战争期间所写的发展性的内容也加以整合。1923年，再由当时担任胡塞尔助教的兰德格雷贝（Ludwig Landgrebe，1902—1991）整理，打出稿子的清样。该稿前前后后由胡塞尔一改再改，后来又由施特拉塞尔（Stephan Strasser，1905—1991）批注，然而由于胡塞尔的审慎和修订，终究无法在其生前出版，直到1952年才由比利时鲁汶大学胡塞尔文献中心出版。该书虽然不

[①]我们之所以将person一词译为"位格"，是因为对每一个人我们皆须尊称为"一位"，所以译为"位格"。至于personality一词则可译为"人格"。不过，在西方，person一词不限于人，凡可以"位"称呼的精神体，如天主、上帝或天使，也都具有位格。在本章中，胡塞尔主要用以指称人的位格。

是在胡塞尔亲自注视之下出版，然而其在胡塞尔作品最为丰产的前后20年间，一再经胡塞尔的助理整理，并由他本人一再修订，可见胡塞尔对该书的重视。

胡塞尔在《观念Ⅱ》中，尝试展开他对于"物性自然"（material nature）、"魂性自然"（animal nature）和"精神世界"（spiritual world）的构成。本文仅集中对其在精神世界的构成中所论及的"位格"构成的问题加以解析和评论。

二、"位格"概念区分自然科学与人文科学

胡塞尔对"构成"问题的讨论之主旨，在于解决自然科学和精神科学（亦即吾人所谓"人文科学"）之间的关系问题。而其中胡塞尔对于"位格"的讨论，则主要是提出一个足以明确区分两种科学的判准。胡塞尔在1917年8月2日写给古斯塔夫·阿尔布雷希特（Gustav Albrecht, 1858—1943）的信中曾说道："我有责任完成并出版我多年来的工作成果，特别是因为它们提供了宰制过去时代的自然论世界观，和今后的目的论世界观之间的协调以科学性的基础，然而目的论的世界观才是明确的真的。"[1]这封信的这段话显示出：胡塞尔在讨论构成问题的阶段，早已摆脱了自然科学的框限，认为精神科学所处理的目的论世界观是更为真实的。这个更真实的世界观，要在胡塞尔所论精神世界有关"位格"构成的讨论中加以处理。胡塞尔这种看法，一方面继承了他的先驱狄尔泰（Wilhelm Dilthey, 1833—1911）的学说，另一方面又与狄尔泰大有不同。

狄尔泰区别自然科学与精神科学的进路，主要是知识论式的。他认为自然科学的知识论运作，主要在于"解释"，所谓"解释"，是用普遍的因果关系来规定个别的自然现象；至于精神科学的知识论运作，主要在于"理解"，所谓"理解"，是把握人的行动及其产品的独特意义。而所谓"意义"，是每个人，每个社会或每个时代独特的生命力的表现力。从生命力到表现，是为"创作"，而"理解"是由

---

[1] Karl Schuhmann, *Husserl-Chronik: Denk- und Lebensweg Edmund Husserls* (Hague: Nijhoff, 1977), 212–213.

表现（包含行为、典章制度等）回溯生命力的过程。[①]

不过，狄尔泰的知识论运作，内在地也隐含着某种形上学和人类学的洞见：自然是由因果组成的网络，一切自然现象皆在其中受到决定；人则是目的论的存在，需由生命走向其表现。

但是在胡塞尔看来，狄尔泰的知识论运作并未把握到现象学还原法的重要性，而把自然科学和精神科学的关系定位在"解释"和"理解"这两相抗衡的知识论运作上。其实对于胡塞尔而言，精神科学和自然科学并不是相抗衡的。而且，精神科学所处理的目的论式的精神世界，要比自然科学更为真实。不过，狄尔泰的知识论运作中所显示的"目的论"与"因果论"的差异，则相当程度地被胡赛尔承接下来。

胡塞尔在《观念Ⅱ》中特别提出，要了解自然科学和人文科学之间的差异，首先就假定了现象学还原法的运作。如果没有经过现象学的还原，科学家所持的仍然只是素朴的态度，也就是胡塞尔所谓的"自然论的态度"（naturalist attitude）。胡塞尔认为精神科学和自然科学不可以并列和对立，而以"意义"针对"因果"，以"独特"针对"普遍"，以"表现"针对"决定"；必须经过态度上的扭转，从"素朴的态度"转向"先验的态度"，才能真正明白精神世界。他说："凡是只见自然之人，也就是自然科学意义下，并透过自然科学之眼所见的自然，都会对精神领域视而不见，然而后者正是人文科学的特有范围。这种人看不见位格，也看不见其意义取决于位格成就之对象，亦即文化对象。更恰当地说，他根本看不见位格，即使他以自然论，心理学家的态度而言，也必定与人有关。"[②]

狄尔泰虽然已经觉察到，有必要摆脱自然科学和心理学的态度，才能了解精神科学的特性。但是由于他在方法学上的不足，没有经由彻底的现象学还原，重新处理构成问题。所以在胡塞尔看来，狄尔泰的做法是不彻底的。胡塞尔说："唯有指向自然、身体、魂，和自我与位格的各种观念，针对它们的现象学构成泉源，加以彻底的研究，才能够解析出决定性的说明，并且赋予这种研究的有效动机以更深刻的合法性。"[③]

胡塞尔对"位格"问题的讨论，主要是以之作为区分自然科学与精神科学的关

①沈清松：《现代哲学论衡》，黎明文化事业公司1990年版，第301—302页。

②Husserl, *Ideen zu einer reinen Phänomenologie und phänomenologischen Philosophie II: Phänomenologische Untersuchungen zur Konstitution*, 191.

③Husserl, *Ideen zu einer reinen Phänomenologie und phänomenologischen Philosophie II: Phänomenologische Untersuchungen zur Konstitution*, 173.

键。自然科学在自然论态度之下处理自然，如果心理学家以同样的态度来研究人，那也只是把人当作自然物，而不是当作位格来看待。只有在扭转态度——从自然论的态度转向位格论的态度，才会把人当作位格看待，因而进入人文科学的堂奥。就此而言，对于位格的了解和肯定，正是自然科学与人文科学的根本区别所在，而且胡塞尔认为"位格"是更为真实的。人对自然的认识，是由人以"位格"的身份构成的，因此自然论态度应该臣隶于位格论，甚至可以说是来自人的位格的自我遗忘。胡塞尔说："在严格探究，显然没有两种资格平等，属于同一秩序的态度，或两种完全相等的统觉，在彼此相互穿透。事实上，自然论的态度是隶属于位格论的态度，而前者的获取只借着某种抽象、或者借着位格的自我遗忘才成为可能。"①胡塞尔在这一段话中提出了"位格遗忘"的概念，并认为自然论态度以及从自然论态度出发的全体自然科学是来自"位格遗忘"。这个观念与后来海德格尔将科技的发展视为"存有遗忘"的后果，有异曲同工之妙。只不过，海德格尔将遗忘的层次定位在存有论上，而胡塞尔则将遗忘的层次定位在位格论上。其间的差异在于海德格尔的思想定位于"存有"，而胡塞尔的思想定位于"主体性"。

　　胡塞尔对于"位格的构成"的讨论，基本上可以区分为三个层次。首先是"身体层次"，其次是"自我层次"，最后是"社会层次"②。狭义地说，"位格"仅定位在自我的层次；广义地说，这个自我在时空上却是具现于身体，而且此一自我生活在许多其他自我的互为主体性关系之中。显然，胡塞尔在《观念Ⅱ》一书中的思想，并不像具有观念论倾向的其他作品，如《观念Ⅰ》和《笛卡尔式的沉思》（Cartesianische Meditationen）对于纯粹自我的讨论，具有非世间性、不食人间烟火的倾向。事实上，在《观念Ⅱ》中，胡塞尔的"自我"是具现于身体的，有其世间性。其次，胡塞尔的"自我"也不是孤独的、独白的自我。而是与其他自我、与别人共在的自我。因此他认为：对于社会的讨论，必须从许多位格之间的互为主体性关系中导引而出。

---

①Husserl, *Ideen zu einer reinen Phänomenologie und phänomenologischen Philosophie II: Phänomenologische Untersuchungen zur Konstitution*, 18.
②Husserl, *Ideen zu einer reinen Phänomenologie und phänomenologischen Philosophie II: Phänomenologische Untersuchungen zur Konstitution*, 49–51.

三、位格的身体层面

对于"位格"的讨论，必须从身体的层面论起。最主要的原因是我们要论及一个作为位格的人，在寻找人的现象的呈现时，此一现象的呈现脱离不了人的身体。换言之，人也是在此时此地呈现的身体，但是对于具有位格的身体，我们不能停留在自然论的态度来看待。一方面，如果不见身体就不见人；但是另外一方面，要在身体中看出是位格人的身体，则需要经由现象学的还原法，由素朴的态度转向先验的态度。一个位格人的身体，并不只是一个带有感官的物理事物，这个身体作为位格的呈显，有活泼泼的生命，其中许多心理的和精神的特性，实际上是与身体为一的。它们发生在身体上，或者就是存在于身体内，无法透过另一个明判的区域来显现，身体就是这些心理或精神特性呈显的场域。然而，这些心理或精神的实在性，又不仅止于身体，胡塞尔说："超越过单纯物理事物的实在性，本身并非能与后者分离，也非并列的某物。也因此它与该物一起运动，而且是借着在空间之物当中，才能获得其空间上的规定性。"①无论是心理的或是精神的特性，只有在身体上才能够获取其物理的特性，也难怪一般的自然科学家会试图用物理的特性来规定心理和精神的现象。事实上，心理和精神的现象虽然必须透过身体呈显，但又具有一种更为优异的实在性。显然地，只有转换自然论的态度，采取先验的态度，才能把握同一个现象场域中更为优异的存在层面。

这些心理的和精神的运作，例如意识的状态、各种的表象（包含想象、概念、理论、判断）、评价等，就其本身而言是可理解的，而不须诉诸身体。换言之，心理的与精神的内涵，本身并不具有物理性，其可理解性并不依赖于物理的特质。胡塞尔说："魂是在身体内……同样的，那些意识的状态等种种的表象、思维的起伏与判断，也同样在身体内。""意识本身，例如说这个个人的思维集丛，可以无须自然而加以思考。而自然的知觉本身，只能置定为彼物在此。然而，我们很可理解的，这些思维……并不包含自然，其中并无客观的空间，而且意识也不可以置定为

---

①Husserl, *Ideen zu einer reinen Phänomenologie und phänomenologischen Philosophie II: Phänomenologische Untersuchungen zur Konstitution*, 176.

是自然物，它是绝对非空间性的。"①由以上的讨论，我们可以确定：一切更亲密地属于位格的状态，例如意识和精神的现象，其本身是非空间性的、非物理性的，但透过身体才得以"场所化"（localization）。身体是位格的场所化，由于有了身体，而使位格定位在空间的坐标之中。

除了空间，还有时间。一般而言，胡塞尔区分"宇宙的时间"（或所谓"客观的时间"）和"现象学的时间"（或所谓"体验的时间"）。对于胡塞尔的现象学而言，很显然，体验的时间要优先于客观的时间，而"意向性"的运作完全隶属于体验的时间。然而，在《观念Ⅱ》中，胡塞尔的思想具有世间性，不但因为其位格必须在身体当中获得场所化，而且透过身体使其时间化的历程有了改变。胡塞尔之所以重视身体的第二个理由是，有了身体才使得主体的体验的时间能够纳入宇宙的时间。胡塞尔说："纯粹意识是真纯的时间领域——一个现象学时间的领域。此种时间不可以与客观的时间混为一谈，后者是与自然一起，被意识所构成的。唯有透过心灵的觉知，意识所体验的经验，才能够获取心理、物理状态的意义，并因此得以介入到客观时间—客观自然的形式之中，因此时间化对应着场所化。"②从这一段文字可以看出，胡塞尔重视身体的另一个原因，是身体使得体验的时间能介入宇宙的时间，因此可以同宇宙的时间一起接受计量。胡塞尔说："针对时间而言，客观的物理论的时间计量和时间规定，原先只是隶属于自然世界的，现也转换给意识了。此时意识的状态也有了……一个可以运用工具而计量的时间。"③胡塞尔对于身体的讨论指出，位格透过身体得到场所化和时间化，并因此跟自然世界相关。

胡塞尔进一步解析指出：就位格的观点而言，身体具有一种原初的吊诡，这个吊诡表现在一方面身体具有属己性，另方面又具有属他性，因而有别于自我。身体是属己的，因为这个身体是我的身体，而且有别于我的任何其他对象。胡塞尔说："此一身体是我的身体，而其属己性首先在于它超越并对立于我的对象，例如：房子是我的对象，我所见或所能见的，所接触或所能碰触的等等对象。这些东西虽然

---

①Husserl, *Ideen zu einer reinen Phänomenologie und phänomenologischen Philosophie II: Phänomenologische Untersuchungen zur Konstitution*, 177–178.

②Husserl, *Ideen zu einer reinen Phänomenologie und phänomenologischen Philosophie II: Phänomenologische Untersuchungen zur Konstitution*, 178.

③Husserl, *Ideen zu einer reinen Phänomenologie und phänomenologischen Philosophie II: Phänomenologische Untersuchungen zur Konstitution*, 178.

都是我的，但是并不作为自我的构成因素。"①换言之，我可能拥有许多东西，如房子、钱财、桌椅等，但是这些对象并不构成自我的一部分。身体就是我，我就是身体；身体虽然不是全部的自我，但身体是自我的一部分。就此而言，身体的属己性还超过我所拥有其他对象的属己性。就另一方面而言，身体也有别于自我，用吕格尔的话来讲：身体是我最初的别异者。因为自我的经验并不能全部化约为身体的经验，身体的残缺并不代表自我的残缺，而身体的能力也并不一定与自我的意愿相等，因而有所谓"心有余，而力不足"之说。吕格尔晚近在《自我宛如他者》（*Soi-même comme un autre*）一书中针对身体与自我的关系提出两点洞察：1.就身体而言，他性（*alténté*）亦为自性（*ipséité*）的构成因素："他性并非自外加予自性，如自我论者所宣示，却是隶属于自性的意义和存有学构成。"②2.身体的经验主要是被动性的经验："身体经验所综摄的被动性作为自我和世界之间的接引。"③由此可见，实际上吕格尔的论点只是在重述胡塞尔在《观念II》中的论述而已。就以上描述的经验而言，身体既有属己性，也有属他性，这个观点在胡塞尔对位格的讨论当中获得最为明晰的现象学的描述。

四、自我作为周遭世界的核心

从身体进入恰当义的自我层次，其实便是胡塞尔所谓：由"被动自我"（passive ego）走向"主动自我"（active ego）。胡塞尔说："我们发现作为最原初的、特属主体的、恰当意义的自我，是自由的自我，是在进行注意、考虑、比较、区分、判断、评价、被吸引、推动、倾向、回避、欲求和意志中的自我，这是在任何意义下都是主动的并且采取立场的自我。然而，这只是一方面而已。相对于主动的自我而有被动的自我，自我经常在主动之时，同时也是被动的，被影响而

---

①Husserl, *Ideen zu einer reinen Phänomenologie und phänomenologischen Philosophie II: Phänomenologische Untersuchungen zur Konstitution*, 212.

②Paul Ricoeur, *Soi-même comme un autre* (Paris: Édition du Seuil, 1990), 367.

③Ricoeur, *Soi-même comme un autre*, 369.

接受的。"①胡塞尔这段话显示出自我真确的意义，在于进入到主动的、自由的领域。所谓的"自我"，正是位格的主体性所在，在此没有任何经验上的数据，只有透过现象学还原之后的直观可以得知。胡塞尔说："我们如果更切近地研讨位格主体的本质，显然的，我们体验位格世界的态度……事实上是根本与自然论的态度有别的，也因此需要一种觉识的扭转。"②

经由态度上的扭转，我们才能够把握到"位格的现象"（phenomenon of the person）。但位格的现象之呈显，不同于身体的现象，在上述身体层面的吊诡中，属他性只是显示出"位格现象"对"身体现象"的超越性。而位格现象的呈显，首先是作为周遭世界的主体而呈显的。作为一个位格而言，我是周遭世界的主体。胡塞尔说："自我的概念与周遭世界是不可分离地彼此相关的，对每一个位格而言，都有其周遭世界相隶属，而同时彼此相互沟通的多位的位格则有一个共同的周遭世界。周遭世界就是位格在其行动中所知觉到的世界……就是位格的自我所意识到的世界。"③

作为周遭世界的主体，自我是与周遭世界相对应的。所谓的"位格"，正是在对周遭世界进行知觉，表象、感受、评价、奋斗与行动的主体。胡塞尔在论及"周遭世界"的时候，才提出了他对"位格"的第一个定义。他说："一个位格，就是一个表象、感受、评价、努力、行动的人，而且他在这种位格的行动当中，与其周遭世界中的对象相关。"因此就位格来讲，周遭世界不再像在日常信念或自然科学当中那样，具有在己的地位，周遭世界并非"在己"（in itself）的世界，而是"为我"（for me）的世界。只有到了主体的层次，世界的地位才获得完全的扭转，从"在己"的世界转变成"为我"的世界。换言之，转变成为我的直观表象和评价的对象。这也就是海德格尔所谓的"可用之物"（zuhandenheit）概念所指涉的领域。④对于胡塞尔而言，周遭世界则是直观表象与评价的对象，就其作为评价的对象才引申出周遭世界的可用性。

然而，主体是一个不断活动的中心，它会不断实现多层面的各种可能的活动。

---

①Husserl, *Ideen zu einer reinen Phänomenologie und phänomenologischen Philosophie II: Phänomenologische Untersuchungen zur Konstitution*, 212.
②Husserl, *Ideen zu einer reinen Phänomenologie und phänomenologischen Philosophie II: Phänomenologische Untersuchungen zur Konstitution*, 185.
③Husserl, *Ideen zu einer reinen Phänomenologie und phänomenologischen Philosophie II: Phänomenologische Untersuchungen zur Konstitution*, 185.
④Martin Heidegger, *Sein und Zeit* (Tubingen: Max Niemeyer Verlag, 1972), 69.

由于这些多层面的不同活动，对周遭世界进行不同程度的客体化，并形成了周遭世界的不同意义。自我可以主动对这些周遭之物进行说明、理解、判断、评价和种种实践的活动。可以按照它自己的目的，在周遭世界当中进行选择，可以接受周遭的事物，也可以抵抗周遭世界。自我作为一个活动的中心，是一切理论的与实践的意向性的泉源。原先在自然层面，周遭世界所给予的，会被视为刺激物、因果锁链中的某一因素，但那是就自然面而言。如今就位格面而言，周遭世界的为我性反而显示出主体的主动性，主体是依据目的而行动的。在此不能再谈论"刺激"，只能谈论"动机"，动机不再是因果的，而是意向的。自我在此不是一个冥想的、默观的、构成万物本质的动态的中心，却是一切行动的中心。胡塞尔所谓"位格作为周遭世界的核心"的意思，是指自我是主动的、行动的核心。

胡塞尔在《观念Ⅱ》中的分析，使我们避免将胡塞尔的现象学理解为一个非世间性、静态的纯粹自我，以冥想的兴趣构成万物的本质，其中丝毫没有任何活动义的诠释方向。这个诠释在兰德格雷贝的《当代欧洲哲学的主要问题》（*Major Problems in Contemporary European: From Dilthey in Heidegge*）一书中，是批评胡塞尔的关键论点。兰德格雷贝在书中对胡塞尔的批评主要有三点：第一，胡塞尔的自我依然是属于主体哲学；第二，胡塞尔的自我论忽视了我的存在的实然性；第三，胡塞尔的自我有静态、冥观的倾向。[①]于是，兰德格雷贝用海德格尔的"实然性"和对主体哲学的批评，来弥补胡塞尔的自我论。并透过舍勒（Max Scheler，1874—1928）以位格为行动的中心的观念，来弥补胡塞尔的自我的静态性。然而，我们从《观念Ⅱ》可以得知，胡塞尔所谓的"位格"正是一切行动的中心，舍勒所谓以位格为行动中心之说，并不是如兰德格雷贝所言，是完成了胡塞尔的计划，只是胡塞尔计划的应用与延伸。

五、位格的社会构成

如前所述，胡塞尔的位格已不再是定位在自我论的主体哲学，而是立足于周遭

---

①Ludweg Landgrebe, *Major Problems in Contemporary European: From Dilthey in Heidegger*, trans. Kurt F. Reinhardt (New York: Frederick Ungar Publishing, 1966), 34–37.

世界之中。在周遭世界中，不只有物，而且还有人。位格在存在上的关联，并不只有人和事物的关系，而且有人和其他人的关系。换句话说，不但只有主体和客体的关系，而且有主体和主体的关系，是一种互为主体的关系。但是在自然论的态度之下，这种互为主体的关系往往被忽略了，因而往往不从位格际（位格的社群）的角度来看待人际关系，而有把其他人视为物的倾向。如果从自然论的态度，尤其在自然科学的研究预设里，往往把人当物看待。就胡塞尔而言，如此一来就会犯了三个层次上的错误。第一，就道德面而言，把人当作物而不当作位格，就忽视了人作为位格具有的道德性，而且也忽视其可以以道德的方式结社，构成道德世界的一员。第二，就法律而言，若把人当作物，就忽视其为位格，也就忽视其为权利的主体。换言之，会忽视其为立基于法律的社群的一员。第三，就理论面而言，如果把人当作物，不把他视为位格社群中的一员的话，就会将他视为自然对象的附属物，因此失去位格的观点，仅存物的观点。[1]

人和其他人之所以能够组成一种位格的社群，是由一种"理解"（comprehension）的力量构成的。多位格不但可以理解其共同的周遭之物，而且可以相互理解，理解他人或我所谓多元他者。所以理解包含了两个层次：一者是以位格的身份，理解共同的周遭世界；一者是以位格的身份，理解另一位格。就人与人的互动而言，基本可以包含两个方面。第一个方面，一个位格可以引起另一个位格的动机，在这种引起动机的过程中，每一个人具有一种"动机力"（motivating power），这种动机力是促成另一位格的某种状态和行为的原因，但这种原因不能以自然物的因果或刺激来看待。第二个方面，为达到彼此的相互理解而进行沟通的行动，无论是透过理论的评价或实践的要求，而能引发同意或不同意，甚至是相对应的方案。他说："在这种相互理解的关系当中，产生了一种位格之间有意识的相互关系，同时也形成他们对于共同周遭世界的统一关系。"[2]至于所谓的"共同周遭世界"，并不一定只是一个物理、自然的世界，或是位格的世界，甚至可以指称一个共同理想的世界，例如共同研究数学。

胡塞尔对"沟通行动"的看法，明白显示出：第一，在这时候他已经不再停留于自我论的主体哲学了，他甚至批评自我论的主体哲学。他说："如果将它们（相互理

---

[1]Husserl, *Ideen zu einer reinen Phänomenologie und phänomenologischen Philosophie II: Phänomenologische Untersuchungen zur Konstitution*, 190.

[2]Husserl, *Ideen zu einer reinen Phänomenologie und phänomenologischen Philosophie II: Phänomenologische Untersuchungen zur Konstitution*, 192.

解和沟通）抽离掉的话，我们才会想到一个单纯孤独的主体，以及他纯粹自我主义的周遭世界。"①胡塞尔在此时已经完全意识到：自我论的主体哲学是一个抽离现实的结果。第二，胡塞尔将"沟通"定位在人与人之间的关系。在此我们可以溯源哈贝马斯"沟通行动理论"的现象学基础到胡塞尔在《观念Ⅱ》中的讨论。哈贝马斯认为，人和自然的关系是技术性控制，亦即劳动；而人和人的关系是沟通，透过互动形成共同有意义的生活。不过，哈贝马斯所谓的沟通，仅属于语言的（linguistic）和智性的（intellectual）的沟通，因而哈贝马斯是采取"论辩"的过程来作为沟通的典范：以论辩双方提出论题和反论，进而寻找共同可接受的命题为共识的过程，当作是典型的沟通。哈贝马斯所讲的沟通，仅只是论辩的沟通。然而，胡塞尔在《观念Ⅱ》中所讲的沟通，则是非常广义的，其中不但包含了理论的，而且包含了评价和实践的各方面，其中包含主体和主体彼此的共存关系，包含了爱与还爱、怨与报怨、信和互信……他说："隶属于社会群体的位格，彼此视同友伴，不是相对立之物，而是相对应的主体。他们彼此共同生活、彼此交谈，彼此在现实上或潜能上以爱和还爱、怨和报怨，信和互信等的行为彼此相关。"②

胡塞尔在这里很明确地使用"沟通行动"的概念，并且认为社会就是由沟通行动构成的。他说："社会性是特别地由社会的沟通行动所构成的，在这种行动中，自我转向他人，并且自我也意识到自己所转向的他人，他人也意识到自己此种转向，也可能为此而调整行为，并以同意或不同意来转向该自我。"③而且，若就沟通行动来看，原先吾人和物理世界的关系，在此也经历了转变。胡塞尔要求把物理世界提升到沟通的世界，将物理世界变成我们彼此谈论和共同研究的对象。他说："即使是物理世界，都在这种涵容性的觉识当中具有了社会性格，物理世界是一个具有精神意义的世界。"④胡塞尔的意思是：自然可以变成是许多位格在以互为主体的态度下建构的自然科学或是艺术的创作的周遭世界。

由以上可见，透过沟通行动，不但人与人可以相互理解，甚至社群彼此之间也

---

①Husserl, *Ideen zu einer reinen Phänomenologie und phänomenologischen Philosophie II: Phänomenologische Untersuchungen zur Konstitution*, 193.

②Husserl, *Ideen zu einer reinen Phänomenologie und phänomenologischen Philosophie II: Phänomenologische Untersuchungen zur Konstitution*, 194.

③Husserl, *Ideen zu einer reinen Phänomenologie und phänomenologischen Philosophie II: Phänomenologische Untersuchungen zur Konstitution*, 194.

④Husserl, *Ideen zu einer reinen Phänomenologie und phänomenologischen Philosophie II: Phänomenologische Untersuchungen zur Konstitution*, 194.

可以相互沟通。胡塞尔把沟通的观念扩充到群体和群体之间，他说："在此必须注意到，沟通的观念很显然可以从单一的位格主体，甚至扩充到很多主体构成的社会群体，后者形成了一个更高层次的位格群体。"①从胡塞尔的这种观点，我们可以清楚地意识到：他希望经由现象学的还原来形成态度的转变，由朴素的态度转向位格的态度。在此位格的态度之下，人会以真纯的方式重新构成对物和对人的看法，并且进一步以真纯的主体的姿态，和别的真纯的主体相互沟通，借以形成一个真纯的社群，而经由这样的真纯的社群，进一步去构成人类的历史和文化。这是胡塞尔对于历史、文化的看法。这一构成步骤，使我们能够回想到胡塞尔在《笛卡尔式的沉思》一书中所提出来的：个人先以最真纯的方式构成自我，进一步构成他人，进一步构成社会群体，再进一步由社会群体构成历史文化。在《笛卡尔式的沉思》中，较具有自我论和主体哲学的意味；然而在《观念Ⅱ》中，获得重要的扭转，社群和历史文化的建构变成互为主体在沟通行动中的事业。

比较胡塞尔和哈贝马斯对于沟通行动的讨论，我们发现哈贝马斯所提出的沟通行动的理想条件，例如正当、真诚、真理和可解四个要件，仅只是形式性的要件。但胡塞尔在《观念Ⅱ》里面所提出来沟通行动的先验条件却是"empathy"，译为"同情相感"，甚至译之为"仁"，可谓较为恰当。借着同情相感，人不但可以了解他人的动机，一如胡塞尔所说："一般而言，我知道什么是一个位格，人是什么，而且在同情相感的经验及其展开之中，会告知我有关那个人的性格、知识和能力等等。"②除此以外，根据同情相感，还可以把握类似黑格尔所讲的"客观精神"，了解"全体精神的对象"、身体的统一性及其意义。所以，胡塞尔说："对于位格的同情相感，就是一种理解意义的觉识。它能够把握身体的意义，以及其所携带的意义的同一性，进行一个同情相感的行动，也就意指把握客观的精神，去看穿一个人或一个群众。"③换言之，人和人甚至人和群体之间的同情相感，给予了胡塞尔所言的沟通行动以一种实质上的、存在上的关联，而不停留在哈贝马斯所提出的形式性的、论辩性的条件。

①Husserl, *Ideen zu einer reinen Phänomenologie und phänomenologischen Philosophie II: Phänomenologische Untersuchungen zur Konstitution*, 196.

②Husserl, *Ideen zu einer reinen Phänomenologie und phänomenologischen Philosophie II: Phänomenologische Untersuchungen zur Konstitution*, 228.

③Husserl, *Ideen zu einer reinen Phänomenologie und phänomenologischen Philosophie II: Phänomenologische Untersuchungen zur Konstitution*, 244.

　　然而，同情相感不但可以建立在人和人之间的关系，而且更可以加以扩充，譬如可以扩充到夫妻关系，可以扩充到友谊关系，甚至扩及于群己关系。胡塞尔在《观念Ⅱ》的附录当中，特别把这三种关系提出来加以讨论，认为：人可以透过同情相感投身到朋友的关系中，也可以以同情相感投入到社群中，例如小区、自治市镇或更大的社会群体当中。[1]在这一点上，胡塞尔的思想和儒家十分相近。儒家主张由夫妇的关系到父子关系、到兄弟关系、到朋友关系，甚至及于君臣关系，由于"君"亦可以训为"群"，因此过去的君臣关系就是今日的群己关系。胡塞尔对于同情相感的外推性与可扩充性，十分类似儒家所言"仁"的外推性及可扩充性。

六、结语

　　根据以上的分析，吾人可以得到以下几点结论。
　　第一，胡塞尔在《观念Ⅱ》一书中所提出来的构成论，并非自我论的构成。换言之，并不像《观念Ⅰ》和《笛卡尔式的沉思》的现象学给人的印象，认为是从纯粹自我出发，逐步对于自然、身体和精神世界的构成。这种在胡塞尔著作当中彼此的差异，并不能视为胡塞尔思想本身立场不一致；反而，我们应该将不同的著作解读为胡塞尔针对不同问题和观点所作的阐述。因为《观念Ⅱ》的写作，经历了从1912年到胡塞尔去世较长的时间，其间历经不断的修正，显然此书的思想和其他被视为自我论的著作是相互重叠的，除非是精神分裂，否则胡塞尔不可能在同一个时期里采取完全不同的看法。因此我认为，在胡塞尔这两种看法里面其共同点就是"现象学还原法"，换言之，构成的问题是与现象学的还原息息相关的。而现象学的还原的本质在于态度的扭转，由素朴的态度转向先验的态度，由自然论转向位格论。但是，有自我论意味的《观念Ⅰ》和《笛卡尔式的沉思》这类著作，只是在经由现象学还原之后，对于自我的深层的探索；而《观念Ⅱ》是经由现象学还原之后，对于自然世界和精神世界的探索。这一点使我们意识到：对胡塞尔的研究，单

<hr />

[1]Husserl, *Ideen zu einer reinen Phänomenologie und phänomenologischen Philosophie II: Phänomenologische Untersuchungen zur Konstitution*, 200.

单从时期上区分是不够的，例如将胡塞尔的思想区分为现象学的前期、先验现象学时期以及生发的现象学时期等等。因为胡塞尔的思想可能属于同一个企划的延伸和发展，在不同的著作里分别执行了其部分的企划，因而一再重写。对于胡塞尔著作的解读，既不能将各个著作视为单一的整体，也不能以分期的做法来涵盖其某些著作群，而应视将每一著作为同一企划的局部实现。就胡塞尔在《观念Ⅱ》中所提出的构成观念，很显然，我们必须将过去从自我论的角度解读胡塞尔现象学的看法视为是武断的。

第二，胡塞尔所论"位格的构成"问题，其最主要的目的在于区分自然科学和人文社会科学。自然科学本身是自然论的态度之下构成的；至于人文科学，应该是在位格论的态度之下来探索的，没有位格的观念，就不堪当成为人文科学。更进一步言，自然论的态度，也只是位格本身的自我遗忘所形成的态度。从人文科学的角度而言，不但是由于位格的自我遗忘才形成了自然科学，而且应该将自然科学提升到人相互沟通的层面，将对自然的讨论变成是位格与位格之间，对于周遭世界的共同探讨。过去将人文科学化约到自然科学的做法，非但不是正确的，而且从胡塞尔构成论的角度来看，似乎应该扭转方向，将自然科学转化到人文的领域来加以提升。

第三，胡塞尔所论位格的构成，包含身体、自我以及互为主体三个层面。对于身体的讨论，显示胡塞尔所言的位格是必须在时间、空间当中具现的，这一点可以说是后来梅洛-庞蒂"身体主体哲学"的依据。而胡塞尔在《观念Ⅱ》中对于身体的重视也就显示出：过去以为胡塞尔所论的自我是"非世间性"的、是唯心论式的这种看法是不正确的。当然，胡塞尔对于位格的讨论，主要还是在作为主体和互为主体的层面。然而，胡塞尔在这两个层面所显示的，并不只是一个智性的主体，因为主体和周遭世界的关系，并不只是智性的关系、理论的关系，此外更包含了评价和实践。而位格与其他位格的关系，也并不只是智性的关系，还包含了爱和还爱、怨和报怨、信和互信等评价和实践的关系。胡塞尔的位格论不是主智主义的。过去认为胡塞尔的问题意识还是知识论的问题意识，这种说法也是不正确的。

第四，胡塞尔对于位格和位格之间的相互理解和沟通行动的看法，含藏了相当丰富的理论潜能。一方面，沟通行动的先验条件在于同情相感。就此而言，他比哈贝马斯所提出来的论辩形式和理想要件更为实在；另一方面，透过同情了解，位格与位格之间的关系会不断扩大，由位格而形成家庭关系、友谊关系，甚至群己关系，此种不断扩大与外推的过程，给了我们一个新的观点来看待儒家哲学有关"仁"的扩充性与外推性。

　　最后，过去在西方中世纪的时候，波爱修斯（Anicius Manlius Severinus Boethius，480—524）对于位格的定义是："位格是一个以理性为本性的个别实体"（*persona est rationalis naturae individua substantia*）。此一定义指出位格包含两个方面：一是"个体性"，一是"普遍性"。波爱修斯在亚里士多德形质论的影响之下，认为个体性主要来自质料，而普遍性来自形式。就其个体性而言，人有其不可化约的基础；就其普遍性而言，主要是立基于人的理性。但是就士林哲学而言，理性包含了意志和理智，因此意志并不是非理性的，意志本身也是理性的一部分。波爱修斯对位格提供的定义，以及士林哲学对位格的反省，在理论上可以说奠定了士林哲学的哲学人类学看法，既标示出人的尊严所在，并为人的个体性和普遍性找到基础。此一讨论，事实上已经尽了它的历史任务，然而，面对后批判时期的哲学要求，胡塞尔提出的现象学还原中所显示的批判态度显然是不可避免的。同时，个别性和普遍性已经不足以涵盖当代人所面对的复杂处境，而胡塞尔从身体、周遭世界、自我、互为主体的角度阐明位格的构成，既指出个别性所在是身体的场所化和时间化，也将普遍性立基在位格际的关系上，并且不将普遍性只定位于理性。本人认为，面对当前复杂处境，其所谓普遍性更宜改称为"可普性"。总之，士林哲学中以理性概括了理智和意志的整全取向，胡塞尔则是以理论、评价和实践来充分加以发挥。就此而言，胡塞尔的位格论，一方面在精神上与士林哲学颇为一致；另一方面，它更能面对现代哲学批判性和复杂性的要求，其中所包含的丰富内涵，可以为未来的哲学人类学奠定一个崭新的基础。

第三章 自我与多元他者：反思吕格尔的自我诠释学

一、"自我"的传承与重建

自我与他者的关系，或者说是自我与多元他者的关系，是人的一生中无法回避的议题，甚至是更应该去妥善处理，借以追求共同意义之所在。本章拟借对于法国哲学家吕格尔的自我与他者的讨论，阐明、厘清并发展出一套更为合理的诠释学观点。吕格尔和其他后现代思想家一样，喜谈他者。但是，对我而言，"他者"（the Other）的概念无论如何总隐含了自我与他者的二元对立，所以我主张用"多元他者"（many others）来代替后现代主义所侈言的"他者"。后现代思想家，如德勒兹、列维纳斯、德里达等人，皆主张从近代以来强调的主体性往他者移动。其实，环绕着我们每个人的，并不是抽象的"他者"，而是实实在在的多元他者；至于"他者"则多少隐含某种"自我"和"他者"之间的二元对立。"多元他者"有其中国哲学根源，如道家的"万物"、佛家的"众生"，尤其是儒家所讲的"五伦"，甚至可增加第六、第七伦等，都是多元他者。儒家所关心的，都是多元他者的修身、成德与共同善的体现。当前在全球化过程中，我们所遭遇到的都是多元他者。为此，当讨论他者之时，我隐然所指的目标，是我人具体存在其中的多元他者。

在当代哲学中，近代以来建立的主体哲学遭到不断地拆解和攻击。首先是海德格尔在《存有与时间》（*Sein und Zeit*）一书中，将人理解为"此有"（*Dasein*），阐述人的存有学向度，借以批判并超克近代自笛卡尔以降的主体哲学；其后，再经过结构主义，将作者视为只是符号系统中的一个因素，并宣告"作者死亡"；最后，到了后现代主义，又对主体性猛烈加以批判、质疑和否定。自此以后，近代哲学之父笛卡尔所奠立的主体哲学城堡历经多次攻坚，炮火所及，已然形同废墟。

然而，就在这重重炮火、层层否定的波浪之下，也激发了当代思想家重新思索人的自我或主体此一近代哲学重要遗产。像泰勒（Charles Taylor，1931—）在《自我的泉源》（*Sources of the Self*），其后又在《本真的伦理》（*The Ethics of*

Authenticity）等书中指出的：对自我的探索是近代哲学最重要的资产，而且对自我的重视，旨在强调每个人皆有度一"本真的生活"的权利。泰勒说："对我的自我真实，正意味着对我的原创性真实，而这点只有我能予以明说和发现。在明说这点的同时我也在界定我自己。我正实现一个专属我自己的潜能，这是近代的本真理想的背景了解，也是本真概念所常用以表达的自我完成或自我实现目标的背景了解。"①不过，维护个人的本真并不表示可以脱离或排斥他人，因此泰勒在《论多元文化》（*Multiculturalism*）一书中言及"尊重差异"的同时特别指出，自我是在与他人交流之中成为自我的。

除此之外，法国哲学家列维纳斯，这位以伦理学为第一哲学的犹太思想家，更进一步提出，他者在互为主体的关系中扮演主动的角色。他者的面容本身就禁止谋害，并要求正义对待。自我也因此而被召唤去负起责任。换言之，一个伦理的自我是根据我与他者的关系而界定的。②

泰勒在重视自我的本真的同时，兼顾自我须与他人交流；列维纳斯虽特别强调他者的面容，然而亦倡言自我的责任。如此一来，两人在执持一端之时，仍兼顾"自我"与"他者"的均衡。至于吕格尔，在其《自我宛如他者》一书中，正视近代以来确立自我与解构自我的两大传统，经由反省与分析、自性与认同、自性与他性的三重辩证，重建一个"自我的诠释学"（*herméneutique du soi*），其最重要的主旨在于阐明："他性并非自外强加予自性，一如自我论者所宣示，而是隶属于自性的意义和存有学构成。"③

关于近代哲学中确立自我与解构自我的两大传统，首先，就自我的确立而言，笛卡尔提出"我思故我在"，因而成为近代哲学之父。诚如黑格尔在《哲学史讲演录》（*Vorlesungen über die Philosophie der Weltgeschichte*）中所喻示的，西洋哲学自古希腊以来的发展，久乏基础，犹如水手长久航行海上，漂游四方；至笛卡尔提出"我思故我在"，一如有水手终于喊出"陆地！"。这表示，"我思"是作为基础提出的，笛卡尔甚至以之为"第一真理"。不过，笛卡尔对"我思"的置定也是伴随着对自我的怀疑，直到肯定怀疑中的自我应当存在；即使我被骗，被骗的我亦应存在；怀疑既为思想的一种方式，思想的我亦必存在。

---

①Charles Taylor, *The Ethics of Authenticity* (Cambridge: Harvard University Press, 1991), 29.
②Emmanuel Lévinas, *Totalité et infini: Essai sur l' extériorité* (La Haye: Martinus Nijhhoff, 1974), 37–38.
③Ricoeur, *Soi-même comme un autre*, 367.

值得注意的是，笛卡尔似乎也已意识到，自我是经由语言的中介或思想的行动而获致肯定的。他在《形上学沉思录》（*Meditations on First Philosophy*，也称《第一哲学沉思集》）中表示："为此，必须承认，在仔细并充分衡量一切之后，必须回到这考虑过的判断：当'我是，我存在'这语句每一次被说出，或在我心中被构想时，必然是真的。"①换言之，自我的确定是在我构想它的行动中，尤其是在我说出"我是"的语言行动中为真的。

其次，近代哲学中亦有一解构自我之传统。在古典经验主义（empiricism）中，休谟（David Hume，1711—1776）早已说自我仅为"一束知觉"（a bundle of perceptions）。目前后现代主义者最喜引述之怀疑大师，非尼采莫属。尼采在1872年到1873年的《古修辞学描述》（*Darstellung der antiken Rhetorik*）中尝谓：一切语言皆是转喻性的，并不能揭示本质。一切语言皆宛如"褪色之隐喻"。因此，即便我在宣称"自我"时自以为有我，那只是由隐喻性的语言构成的而已，无非只是一种"遮蔽"和"转移"。尼采在1877年11月到1888年3月的一个断简中宣称："我坚信内在世界的现象性，一切进入吾人意识之物皆已完全预先被调整、简化、单纯化、框架化、诠释化——内在知觉的真实历程，在诸多思想、情感、欲望，在主体和客体之间的因果关系，对我们而言都是完全隐藏的，甚或也可能纯属想象。"②如果照尼采所说，连语言与思想皆未能揭露真实，甚或纯属想象，则吾人在说出自我或思想自我的行动中，亦未必真能揭露自我。

吕格尔在1990年出版的《自我宛如他者》一书中，试图面对上述近代哲学确立自我与解构自我的两大传统，重建一套"自我的诠释学"。此书亦综合了吕格尔先前使用的多重哲学方法。当代法国哲学思想家，像福柯（Michel Foucault，1926—1984）、德里达等人的思想，都有相当程度的原创性，吕格尔的原创性则一时之间比较难被阅读出来。但我个人的看法是，在后现代思潮中常展现某种"轻佻的原创性"，至于吕格尔所展现的则是一种"负重的原创性"。吕格尔有点像伽达默尔（Hans-Georg Gadamer，1900—2002）在《真理与方法》（*Wahrheit und Methode*）一书中所为，往往是在诠释别人的文本中表达自己的思想。他所发挥的是一种"诠释的理性"，要透过诠释各种在历史中出现的文本典型，以展示思想的原创性。就

①René Descartes, *Meditationes de prima philosophia*, ed. C. Adam and P. Tannery (Paris: J. Vrin, 1973), 19.
②Friedrich Nietzsche, *Œuvres philosophiques complètes, XIII: Fragments posthumes* (Paris: Gallimard, 1977), 248.

吕格尔而言，他在讨论问题之时，常会把别人的思想继承下来，借以呈现自己原创的主张，其中所显示的就是我所谓的"负重的原创性"。当我们阅读其文本之时，往往需先认知其他文本的意涵与指涉，才能了解到吕格尔的真正意旨所在。

大体言之，吕格尔对自我的诠释，综合了以下三个层面：

1.经由语言分析之迂回以达至对自我的反省；

2.经由与同一（*mêmeté*）之对比以言自性（*ipséité*）；

3.经由与他性（*altérité*）之辩证以言自性。

二、身体主体或语言主体，何者为较佳的起点？

吕格尔对于自我的探讨，始自关于自我的语言分析的迂回，例如当我言及自己时的自我指涉（self-reference）和涉及说话行动（speech act）的语言，进行自我反省。关于这点，作者本人拟在本文一开始就先质疑，然后再加以评述。本人认为，从现象学的观点看来，身体是比语言更为原初的现象，因此应是探讨自我的较佳起点。这点使我质疑：为什么吕格尔的自我诠释学非要迁就语言哲学或分析哲学，转从"自我指涉论"和"说话行动理论"开始来谈论自我，而不从"身体主体"来开始谈论自我。换言之，若忠实于当代哲学在海德格尔之后，由近代的知识论优先转向存有学优先的立场，吕格尔应该追随海德格尔和梅洛-庞蒂之后，从身体主体开始谈论自我。至于英美的分析哲学大体上应是近代哲学知识论优位的研究纲领之延续。迁就后者的结果，反而会使自我的讨论限于语言表面而流于琐碎，且在哲学上有退后至知识论优先之立场。

然而，这正是吕格尔所谓"经由语言分析之迂回以达至对自我的反省"必须付出的代价。吕格尔之所以舍得付出代价，一方面是顾及哲学史上笛卡尔所谓自我经由语言中介而获致肯定的想法，以及尼采根据语言的修辞性格而解构自我，依据这两大近代哲学传统所作的调整；另一方面，则是在哲学上我们从未能透过反省而直接掌握自我，反而都是经由自我的外显，例如语言，来予以掌握。为此，他认定人对于自我的反省必须经由语言分析的迂回。

事实上，透过语言上的"自我指涉"所了解到的自我是相当受限于语言表面的。例如像斯特劳森（Peter Frederick Strawson，1919—2006）在《论个体》

（*Individuals*）一书中所言及的，当吾人谈论及个体时，吾人所谈论的仅有两种个体：一为物体，一为个人。[①]就此而言，此种论述至多仅能论及人是一个体，仅具有一般存有学的意义，并无助于了解自我。当吾人谈论到"人"时，尤其当人指称说话者自己之时，则似乎有了自我的意味。但这点大可不必从谈论物体、人，甚或说话者的讨论来进行迂回，而可以直接从自我指涉的语言开始。换言之，当我说到"我是×××"之时，也就是在语言中有了自我指涉。虽然在自我指涉的语句中言及自我，从而在语言中体现或表白了自我，但吾人借此对自我所达成的理解，仍是十分肤浅的。

在日常语言学派所讨论的说话行动（speech act）中，涉及了言说者说出自己就是行动者，而且说话本身就是一种行动。例如"我承诺帮你忙""我答应嫁给你"在这类做辞行动（illocutionary act）的情形中，说话者本身就是行动者。[②]吕格尔重视说话行动论的诠释学意涵，其理由正在于说话行动显示其中"谁在说话"与"谁在行动"的密切关系，并且显示自我是一行动原理。换言之，"一个自我成为原因，原因即是自我"。行动句之所以不同于描述句，是因为描述句至多只能说"有人……""任何人……""每一人……"如何如何，而不能归因于某一自我；而且，行动句显示出说话者是一个有能力行动者，甚至因此必须承担道德责任。在说话行动中，一个行动归属于某一身为自我的行动者，该行动者在对话的情境中不但可以指称其他的自我，而且也有能力指称自己。

"行动归属"与"责任归属"相关，但两者仍有区别。因为，虽然人在行动归属之后自须进而承担行动的责任，但是责任归属问题显然已经涉及"应然"的领域，特别是针对应该做的行动而言的。说话行动诚然必须为行动负责，但这并不表示所负的就是道德责任，唯有当说话行动亦涉入道德领域，关系到应该做的行动之时，才可以说它必须承担道德责任。

说话行动之所以可贵，在于其显示出我的存在模态为"我能"，并且我能透过说话行动明说此一能力，并借此达成自觉，承担责任。然而，推究"我能"的原初场域，则在于我的身体。在此，有必要区别"机体的身体"与"体验的身体"，二者虽相关而有别，后者正是人迈向有意义生命的原初动力所在。如果说吾人必须相

[①]P. F. Strawson, *Individuals: An Essay in Descriptive Metaphysics* (London: Methuen, 1964), 38–40,97–98.
[②]我将locutionary act译为"言辞行动"，将illocutionary act译为"做辞行动"，将perlocutionary act译为"从辞行动"。

反于近代以来透过自省来谈论自我的方式，转而从自我具体可见的、有意义的现象来谈论自我，选择从"语言"和"身体"来谈论自我，我们就应该先行指出，就其为有意义的现象而言，"身体"是比"语言"更为原初的存在模态。

就此看来，吕格尔的自我诠释学在出发点上对于语言分析的迁就，虽然有某些帮助，但是没有必要以之为论述的起点，因为经由语言分析的中介虽可了解身体，但这对于身体的现象而言是更为后起，甚至是派生的。从身体的现象学看来，欲望正是吾人指向意义的原初动力，而体验的身体则是吾人欲望的存在模态，这也正是人迈向有意义生命的原初动力所在。对此，现象学自从胡塞尔的《观念Ⅱ》开始，提出以身体作为人自我构成的起点[1]，其后再经梅洛-庞蒂所提出的"己身"（*corps propre*）或"肉身"（*la chair*）概念加以发挥。关于梅洛-庞蒂所言关于身体与欲望的关系，吕格尔在《论诠释：弗洛伊德专论》（*De l'interprétation: Essai sur Freud*）一书中，曾清楚地指出：

这位现象学家（按指梅洛-庞蒂）的意思……是在表明身体的存有模态，既非在我内的表象，亦非在我之外的事物，而是任何吾人可以想见的无意识的存有者之模态。此一范式的地位……是来自身体的存有模态的双重性，一个存在者的意义，正是在一个身体之内被把握到的意义，也是一个指向意义的行动。[2]

由此可见，吕格尔一方面强调由语言的自我指涉与语言行动来作出发点，以便把握自我；然而，他也继承了梅洛-庞蒂现象学的身体观，强调身体的存有学模态与原初的意义动力。从吕格尔讨论自我的出发点上，可以看出他原有的现象学背景因着迁就语言分析而造成内在紧张。不过，《自我宛如他者》一书中亦对身体与自我的关系提出了两点很重要的洞视：

其一，就身体而言，他性亦为自性的构成因素："他性并非自外强加于自性，一如自我论者所宣示的，相反的，却是隶属于自我的意义和存有学构成。"[3]

其二，吾人对身体的经验主要是属于自我的被动性的经验："身体经验所综摄的被动性，是作为自我和世界之间的接引。"[4]

可见，吕格尔在身体层次所言及的自我，的确远较语言层次的自我原初，这是

[1]Husserl, *Ideen zu einer reinen Phänomenologie und phänomenologischen Philosophie II: Phänomenologische Untersuchungen zur Konstitution*, 179–178.

[2]Ricoeur, *De l'interprétation, essai sur Freud*, 372.

[3]Ricoeur, *Soi-même comme un autr*, 367.

[4]Ricoeur, *Soi-même comme un autr*, 369.

就存有学层面而言的。至于说对自我的把握须从自我指涉的语言与语言行动开始，则是就方法学的层面而言的。我所谓吕格尔在谈论自我的出发点上的内在紧张，主要在于语言在其方法学上的优先性与身体欲望在其存有学的优先性之间的紧张。而且，《自我宛如他者》一书的写作策略与文本结构，有造成方法学优先于存有学的意味。

在此，我特别要指出，语言的自我其实是身体中的意义动力进一步完成的结果。身体中的意义动力是在语言获取（language appropriation）之中实现了其指向意义的企划。就存有学而言，语言中的自我是身体中的自我的意义动力进一步发展的结果。

我所主张的是：无论如何，人的自我总是倾向于成为一有意义的生命，然其出发点乃在于身体，而且人之身体之所以倾向于意义而发展，正是在吾人身体的亲密性和别异性之间的张力中出现的。一方面，我的身体的亲密性就在于我的身体就是我，至少是真实自我的一个重要部分；另一方面，我的身体的别异性则表现在我的身体与我的意志之间的差距，以及我的身体向世界、向环境的开放与调适。

进一步，我认为身体的运动正是我身体的亲密性和别异性之间的冲突与紧张的解决途径。身体的运动正是意义建构的最初出路，而欲望作为人的意义建构的最原初企划也是由身体的运动兴起的。然而，身体的运动正是在身体的亲密性和别异性的对比情境中运作出来的。身体的此一对比，正是吾人经验中最原初的对比情境。

当吾人身体的运动经由各种的形式（例如：姿态、声音、图像等）而取得了表象（representations）时，吾人身体运动所展现的意义企划便成为可理解的了。弗洛伊德在《梦的解析》一书中曾把"可表象性"视为人十分重要的心理机制。[1]我认为，成为表象、取得表象，其实就是吾人的意义动力获取一个可理解的表白形式，并将无意识的欲望翻译为有意识的语言。本人曾经讨论过，欲望一旦成为可理解的表象，便可迈向语言的获取。在身体层面，意义的建构是完成于语言的获取，这也是自我能以"行动""语言"来落实自我的基础所在。唯有在此基础上，吕格尔才能从说话行动中分析出自我是"我能""我负责"的行动者。换言之，从"已构成"（constituted）的行动语句出发来分析自我，除非对先前的"能构成"（constituting）的过程加以解明，否则语言分析的自我仍是表面的，甚至是四分五裂的。之所以是表面的，是因其忽视了先前深层的构成过程，而只执持已构成的符

---

[1]Freud, *The Interpretation of Dreams*, 445.

号；之所以是四分五裂的，是因为若只在指涉自我的语句中始得分析自我，则自我将失去统一性而散置于种种在不同时间、空间中说出的自我指涉的语句，或说话的行动之中。

总之，吕格尔的自我诠释学在起点上对于分析哲学的妥协，虽然其用意在于衔接欧陆的现象学、诠释学与英美的分析哲学，可谓立意甚善，但其中含藏着造成自我肤浅化与分裂化的危机。此危机的解决之道，应在于回到吕格尔原先所继承的胡塞尔与梅洛-庞蒂的身体现象学。既然语言和身体皆是自我的外显，而身体是比语言更为原初的存在模态，且其中含藏着自我的意义企向与构成的过程，到最后才会完成于语言的获取。至于分析哲学所讨论的语言，则可以说已然是此构成过程"已构成"的符号。吕格尔的自我诠释学不以身体的现象学，而以分析哲学的自我指涉与说话行动为起点，显然有为了协调的善意而忽视原初宗旨之处，使得他一直延误到《自我宛如他者》一书结束之时，才开始讨论存有学问题和身体的问题，令人有"先者后之"而"后者先之"之感，难免有"本末倒置"之嫌。

关于我把身体放在语言之前这个问题，也可与佛学相互比较。佛学中如中观论认为，身体也是由语言构成的，语言对于身体具有优先性。但我主张，身体对于语言具有存有学上的优先性。就这点来讲，我必须做个区分：从"发现的次序"来讲，我们是用语言去构成、去发现。所以，在知识论的领域里，语言是优先于身体的。可是在"存在的次序"里，一个牙牙学语，甚至还没开始说话的小孩，已经先有身体了。由此可见，就存在的次序来讲，身体是优先于语言的。一个婴儿在母胎中，作为一个生命来讲，已经有欲望了。就存在次序而言，欲望优先于语言。我主张存有学的优先性，所以我的主张是在这优先性之下来决定的，涉及存在的次序。但我并不排斥发现的次序，就此而言，语言对于身体也有某种优先性。

就本体论而言，我所主张的是一个"关系的本体论"。就这点来讲，事实上个体生命的产生也是在关系里面产生的，因为如果没有男女两性或夫妇关系，怎会产生子女？单说"结婚"本身就是一种社会关系，更何况一对男女还面对许多社会经济状况，然后结婚生子。我主张存有学的优先性，也因而主张身体优先于语言，但身体并不是孤立的。本节一开始针对史卓森的讨论，就提出身体应不只是一个个体，而是在关系中的个体。当然，身体也是一个"我能"的个体。在世存有基本上是存在于政治、社会、历史的脉络中，但是当我们谈论政治、社会、历史脉络时，并不只是在谈论它们作为语言的脉络，而是它们作为存在的脉络。所以，就"存在的次序"来讲，我主张身体的优先性，然而身体又是两性关系或伦理关系产生的。不过，分析总是要有起点，因此我以身体为起点。

三、自我一生的故事：同一与自性

　　吕格尔的"自我诠释学"的第二层次，是经由在叙事文中显示的"同一"与"自性"之间的对比张力来厘清自我。这是吕格尔对于自性的第一重规定。对于自性的第二重规定，是经由与他性的辩证来加以厘清的。吕格尔区分自我的"同一"（拉丁文*idem*，英文sameness，德文*Gleiheit*）与自我的"自性"（拉丁文*ipse*，英文selfhood，德文*Selbstheit*），这点尤其是在自传式的叙事文，也就是在涉及自我的故事或涉及我的一生的故事中显示出来。

　　吕格尔所撰三册的《时间与叙事》（*Temps et récit*），其雄心壮志在于衔接上海德格尔的《存有与时间》，借以形成"存有—时间—叙事"的三联体。本章单就其自我的问题立论。在叙事文中，自我成为叙事的主体，我讲述我的故事，甚至对我的一生做自传式的叙述，自我的同一与自性的问题会油然浮现。"叙事行动"更扩大了前述"言说行动"的范围，并预示了伦理层面的考虑。为此，吕格尔认为"叙事"有助于衔接"描述"与"规范"两者。

　　所谓自我的"同一性"，涉及自我在时间中的恒常性，但此"同一性"既非数量上的同一，因为其意义非仅止于我这"一个自我"，亦非性质上的同一，因为其意义亦非仅止于具有如此这般外貌和性质的我。此"同一性"更应被视为具有"无间断的连续性"（*continuité ininterrompue*）的同一个人。换言之，在整体关涉到自我的故事中，自我的同一性被视为在时间之流与纷纭事件中的恒在，这点可以分别从"个性"和"自我忠诚"两点来加以分析。唯需注意，在"个性"的问题上，"自性"与"同一"倾向于相互重叠，而在"自我忠诚"的问题上，"自性"则跨越了"同一"。

　　吕格尔认为，所谓"个性"（*caractère*）是使吾人得以指认某一个人是同一人的全体区辨性标记。早期吕格尔在《意志与非意志》（*Le Voluntaire et l' Involuntaire*）一书中，将个性视为"绝对的无意识"[1]；其后在《会犯错的人》（*L' homme faillible*）一书中，将个性视为按照一有限侧面而存在的方式，并且会影响我对事物、观念、价值、人等所构成的世界的开放方式。[2]在《自我宛如他者》一书中，"个性"被

---

[1]Paul Ricoeur, *Le Voluntaire et l'Involuntaire* (Paris: Aubier Montaigne, 1967), 344–348.
[2]Paul Ricoeur, *L'Homme faillible* (Paris: Aubier Montaigne, 1960), 70–80.

理解为一种习得的倾向，既是一种习惯，也是一种在认同某些价值、规范、理想、楷模、英雄等之时自我辨认的习得方式。其主要的意义在于人必须在时间和事件中展开自我，并维持自我的一致性。这点正类似于亚里士多德《诗学》（*Poetics*）中提出的悲剧论对于"人物性格"之主张。

不过，"性格一致"仍不同于"自我忠诚"。自我忠诚涉及人在时间与环境的种种变迁之中仍然信守诺言、友谊与爱情。言出必行，友谊不渝，爱情坚贞，这是一种向时间挑战，向变化挑战的豪气，其中涉及自性的维系，而不仅止于自我的同一，因为其中包含了伦理上的实现历程，并不只是个性上的维持。一般人会在回忆之时审视自我的认同，但其实自我并不只是回忆，更何况回忆并不只是时间的延续，而且可以视为人的反省作用在过去时间中回溯性的扩充。如果将回忆扭转为反省，其中涉及的就不只是同一的问题，而是自性的问题。就此而言，也可以将个性视为自性采取了同一的表象而呈现，然而，在信守承诺、信守友谊与爱情的行动中，人以行动为存有的揭露作见证，借对某些永恒与理想的价值的献身行动来界定自性，其结果是"自性"远远超越了自我对"同一性"的坚持。

然而，自我的内涵表现于叙事文中者，并不仅止于个性的同一性，也不仅止于自我忠诚，而且更进一步表现为人的一生的整体性。人一生的故事宛如一叙事文，是由人物的自性与众多剧情相结合的整体。也正因为此一整体性，使得狄尔泰会将之称为生命的整体关联（*Zusammenhang des Lebens*）。吕格尔在《时间与叙述》（*Temps et récit*）一书中已经指出叙事文的自我是剧情化了的自我，自原初的情境一直发展到结局，展示了某种协调性（concordance）和不协调性（discordance），并将之一并纳入某种型构之中，也就是叙事文的型构（configuration）。[1]在一个人一生中发生的种种剧情，就是由这种不协调的协调、不和之和或和之不和，或所谓异质的综合，一并型构而成的。对此，亚里士多德的悲剧论偏好于呈现某些德行与恶习皆被典型化地夸大了的英雄，但是在日常生活中所涉及的往往是市井小民的一生。不过，无论圣凡贤愚，其一生皆是某一自性经由种种行动，在某种型构化的剧情中开展的过程。

吕格尔认为，"叙事"是介乎"行动"与"伦理"之间，人需经由行动而叙事，由叙事而达至伦理。因为在实践的层面，一个人的行动总须考虑到其他人的行动，这正是韦伯（Max Weber, 1864—1920）所谓"社会行动"所顾虑到的层面。

---

[1]Ricoeur, *Soi-même comme un autr*, 168–169.

尤其行动的主动性与行动的承受性是必然相关的。一个人进行某项行动，必定有另一个人承受该项行动：一个人行善，必有另一人受益；一个人行暴，必有另一人受苦。然而，超越个别的行动之上，还有整体生命叙事的统一性，借此才能统摄个别的生命企划与行动。此种统一性综合了人的一生的行动与企划的善与恶、理想与现实，借以体现一个人的自性。

叙事文本身亦具有评价作用。即使用简单过去式的第三人称讲述的历史叙事文，亦难免会有评价作用。在任何叙事文中，总会含藏某些不欲致令忘记的价值或亏欠。犹如人在听故事之时，总难免从中听出某些教训，听出个性、忠诚、成败之行，总之，听出其中的伦理意涵。叙事文的评价作用亦会将吾人由叙事层面导向伦理层面的考虑。

不过，在开始评述吕格尔所论自我的伦理意涵之前，针对其所论自我的叙事层面提出两点评论。

其一，如果说行动皆有承受者，那么叙事也有听叙者。如果说在前一层次中，在身体层面自我的意义企划是完成于语言，是完成于说出有意义的话的行动，那么，在叙事的层面，自我的意义则是完成于相互的叙事。人的自我也是在与他人的相互交谈，尤其是在与师长、朋友、亲戚、所爱的人等的交谈中形成的，有时带着更多的爱和关怀，有时带着更多的自主甚或冲突。无论如何，人总须进入社会生活的层面，在其中人们相互叙事，也相互倾听，这对于意义的共同建构而言是至为重要的。能说出有意义的话，并且与重要他人（significant others）说话，相互叙事，相互倾听，相互响应，这对于自性的形成而言是健全之道的基本要素。人若背离于此，便会生发疾病而需要治疗。所谓"治疗"，其实就是透过某种照顾的历程而返回健全之道。

其二，关于一生的叙事的统一性，其中假定了有一整体有意义的生命的展开，而且整体生命历程被视为意义建构与自觉的场域，其中包含了各种实践行动、认知建构、生命企划及其体现，无论故意或不故意，无论是隐是显，无论有自觉或未自觉，人的生命经验的整体性的形成，促成了人对于"能是"的期待，对"已是"的回忆，对"正是"的表诠。也正是在此一整体性的场域中，回忆才有可能成为反省的扩充，而期待也可以成为抉择的延伸。如果不在存有学与历史哲学的层次上肯定一个有意义生命的整体开展与生命整体经验的形成，谈论叙事的统一性亦将流于空言。

对于吕格尔所谓"叙事的型构"，我愿在此指出，这"型构"概念与狄尔泰诠释学有关。狄尔泰曾说，要诠释某一作品，应根据作品中文字符号、艺术作品中的线条等所显示的"型构"获致其可理解性，以达到对它的理解。换言之，任何诠释的对象都有某种结构性，透过对该结构性的掌握，便能达到它的可理解性，因此就能达至理解。吕格尔的论题也扣紧这一点，不过并不仅限于狄尔泰。这是由于先前海德格对于理解的意涵早已做了很大的改变，指出理解并不只是一种认知上的模态，而是人的存在样态，因为在人的存在中就已经有对存有的理解，至于诠释则只是理解的进一步发展，在其中掌握了意义。海德格在《存有与时间》中就曾说过，意义就是人所理解的对象之可理解性。就吕格尔来说，这"可理解性"在人一生的叙事中，是以叙事的型构说出，因为现在是把"一生的故事"当作诠释的对象，所谓一生的故事便是一个人在一生的时间中经历过的种种经验及其连贯。若要解读一个人生命的意义，这就涉及他生命的计划、计划的选择，以及一生的遭遇与其他种种情节，整体加起来。对人的一生的解读，主要须看它的叙事型构。每一个人都有他的叙事型构，这就是一个人一生的可理解性所在。吕格尔使用"型构"一词，因为一生中有很多不同的计划和结构，不过整体加起来可使我们达到对对方的理解。总之，在涉及自我的部分，一个人的叙事型构就是一个人的一生所发生的故事加起来所形成的可理解性，这也正是每一个人独特之处。

　　那么，这与伦理的善有什么关系呢？我要在此指出，基本上人一生的故事已经属于伦理层面。我们一生的故事都没有由一个人单独发生的，我们所有的故事都是在和别人、和自然，甚至和超越界的互动中发生，所以一直都有他者或多元他者存在。我们的一生，都是与多元他者发生故事，是以我对他者行动或承受他者行动，我与他者发生事件，而事件与事件又彼此构成一个叙事型构。简言之，事件与行动的发生都是与他者或多元他者一起发生的。在这一点上，就已经有伦理层面的意义了。所以，我们不能说一直到最后才有伦理的层面。

　　至于怎样从"身体"走到"伦理"呢？我的基本看法是，身体是欲望之所在，而欲望本身是指向意义的动力，其结果在于有意义的语言、思想和行动。但是，身体所成就的语言和行动已有"互为主体"的意涵了，因为当我使用语言的时候已经有互为主体的介入了。譬如当我碰撞到某物，若我不说"痛"，则只有一个模糊或尖锐的感觉，说了"痛"，这感觉就获得了清楚的表达，而这"痛"的语言表达就已经有互为主体的介入了。如果说有意义的思想、语言和行动已经是互为主体的，那么，叙事的层面和伦理的层面就是更进一步地发展人际共同建构的意义了。简单地说，一个人若想要不生精神病，要想常保健全之道，一方面要常说有意义的话，另一方面还要与"有意义的他人"或"重要的他人"一起说话。这已经到了伦理的层面。所以，我觉得先从"身体"的意义指向开始，再进入"伦理"层面，最后再来谈一生的故事。此一次序似乎较为妥当。这也可以算是我对吕格尔的批评要点之一。

还须指出一点，伦理要求我们应该这样做，应该那样做，使人与人、人与自然、人与超越界的关系达至满全，但这在哲学上若少了一个"关系的存有论"就无法完整。我认为当代哲学中发生了某种存有论的转移，是逐渐从"实体的存有论"转移到"事件的存有论"，再从"事件的存有论"转向"关系的存有论"。这个脉络证成了"关系满全"的伦理要求。因此，我在讨论吕格尔的思想时，也预设了一个关系的存有论。

人若想把一生的故事都说出来，的确是不可能的。当然，讲故事是有选择的，一个人不可能把所有发生过的事都讲出来，也不可能将所有的事件都记住。问题就出现在这里，因为我们的记忆本身就有对于重要事件的选择。对于记忆，我们不要只把它当作回忆，只有老年人才会逐渐有封限于回忆的倾向。但记忆本身应该也是一种反省，就是向过去的反省，在反省之中，就会发现为什么会选择讲某个故事。本来人的生活就是有选择的，因为在人的生活中本来有很多的可能性，但由于选择了某个生命计划而不选择另一个计划，如此就造成了某一故事。因为某一故事会有对我最有意义的东西，因此我才会做如此的选择。

此外，人在记忆中还必须不断忘记，就像计算机一样，当内存存储不下了，就得删除一些东西，才能再加进其他需要存储的内容，重要的是那些有意义的内涵。因为有意义，所以记住了。但这并不代表人会一直记住，否则人的负担就太重了，只要记住一些基本的内涵。可这不代表其他的内涵不在我的记忆中，因为历时久了以后，若没调整好，也会变为潜意识，偶尔会出现。记忆一定是经过某种选择的，这毫无疑问，我们之所以记忆，是因为所记忆者有意义。某物之所以有意义，是因为它对我揭露存有。所以，我并不赞成只停留在功能性的考虑，所谓保存与生死，事实上是很基本的经验，但若要具有哲学意义，我认为生死与光荣都关系到存有的揭露，才会使人认为比较有意义。基本上人有两种经验，一是雅斯贝尔斯（Karl Theodor Jaspers，1883—1969）所讲的"界限状况"（Grenzsituation）的经验，像死亡、犯罪、生病等；至于光荣、成功、爱情等，这些则可像马斯洛（Abraham Harold Maslow，1908—1970）一样，称之为"高峰经验"（peak experiences），其最重要的意义在于揭露存有。像爱情或成功之时，感到这是最真实的刹那，其他一切好像就变得虚妄了。就"界限状况"而言，在生病、犯罪、死亡之时，似乎一切都成为虚无的，但由于人仍要寻找更为真实的东西，所以会有一种超越之感油然而生。所以，与其只说保存、生死、光荣等是世人最基本的经验，不如由存有学的优先性来看问题，视之为存有揭露的模态。

人的一生故事的叙述，涉及记忆与自我考古。记忆中一定要有"忘记"，这是每个人记忆中自发的行为。事实上，并没有真正被"忘记"掉之物，至多有些"隐""显"之别而已。刚才指出，倘若忘记的内容成为潜意识，还是会继续发生作用。基本上，这还是和意义的构成或导向，也就是所谓的"意向性"有关系，但意向性并不一定是显性的。无论如何，记忆一定是和意义的建构、意义的指向有密切关系。

四、人际关系与社会制度中的"自性"与"他性"

叙事文中所含"他者"的向度与"评价"的向度，把吕格尔的自我诠释学带往伦理的层面。吕格尔将"伦理意向"（*visée éthique*）定义为"在正义的制度中与他人并为他人而共度善的生活之意向"（*la visée de la "vie bonne" avec et pour autrui dans les institutions justes*）[1]。伦理意向优先指向善的生活，因为度善的生活正是伦理意向之对象。亚里士多德称之为"幸福"（eudaemonia）。不过，幸福并不是一种快乐的状态，而是人的本有能力达至卓越、全面实现的一种状态。换言之，幸福的生活是一有德者的生活。在此，亚里士多德伦理学似乎强调以能力的卓越化为"善的生活"之标准，这一点也就是麦金泰尔（Alasdair Chalmers MacIntyre，1929—）所谓的"卓越的标准"（standards of excellence）[2]。此标准亦为吕格尔接受，认为是赋予了实践行为以内在的善，这才是行动的内在目的论所肯定的。不过，应如何度过一卓越的生活呢？吕格尔认为，这就需要明智地选择生活的企划（*plans de vie*），此种明智选择的实现有赖"实践之智"（phronesis）的陶成。一方面，在善的生活意向与个别选择之间有某种诠释的循环，犹如在一文本之中对整体与对部分的理解有诠释的循环。另一方面，明智的选择宛如人对善的生活之诠释，此诠释会将"有意义"转化成"对某人有意义"。

---

[1]Ricoeur, *Soi-même comme un autr*, 202.
[2]Alasdair MacIntyre, *After Virtue: A Study in Moral Theory* (Notre Dame: University of Notre Dame Press, 1981), 190.

其次，所谓"与他人并为他人"一语，显示出伦理涉及对他者的关心（sollicitude）。伦理并非单一个人之事，其中必然涉及他者，而且个人的能力必须经由他者才能实现。"与他人与为他人"的范式，便是"友谊"。亚里士多德在《尼各马可伦理学》（Nicomachean Ethics）中特别重视友谊，认为友谊是人由"自尊"到"正义"的中介，友谊是一种德行，而且幸福之人需要朋友。针对友谊的种类，亚里士多德分析了"为了善""为了有用""为了快乐"等三种，其中以"为了善"的友谊最为可贵。友谊显示了朋友之间的相互性与平等性，并以此共度"分享的生活"。吕格尔从亚里士多德伦理学中撷取了"相互性""分享"与"共同生活"三点，来说明其所谓"与他人并为他人"。除此以外，吕格尔亦撷取列维纳斯所言："如果没有赋予责任的他者，则谈不上自我。"列维纳斯认为，他者在互为主体的关系中扮演了主动的角色，自我被他者的面容所召唤，因而应负起责任。他者是自我绝不可化约且须起责任的"绝对外在性"，在其中我们凡有所行动皆须考虑他者所承受的一切，甚至须分享其痛苦。

最后，关于"在正义的制度中"一语，善的生活并不囿于人际关系，它会延伸到制度性的生活。所谓"制度"，吕格尔将之定义为"一个历史性团体——民族、国家、区域——共同生活的结构"[1]。在此结构中，"公权力"的运用之目的是要在多元性中进行协调，而不在于"宰制"。为此，公权力属于群体，而不属于任何个人。诚如罗尔斯（John Bordley Rawls，1921—2002）所指出的："正义是社会制度的首德，一如真理是思想体系的首德。"吕格尔省思亚里士多德对于分配正义的看法，以及罗尔斯对正义就是公平的看法，认为正义就是针对制度中每一个人及其应得的一份的公平分配与公平分享，其中分配涉及"分割"，而分享则涉及整合。"公平"对于"制度"的重要性，一如"关心"对于"人际关系"的重要性。不过，吕格尔的正义论更接近亚里士多德，而不停留在罗尔斯所特重的程序正义及其所默认的义务论伦理学。主要原因在于吕格尔认为，道德生活，即便是在遵守义务，也仍然是目的论的，而不是纯粹为义务而义务。即使康德所谓的"唯有善意堪称善"，其中的善意也仍然是目的论的，而不是纯为义务而义务。

吕格尔将伦理生活定义为"在正义的制度中与他人并为他人而共度善的生活"，不但确立了自性必得在与他性共存的脉络中才能全面实现自我，而且也由人际关系的相互关心提升至社会制度的公平与正义。此看法是立基于"共存"的存有

---

①Ricoeur, *Soi-même comme un autre*, 227.

学，而且实现了"共度善的生活"的伦理价值。在此，吕格尔完全不同于前两层面对于语言分析和叙事文体所做的妥协，造成存有学的意义受到损害的情形。吕格尔自我诠释学的伦理视野是值得我们肯定的。

值得检讨的是，吕格尔用以定义"善的生活"的标准，是采用亚里士多德及麦金泰尔的"卓越原则"：幸福就是本有能力的卓越化，以致达成全面实现。这一原则并不能相称地发挥"在正义的制度中与他人并为他人"此一先在条件中所透显的关系伦理学，以及其中所假定的关系的存有论。为了与此部分义理相互配合，我们认为必须把"善"重新定义为"在关系的和谐化中达至卓越"，其中包含了本有能力的卓越化，以及（人与自然，人与人，人与超越界）关系的和谐化。此一重新定义加入了东方，尤其中国儒家伦理思想的精华，因而超越了吕格尔所隶属的，以卓越为主的西方伦理传统。肯定了此一善的意义，我们可以对康德所提"我应当做什么？"的问题答复如下。

1.你应当如此做，好使你本有的能力卓越化。

2.你应当如此做，好使你的关系和谐化。

我们必须注意，通常唯有在和谐的关系中能力才得以卓越，也唯有人人物物的本有能力都能卓越化，关系才能和谐。我以上对于吕格尔所谓善的生活的增修，并不违背吕格尔目的论伦理学的原则，却能使善的生活的意义与其所言自我的伦理向度更密切地配合起来。

总之，讲到吕格尔对伦理的存有论意涵之看法，就"伦理"本身而言，由于伦理涉及人存在的卓越化与关系的和谐化，其中的确具有一种关系的存有论意涵。但是，吕格尔在其"自我诠释学"里，并没有将这一存有论讲得够清楚。《自我宛如他者》最后一章的内容就是在问：从"自我"出发会走向什么样的存有论？不过，吕格尔仍未发展出一套完整的存有论，而只追问会走向何种存有论。因此，我们不可以把他的伦理学与存有学等同起来。

五、进一步的补充与厘清

我在本文一开始之所以要扭转"语言"，返回"身体"，或是说不要在分析哲学与语言哲学上面着墨太多，那是因为吕格尔对于所谓的"自我"宛如"他者"的讨论太过让步于语言的表面了。我认为这是当代哲学过于强调"语言"，造成"语言膨胀"的困境，吕格尔也深受其害。我认为当代哲学应该将海德格尔之后以存有学为优先的研究纲领持续发展下去。我更期盼，在不久的将来，哲学家们一定会反省到当前语言过度膨胀的困境而加以改正。

在吕格尔的《自我宛如他者》一书中，语言膨胀的问题也给他带来影响。事实上，他是好意要衔接欧陆哲学与分析哲学，原因是他在法国1968年学生运动遭受挫折之后，受邀到重视分析哲学的芝加哥大学教书，因此必然要面对英美分析哲学。在这种情形下，促使他去做衔接的工作。虽然是出自好意，可是我总觉得其结果是在《自我宛如他者》一书中造成种种困难，使他出现难以由语言层面跳到伦理层面，而且在前两个层面与伦理层面之间，似乎有条鸿沟。这种从语言层面无法跳到伦理层面的困境，正是吕格尔思想对语言过度迁就，并以之为起点的后果。

有人或许要质疑，吕格尔对于他人文本的诠释有没有造成暴力？也就是说，他所诠释的其他文本之目的与方法，并不同于吕格尔自己的目的与方法，现在若把它们纳入"自我诠释学"的计划，会造成他诠释的暴力。我想，"自性"与"他性"之间是交互辩证而发展的，这才是吕格尔对"自我"论点的基本看法。吕格尔并不完全像马克思一样完全从"他者"开始，也不像笛卡尔完全从"自我"开始，而是在"自性"与"他性"之间，主张交互辩证。吕格尔的自我诠释学其实是在讲"自我"与"他者"之间的互动关系，其论题相当清楚。而且从这论题所作出的诠释，并不会造成诠释上的暴力，只是将他们带回到"自性"与"他性"相互辩证的论题上。不过，吕格尔在诠释时仍暴露出在这相互辩证思想线索上的不足，因而没有太大的突破。

诠释学本身是不是等同于哲学活动，我持否定观点，我只能说诠释学是一种方法和一种思想的方式。诠释学的历史发展，并不完全局限在语言上。我们可以把"语言"的意义，扩大到本来不被视为语言的符号或事物上。吕格尔的哲学仍属于诠释学。虽然在他之先的海德格尔后来放弃了诠释学的计划，但吕格尔在这点上仍是坚持的。我也认为吕格尔哲学有他的正当性与价值。我们没有必要质疑诠释本身是不是唯一的哲学活动，不过，我们仍须肯定在哲学活动中有很重要的一部分是诠释的活动。

吕格尔本身的确是以存有学为优先，但他也采取了方法的迂回。我认为方法的迂回虽有中介的作用，但他也是因为方法的迂回出了问题。因为方法的迂回会造成存有论的危机或断裂，譬如从语言层面到伦理层面应如何衔接的问题。所以，我觉得迂回虽有必要，但不能过度迂回。其实，迂回本身就是一种辩证，也是为了维持"自性"与"他性"之间辩证的需要。只是，迂回终究不可太过。是以，我完全同意"自我"本身就是存有学的，而不是语言性的。但就语言哲学来说，"说话行动"的理论绝对没有办法把"我能"的意义充分发挥出来，反而在现象学或诠释学之中，比较能发挥出什么是"我能"。

从另一方面讲，"说话行动"的主体，如"我答应"等，都假定在语言行动中有我，所以也假定了其中有需要厘清的现象学或诠释学层面，甚或存有学的层面，这些皆需要透过哲学来加以厘清。我以为吕格尔对分析哲学让步的效果并不好，但若说成"障眼法"也不适当。用吕格尔的话来说，就是"迂回"。但现在的问题是迂回太过，以至于在《自我宛如他者》一书中出现"自我诠释学"从语言分析开始的情形。就"自我诠释学"的建立来讲，他一开始就已经走在迂回的路上了，于是容易忘记根源，或者无法将根源充分展开，我想这是吕格尔"自我诠释学"最主要的困境。

关于"已构成"或"在构成中"的区分问题，针对"已构成"的经验，基本上英美分析哲学的传统只注意"已构成"的部分。而现象学与诠释学则较能兼顾"在构成中"的历程，其实，一切的"已构成"都是经过"在构成中"的过程。本文假定了这一区分。我认为这是当代哲学的一个十分重要的分野。当代哲学无论区分为什么学派，最后可总归为两类：一类注意到知觉、心理，甚至社会的构成；另外一类则是从"已构成"的经验或符号开始分析。

人对自己一生故事的叙述涉及记忆与自我考古或自我溯源。不过，生命的叙事与自我的考古仍是两件事。就吕格尔的叙事理论来讲，为了叙事，就必须有相当成熟与完成的经验，一个人在一生中经历了许多事件，且具有某种型构之时，才有可值得叙事的。在人还未开始有值得叙事的故事之前，就已经进入伦理的关系之中了。例如父母子女、兄弟姐妹或是朋友的关系之中，人的一生在还没开始能叙述故事，甚或还没有值得叙述之事以前，已经是在伦理的关系里面了。就哲学家来说，似乎应该能够不断地做考古或溯源的工作，把叙事中过去所构成的内容都整理起来，如此方能与他人做适当的沟通。我完全肯定批判理论所侧重的这一点。此外，批判亦涉及否定的部分，在辩证中特别强调否定面，必须把那些被扭曲的意义先加以整理，才能真正建立适当的伦理关系，这一点我是完全同意的。但就存有学而言，则须优先考虑伦理关系，因为在实际的存在中，每一个人即使还没适当可以叙事、考古之内涵，也已经早在伦理关系的网络中了。所以，伦理关系优先于一生的故事，因为人必须有一生的故事才能完整叙事，可是人总不能到一生终尾才与他人建立伦理关系。

吕格尔的哲学是一个开放性的辩证。吕格尔认为必须不断面对他者，并与之交谈，也因此他会不断调整。不过，就我个人和吕格尔本人的几次见面来看，我是从来不质疑他的真诚性的。他真的是一位"伦理的人"，是一位真诚的哲学家。有人认为，若从哲学的角度来看，如果吕格尔了解尼采、弗洛伊德等怀疑者的传统，也认为它们有道理，他似乎就应该放弃自己来跟随他们，如此才叫作开放。我认为，这说法值得商榷，更何况从"开放性"不必质疑到"真诚性"。因为真诚性是一个人对于自己的信念、思想与主张不断地追求一致性，所以对于他者的开放并不因此而受到影响。如果吕格尔研究过这些怀疑者的传统——从尼采到福柯——之后，就自我迷失了，我会认为这就不够真诚，因为这就表示他没有什么值得坚持的信念。

就"开放性"而言，也有两个层面。其一是方法学的开放性，其二是存有学的开放性。

首先，就方法学来讲，毫无疑问吕格尔有其方法学上的开放性，因为他所谓的"迂回"就是在方法上对别的思想开放。在《自我宛如他者》一书中，他最后所谈的最高层次，根本就是伦理的，而不是神学的。像我们中国哲学还谈"道""天"，或者按基督宗教的传统，要谈绝对的他者，并且以上帝为绝对他者，借以破除人的自我封限。以上这些都是中西哲学家要坚持再谈的。但吕格尔在《自我宛如他者》书中就不再谈了，因为他认为哲学在此没什么可谈的。所以我认为他在该书中并没有执行一个哲学的神学工作。而且在方法上，他的确也是面对多元的哲学方法。但是，最后他所确定的核心论题是："自我"与"他者"之间的关系是适当地、互动性地辩证前进的。他对多元方法的开放也是如此，最后也是回归到这个论题上。所以，主张一个积极诠释学（positive hermeneutics）并不会使他的真诚性遭遇什么困难。但我们必须确定他的开放性本身有一定的、特别的意义，也就是仅止于方法学的开放性。

其次，就存有学层面的开放性而言，吕格尔并没有清楚交代其开放之终的。他对于存有的视野，也因其在方法学层面的开放性而有所调整。因为从海德格尔的《存有与时间》，转到吕格尔的《时间与叙事》，的确显示了吕格尔的调整。不过，即使吕格尔在存有学方面也有调整，但就《自我宛如他者》一书而言，这一调整历程的最后完成，最终还是在于自我与他者的关系，这点是特别值得注意的。

六、结 论

本文扣紧以存有学为优先的线索，重新评述吕格尔的自我诠释学，着重抉发其存有学层面，尤其自我从身体到生活情节、到伦理生活的意义型构，而较为不看好吕格尔迁就语言分析所做的论述。此中原因，是我认为"存有学优先"是21世纪哲学从近代以来"知识论优先"的困境中挣脱而有的研究纲领，语言分析仍是近代知识论优先的研究纲领的产物，对存有论的发展乏善可陈；更重要的原因，是吕格尔迁就语言分析所做的论述，对于自我而言，只会造成对自我的肤浅化和切割化的不良作用。

从存有学优先的角度看来，今后中国哲学，甚或世界哲学，所应发挥的是关系的存有论。至于前此西洋哲学以"事件的存有论"替代传统上"实体的存有论"，仍是不彻底的。

话虽如此，吕格尔的自我诠释学仍然正确地确立了自我之为"我能"，而不再只是"我思"。自我在行动中展现，其存有实乃"即活动即存有"；经由行动而发展出一生的整体经验，应该由与他人共度善的生活而发展出伦理世界，这是吕格尔对海德格尔所谓"在世存有"的诠释。

吾人仍然可以追问一个问题，吕格尔将自我的发展提至伦理层面，至此是否已然充分？自我是否仍然面对更为超越的他者，自我还应有更进一步的冒险旅程？对此，吕格尔似乎认为哲学家无力回答。他在《自我宛如他者》一书的结尾中表示：

> 或许哲学家，就其为哲学家而言，必须承认自己不知道，也不能说，到底此一他者，天命之源，是一个我可见其面容的他者，而他亦可注视我之面容，或是……神，活生生的上帝，尚未临在的上帝，或仅只是一个空的位置。随着此一他者的难题，哲学论述也到了尽头。[①]

哲学在此就到了尽头，我个人是不能同意的。即便是在中国哲学中，也还致力于谈"理"论"道"，其中对于终极真实的关切，依然涉及绝对他者。哲学既需解明人生的全体经验，自然不宜自我围限。如果说哲学的确有其尽头，也不能将哲学

---

①Ricoeur, *Soi-même comme un autre*, 409.

的尽头视为人生的尽头。吕格尔的哲学无疑是向绝对他者开放的，但或许仅有开放的态度还是不足的。自我的诠释学或可自限，但人生终究不能自限，也因此哲学亦不能自限。哲学总应继续向前，探索终极真实，即便我们对于终极真实的把握难免存在开显与建构的对比张力，然总需坦然以对，甚至对越在天，虔心诚意以与之游。

第四章 情意发展与实践智慧

一、引言

基本上，情意是在人的身体与世界的关系中兴起，然而情意的发展必须由机体的身体转向体验的身体，并由情绪智能或情绪管理的层面提升到实践智能的层面。进而，实践智慧需由道德实践提升至生命实践，甚至触及终极信仰的层面。本章将逐层讨论情意发展的历程，并阐发其与实践智慧的关系，以示身命之中实已含有群命，并向群命发展。

情意是人最原初的存在样态，而人的情意发展也构成了人的生命意义的核心。情意问题之重要性，由此可见一斑。基本上，人既为"在世存有"（being-in-the-world），人的情意则是由身体与世界的关系中兴起。然而，对于身体，我们可区分机体的身体与体验的身体。目前流行的EQ与情绪管理的理论，其假定的是机体的身体。至于人的情意发展的真正出发点，则是体验的身体。

近年来，一般对于情意发展与情意教育的了解，颇受到"EQ"（emotional intelligence，中译为"情绪商数或情绪智能"）概念的影响。这是由于丹尼尔·高曼（Daniel Goleman, 1946—）的《EQ》一书在中国台湾、中国香港造成旋风式影响的结果，使得人们无论是在报刊、学术讨论，还是在日常闲谈中，都可以听到各种各类的EQ谈论，大体上对国人认知情绪管理也颇有帮助。

不过，这一本号称"着眼于情感、人格与道德的三合一"[1]的畅销书，实际上是用脑部的构成与演化、神经的分布与作用来解释高贵的"三合一"，用以激励读者的情绪控制与道德情操。平心而论，这种思想一方面有某种化约主义的困难，究竟能否达到其所谓"提升自身与下一代的情绪智力与社会能力"[2]的目的，实在令人怀疑。另一方面，这种依据神经科学与大脑科学的道德论调，也难以使人的情

---

①丹尼尔·高曼：《EQ》，张美惠译，时报文化出版社1996年版，第13页。
②丹尼尔·高曼：《EQ·致中文版读者序》，张美惠译，第1页。

感、人格与道德得以高尚其志，更无法证成其用以激励读者的情绪控制与道德情操的依据。为此，我们有必要对其理论预设进行检讨。尤其值得注意的是，这种停限在机体的身体的情绪控制理论，并无助于我们了解情意发展的真相。我们还是有必要从体验的身体开始，探讨人的情意发展。为此，本章将讨论体验的身体及其中作为意义动力的欲望如何发展出意义的世界。

此外，《EQ》一书前言开宗明义表明接受亚里士多德的挑战，并引述亚里士多德《尼各马可伦理学》的一段话："任何人都会生气，这没什么难的。但要能适时适所，以适当的方式对适当的对象恰如其分地生气，可就难上加难。"①我很乐意在该书中读到像"接受亚里士多德（伦理学）的挑战"这类字眼，因为这点显示情意发展也有其伦理意涵。值得注意的是，当代伦理学有由康德伦理学转向亚里士多德伦理学，由义务伦理学转向德行论伦理学的趋势。然而，在此转变中，最重要的是亚里士多德伦理学中的"实践智慧"（phronesis）概念，而不仅止于像"生气"这类情绪及其适当管理的问题。更值得注意的是，情绪的适当管理有赖于"实践智慧"，而非有赖于对脑部的构成与演化的认知。为此，我们也有必要分析"情意发展"与"实践智慧"的关系。

不过，一方面伦理的"实践智慧"并不止于亚里士多德，在中国哲学中，儒家伦理学也特别重视人的生命作为一种道德实践的过程。另一方面，人的生命是否仅限于道德的实践，或应像道家所指出的，还有其生命实践确与自然整体不可分割的关系，因而人的生命意义的宇宙论向度也值得加以考虑。为此，我们在本文中将就原有儒、道两家对实践智慧的看法加以讨论。此外，由于生命实践也具有超越人文的向度，为此我们将在结论中提出终极信仰的问题，作为有关情意发展与实践智慧最后的开放性议题。

二、"情绪智能"理论预设之检讨

首先，必须指出，丹尼尔·高曼所著《EQ》一书中的最大预设，便是认为人

---

①丹尼尔·高曼：《EQ》，张美惠译，第9页。

能管理情绪的情绪中枢是位于人脑的思考中枢与脑干的中介部位，而且这是生物的脑部进化的结果。对于高曼而言，人脑是生物经过数百万年的演化，逐渐由下层部位发展出的较高级的上层组织。首先，人与其他高级动物皆拥有环绕着脊椎上端的"脑干"。脑干负责呼吸和新陈代谢的作用，并控制一些固定的反应与运动。再经长久时间的演化，自原始脑干发展出情绪中枢，起先是从气味辨识发展到传递反射性讯息，不过，在哺乳类动物出现以后，又增长出边缘系统（limbic system），增加了实质的情绪功能。最后，又历经数百万年，再增添新皮质，发展出思考中枢，负责搜集及理解感官接收的讯息，使我们对感觉能加以思考，同时对观念、艺术、符号、想象等产生感应。这是一个大脑演化简史的约略叙述。

以上的主张包含了一种演化论的脑部区分理论，以及心智功能的大脑区位论。就演化论的脑部区分理论而言，这一理论其实仍以思考中枢为人脑的最高演化阶段，情绪中枢只是位于中间阶段而已。这样的看法其实并未赋予道德情绪以任何比思考能力更为重要的地位。相反，这种说法仍与近代自笛卡尔主张"我思，故我在"以来，以思考的智性为最优位的想法一致，与造成今日社会危机四伏的主智主义没有什么差别，至多只赋予了情绪以中间的地位，而且认为今日人类之所以会情绪失调，只是因为脑部的情绪中心失去了中介性的功能罢了。

其次，就心智功能的大脑区位论而言，丹尼尔·高曼认为，情绪作用的生理基础是在脑部的"杏仁核"，思考中枢在"新皮质"，而人对情绪的控制有赖"前额叶"来协调杏仁核与新皮质。丹尼尔·高曼认为："在（脑部的）新皮质有一连串复杂的路径负责讯息的接收、分析与理解，最后透过前额叶导出反应。"[1]因此，在丹尼尔·高曼看来，"理性与感性的战争与和平，关键就在于杏仁核等边缘系统与新皮质的联络"[2]。

以上这种区位论实际上是以人的机体的身体，尤其是以人的大脑为其论述的基础，将人的思考与情绪的作用视为出自两个不同的部位，但仍可以协调互补的二元系统，而不是人的整体能力的两个分殊的作用表现。高曼甚至认为："我们人类可以说都有两个脑、两颗心、两种智力——理性与感性。……边缘系统与新皮质，杏仁核与前额叶彼此都是相辅相成的，彼此合作无间时，情绪与智商自是相得益彰。"[3]由于大

---

[1]丹尼尔·高曼：《EQ》，张美惠译，第41页。
[2]丹尼尔·高曼：《EQ》，张美惠译，第43页。
[3]丹尼尔·高曼：《EQ》，张美惠译，第45页。

脑区位论限制了丹尼尔·高曼思想的视野，使他提出了这样的二元互补论调，其中实在很难看出人格的统一性，更难看出思考与情绪在本属统一的人格中的作用。或许人格的统一就在这样的协调与互补过程中形成，但高曼所主张的人格统一实在是一个相当劳累的过程，随时必须加以注意和协调。这样的二元互补性，与其说是有其统一，不如说是把桌子和椅子用绳子绑起来的那种关系，完全是一种外在强加的统一，甚至有时会彼此分裂，成为两头马车，各自奔窜，不知如何统一是好。

　　更重要的是，这种基于机体的身体、大脑研究的情绪管理论调并不能使人高尚其志。当我们重视情绪管理之时，往往是出自道德的动机，而非基于任何对大脑构造与演化的知识。后者只有认知的意义，而缺乏道德的动力。

　　基于上述的考虑，我比较愿意在机体的身体、大脑研究与情绪管理的考虑之上，取法于晚近甚为发展的情感现象学，从现象学的角度，展现人的情意发展与体验的身体之间的密切关系。我甚至认为，体验的身体是人的情意活动兴起的根源，也是人指向意义的活动力所在之原初场域。这点将我们带入下一节的讨论。

三、从体验的身体兴起：情意的发展

　　20世纪30年代，当代西方哲学出现了由理性往情意的转折。海德格尔在《存有与时间》一书中批判西方近代哲学自笛卡尔以来过度强调心身二元论，并以"我能故我在"替代了笛卡尔的"我思故我在"，也就是以存在的可能性（Seinskönnen）优先于理性的思维。海德格尔指出，人的存在的可能性与其"对他人的关爱与对世界的关切"的方式密切相关。[1]因此，人的存在的可能性是情意性的，而不是理性的。惟人的此种情意具有双重性，同时会是对世界的开放与封闭，对存有的谐适与遮蔽。梅洛-庞蒂进而指出，每个人自己的身体，也就是己身或所谓的肉身，正是

---

[1]"The Being-possible which is essential for Dasein, pertains to the ways of its solicitude for Others and of its concern with the 'world.'" Martin Heidegger, *Being and Time*, trans. John Macquarrie and Edward Robinson (New York: SCM Press, 1962), 183. （"对于此在具有本质性的存在的可能性，专属于人对他人的关爱与其对世界的关切的方式"——本书作者译）

人的欲望的存在模态。①他认为，欲望存在身体之中，并且透过身体获致表达。

　　这样的思想在中国哲学里并不陌生。例如，由于清代哲学批评宋儒对"天理"与"人欲"、"天命之性"与"气质之性"的二元区分，也出现了像颜元、戴东原等人回到对身体与气质之性的肯定，甚至以人欲为人追求意义的动力。略言之，颜元认为"舍气质无以存养心性"，所以心性的修炼必须透过身体。既然身体为实践的基础，所以不能区分"天命之性"和"气质之性"，甚至尊此贱彼。所以，他主张身体及其欲望都是善的。②

　　至于戴东原，他也不区辨"天命之性"和"气质之性"，并承继《礼记·乐记》"夫民有血气心知之性"的说法，用"血气心知"来言"性"。"血气"指的是人的身体，"心知"指的是人的思维与认识的能力。"血气心知"合而言之，指人有身体，有头脑，能运动，又能思维。他在《孟子字义疏证》中指出，人的身体中最重要的就是能兴起"知觉运动"，并认为人之所以会从自然的状态达到必然的目的，根本动力是"欲"。他彻底推翻了宋明理学当中"理""欲"二元对立的思想，将"欲"解释为人迈向道德的善的基本动力。换言之，"欲"作为一种动力必然会迈向有意义的生命，迈向德行的完成。③

　　在上述中西哲学思想基础上来思考，可以说情意是人最为原初的存在模态，不过人的情意的根源是身体中的欲望并从身体开始发展。如果没有身体，也就无情意可言。情意作为人的原初存在模态，是扎根于身体的欲望及其在与他人他物的关系

---

①正如吕格尔针对梅洛-庞蒂所说的："身体的存有模态，既非在我内的表象，也不是在我之外的事物，而是任何吾人可以想见的无意识的存有者的模态。此一范式的地位并不是来自对于身体的生物性的规定，而是来自身体的存有模态的双重性，一个存在者的意义，正是在一个身体之内被把握到的意义，同时也是一个指向意义的行动。"Ricoeur, *De l'interprétation, essai sur Freud*, 372.
②如颜元所谓："只宜言天命，人以目之性，光明能视即目之性善，其视之也则情之善，其视之详略远近则才之强弱，皆不可以恶言。盖详且远者固善，即略且近，亦第善之不精耳，恶于何加？惟因有邪色引动，障蔽其明，然后有淫视，而恶始名焉。然其为之引动者，性之咎乎？气质之咎乎？若归咎于气质，是必无此目而后可全目之性矣。"（颜元：《驳气质性恶》，《存性篇》卷一，《习斋四存编》，上海古籍出版社2000年版，第37—38页）
③戴东原在《孟子字义疏证》上说："欲者，血气之自然，其好是懿德也，心知之自然，此孟子所以言性善。心知之自然，未有不悦义理者，未能尽得理合义耳。由血气之自然而审之，以知其必然，是之谓理义；自然之与必然，非二事也。就其自然，明之尽而无几微之失焉，是其必然也。如是而后无憾，如是而后安，是乃自然之极则。若任其自然而流于失，转丧其自然，而非自然也，故归于必然，适完其自然。"（戴震：《孟子字义疏证》，《戴震集》，里仁书局1980年版，第285页）

中的发展。[1]在此，我们必须区别机体的身体与体验的身体。前面所论情绪智能说只见到人的机体的身体，而无视于人的体验的身体。欲讨论人的情意发展却不能不以人的体验的身体为出发点。机体的身体是由大脑四肢五官百骸所构成的生理整体，体验的身体则是人在日常生活中实存地体验到的自己的身体。这是人的欲望存在的现象学场域，也是人迈向有意义的生命的原始动力所在。欲望是人迈向意义的最原始动力，可谓吾人最原初的意义企划。

进一步要指出，我的意义企划是在我身体的亲密性与他异性的原初对比情境中开始活动的。一方面，我的身体就是我，或至少可以说，我的身体是亲密地与自我相连接的，而且也真正是自我的一部分。可是，我的身体也有别于自我。因为我的身体经常是向着世界而开放的，而且在我身体内的欲望，经常是指向着他人或他物，拉康称之为"他者的语言"。我的身体，作为我的欲望实现的场域而言，经常向他人、他物开放，因而启动了一个指向有意义的生命的企划。欲望的指意活动在与他人、他物相关的脉络中跃动与转化，于是构成了人的情意生活。

身体的运动，正是身体的亲密性和他异性之间对比的解决途径。换言之，身体的运动是最原初的产生意义的存在方式。就在这一层意义下，我们可以了解，身体的运动是意义建构的源起，而欲望作为人的意义建构的最原初的企划，最先正是沉浸并兴起于身体的动力之中，进而浮现于身体的运动之上。身体的运动，是在我的身体的亲密性和他异性两者的对比情境中运作出来的。

当吾人的欲望在身体的运动中指向意义，并经由各种的形式来加以处理的时候，比如透过姿态的形式、声音的形式、图像的形式等各种表象来表达，此时，吾人身体的运动所展现的欲望的意义企划便获取了可理解性。取得可理解形式的身体运动，是我们迈向有意义的生活的第一步。成为表象、取得表象，就是获取一个对于吾人的意识可理解的表白方式，而此可理解的表白方式，就担任将无意识的欲望翻译为有意识的语言的中介。透过各种不同的形式，像声音的形式、图像的形式和姿态的形式等，身体的运动使有意义的生活的企划获得各种方式的特定化和分化，例如成为音乐、美术、舞蹈、戏剧等。这些不同形式的艺术的共同源起，都是具可理解形式的身体运动，其彼此的差异则在于所采取的可理解形式的种类，如声音、图像、姿态等的性质与规律的不同。当人的情意荡漾在这些可理解的形式之间，因

---

① Vincent Shen, "Therapy as Restoring the Way to Sanity" (paper presented at the 5th Bi-annual Conference of the International Society for Psychotherapy, Los Angeles, July 13–15).

而获得愉悦之感时，便有美感油然而生。

不过，美感并非情意发展的究竟义。一方面，情意还需进一步向他人、向世界开放，并借此而发展，因而有下面各节所论的伦理实践与生命实践之必要；另一方面，美感与真实之间仍有差距，而这正是"崇高"（sublime）之感所显示者。正如康德所指出，崇高是感性与概念的差距，是人面对无限而兴起的自觉渺小与敬畏之感。[1]在后现代主义中，李欧塔（Jean-François Lyotard，1924—1998）继承康德的说法，认为后现代的艺术精神就是"崇高"，其要义就在于感性与概念，或呈现与不可呈现者（真实本身）之间的差距。李欧塔说："真正的崇高，是一种快感与痛苦的内在联系，快感在于理性超越一切呈现，痛苦在于想象或感性不相称于概念。"[2]

话虽如此，艺术的创造与文化的教养对于每个人情意的发展和生命意义的获取，皆是十分重要的。借着音乐、绘画、舞蹈、戏剧等活动，不但人内在的意义动力获得表现，而且也使得原有粗糙野蛮的活力经由教养熏陶而趋优雅。文化虽不仅止于教养，但是其中的人文化成、陶冶培养之意，当然也有重要的教养含义。这正是中文"文化"一词所表达的"观乎人文，以化成天下"一语的意义所在。西方"文化"（culture）一词则是来自"耕种"（cultura），因为地若不耕则废地荒芜，杂草丛生，唯有勤加耕作才能田良园沃、果实累累。同样的，情意若不陶冶则会流于粗鄙低俗，唯有接受文化教养，才会高尚优雅，中规中矩。

此外，经由各种可理解形式表现的身体运动，对于因缺乏意义或意义干扰所产生的心理疾病的治疗而言，也是十分重要的。透过绘画、音乐、舞蹈、戏剧等创作活动，具有心理治疗的功能。这是文化治疗在身体现象学方面的基础所在。正因为这些创造的活动体现了人迈向有意义生活的第一步，在其中人经营出可理解的表象，为此人可以通过它们而获得治疗之功。

由此可知，从身体原初的意义动力出发，人的情意首先可以发展成为种种的文化活动，表现为音乐、舞蹈、表演艺术等艺术创造；其次，亦可经由文化教养的熏陶，形塑情意的内涵，经由上述的文化表现而丰富生命的意义；最后，当生命意义的机能受到干扰而心灵生病之时，又可经由艺术表现与文化活动而获得治疗。不过，由于前述美感与艺术对于情意发展之不足，我们有必要提升至伦理实践和生命

---

[1]Immanuel Kant, *Kritik der Urteilskraft* (Frankfurt am Main: Suhrkamp Verlag, 1978), 171–172.

[2]Jean-François Lyotard, *Le postmoderne expliqué aux enfants: correspondance, 1982-1985* (Paris: Galilée, 1986), 26.

实践的层面，讨论情意的进一步发展。

四、节制之德与实践智慧的关系

如果说"情绪智能说"只涉及生理（大脑）与心理（情绪）的层面，尚不足以讨论道德问题，在此二层面欲将情感、人格与道德三合一的构想，其实只是托大之辞。为此，我们不但必须将讨论的层面提升到情意动力如何发展出艺术与文化的意义世界，而且需将它提升到伦理学的层面来考虑。由大脑理论与心理学转向伦理学，这正是"情绪智能"接受亚里士多德挑战的旨趣所在，而不是反过来将亚里士多德伦理学降格为心理学上对生气情绪的适当管理问题的理论。就伦理学而言，对情绪加以适当管理的问题，也就是"节制之德"与"实践智慧"的关系问题。

首先，情绪管理与节制之德的养成有密切的关系。节制是一种致力于使人的情感能力卓越化的德行，其目的不在禁止情感的发泄或扼杀感性的快乐。正如斯宾诺莎（Baruch de Spinoza，1632—1677）在《伦理学》（Ethics）一书中所言："除了一种野蛮而悲惨的迷信之外，无物能禁止我们快乐。"[①]为此，问题不在于必须自我节制使自己享受得更少，相反，节制是为了使自己更为卓越，以便享受得更好。换言之，节制是一种追求情感卓越的艺术。由于对人的感性倾向会加以节制，不使泛滥任性，因而使得情意能显得洁净精微，达至中和，趋向完美，可见节制实乃智者之德。正如斯宾诺莎在同一系论中所言："智者之所为，是在致中和的愉悦中享用食物、饮料、青草的美姿、饰物、音乐、运动、戏剧，及其他种种事物，借以休憩与重建自我，这些是每一个人都可以使用的。因为人的身体是由许多不同性质的因素所构成，会一直要求新的、不同的滋养，以使身体能行其所能行，也使心灵能了解许多事理。"[②]就此看来，与其说节制是在克制情意的发泄与满足，不如说是使情意卓越的艺术，是欲望对自己下工夫，其目的不在于强予人以限度，或者超越

---

①Benedictus de Spinoza, *Ethics*, in *The Collected Works of Spinoza*, ed. and trans. Edwin Curley (Princeton: Princeton University Press, 1985), 572.

②Spinoza, *Ethics*, 572.

人的限度，而在于尊重人的限度。因此，节制是在尊重自我的限度中追求卓越的努力。节制可以说是一种应用在感性生活上的实践智能；至于实践智慧本身，则是在变动不居的情境中判断并实践整体之善的能力。

"实践智慧"（phronesis）在亚里士多德《尼各马可伦理学》一书中受到深入的讨论。若把这一语词翻译为"明智"（prudence）是不妥当的，因为"明智"仅代表一种行事的态度，有时与"精明"甚至"狡猾"相通。实则，phronesis一词指的是在道德实践中的智慧，译为"实践之知"或"实践智慧"较佳。在康德哲学中所谓的"实践理性"（*praktische Vernunft*），在亚里士多德言，宁以"实践智慧"为名，而且与之大不相同，因为康德的"实践理性"强调人自律地去遵守道德义务，而亚里士多德的"实践智慧"旨在变动不居的情境中判断与实践整体之善，达至卓越，以成就德行。

亚里士多德认为"实践智慧"并不是一个抽象的东西，而是具体地体现在被誉称为拥有"实践智慧"的人身上。亚里士多德说："所谓实践智慧，也就是善于审决对自己为善和有益之事，但不是局部的，如对于健康、强壮有益之事，而是导向普遍的善的生活的事物。"①亚里士多德在此言及"普遍的善"，是由其所主张之"形式"的普遍性保障。然而，在今天本质主义已深受质疑，难以再主张纯粹的"普遍的善"（universal good），但是至少可以主张"可普化的善"（universalizable good），也就是我认为是善的，而别人也可以接受、可以分享的善。

亚里士多德又说："实践理性是关于对人是善或恶的事物采取行动的真实而理性的能力。"②结合前一段的说法，我们可以将"实践智能"视为针对导向可普化的"善的生活"的事物进行判断与行动的能力，也就是达至圆熟的判断，能在具体情境中知道该说什么、该做什么而成就共同的善。由于所涉事物都是在具体而不断变化的事物之流中进行的，因此"实践智慧"不同于"科学"那样以普遍而必然之物为对象；而且"实践智慧"所针对的善的行动本身就是目的，不像"技术"那般以所制造的物品为目的。由此可见，"实践智慧"不同于"科学"和"技术"。"实践智慧"必须在变动不居的情境中判断并实践整体之善，并以之为目的。

对于亚里士多德而言，"实践智慧"涉及自我反省。既然人要善于审决对自己是善和有益之事，也就同时要认识自己是什么样的人。正如苏格拉底所言，认识自己是人生的要务。情绪智能在"实践智慧"中有其基础，主要就在于情绪智能应该

①Aristotle, *Nicomachean Ethics* 1140a 25–30.
②Aristotle, *Nicomachean Ethics* 1140b 5–10.

能自我反省，认识自己，并能从整体出发，看见可普化的善。譬如在火灾现场救人，必须克服胆怯，勇敢下去救人。在救人的行动中，我实现了救人之善，同时也就认识了自己是可以行善的，而且如此得来的自我认知，永远不会忘记。不像学习一项技术或知识那样，学了以后还会忘记。

"实践智慧"也是整体的，它所针对的不是特殊的目标，例如肚子饥饿时想吃东西、口渴时想喝水、生气时想打人等，这些虽然也会激起情绪，但并不因为如此就有高的情绪智能。高的情绪智能需要顾及整体的善，甚至为了整体的善而克制口渴、饥饿、生气等情绪。由此可见，实践智慧也是节制之德的基础。大体说来，这种整体性一方面来自个人对整体自我的了解，其中涉及个人对自我潜能与未来理想的自觉；另一方面，来自个人对于所涉情境在事物之流中所展现的善的洞察。以上两者皆含有理想性，因而不是生理论与心理论的"情绪智能说"所能说明。"实践智慧"对于这种理想性的善之掌握，正是情绪智能的伦理学基础所在。

最后，"实践智慧"也是妥当审决的判断力（judgement）所在。由于必须在事物变迁之流中判断并审决（deliberation）其中所展现的善，因此原则上并无任何规范或义务具有绝对的约束力。任何道德规范或义务皆须经由创造性的诠释，应用到具体的情境中。换言之，当事人必须能在具体事件中看到理想的善，也必须在理想中看到其实现的路向，于是乎能有所决断与实践，在具体中实现理想，并以理想提升事物之流。这是情绪智能之所以能达至平衡与合乎情理的伦理学基础所在。为此，当代的伦理教育，尤其在德行论伦理学影响之下，特别重视道德判断能力的养成，而不仅止于义务论伦理学所主张的只一再强调对道德义务的遵守，无论是自律或他律的遵守义务，都仍是不足的。目前国内的道德教育与法治教育，过度着重义务的遵守，今后恐须修正，除了学习遵守义务更要培养道德判断力。

从以上看来，情绪智能有其伦理学基础，而"实践智慧"就是此一基础所在。也因此，除了讲求情绪智能，还要能重视"实践智慧"，并且重视其中所含的自我认识、道德理想与道德判断。

五、从道德实践到生命实践

有关"实践智慧"的讨论，还需落实在本土的思想中，寻求语言转换与诠释的机制，以获取地方性的实现条件。像中国哲学这样悠久深远的传统，其中还深藏着接受新的挑战或提升之机趣。本文在此仅举儒、道两家为例。首先，就儒家的伦理思想而言，"实践智慧"表现为"道德实践"，后者必须体现为个人和群体的德行，情绪或情感则须纳入德行中予以提升。儒家的德行伦理学可以分个人和群体两部分来看。首先，对每个人而言，德行就是个人所拥有的好能力的卓越化。其次，对群体而言，德行则是人群中良好关系的满全。

关于个人能力的卓越化，例如孔子谈到许多不同种类的德行，其中最重要的就是智、仁、勇"三达德"，"达"可诠释为"卓越"之意。首先，"智"原是人的认知能力，这种能力发挥到卓越的地步就有智德，甚至能达到"智者不惑"的境地。其次，人的情感发挥到卓越化就是仁。仁也是德行的一种，乃爱人之德。比较起来，总说仁、义、礼的"仁"，意思是人的自觉与感通，是儒家思想的总纲，可谓儒家思想最高与最基本的观念；至于分说智、仁、勇三达德里的"仁"，则是"仁者爱人"之情感的卓越化。最后，"勇者不惧"之"勇"则是人的意志力的卓越化，达到无所畏惧的地步。"智者不惑，仁者不忧，勇者不惧"就是人的认知能力、情感能力以及意志能力卓越化的结果，以致成为德行。

总的来看，道德实践最重的是要能体现中庸，而中庸本身也是美德。孔子叹曰："中庸之为德也，其至矣乎！"（《论语·雍也》）这点十分接近亚里士多德，亚里士多德也认为中庸是德行，例如勇敢是鲁莽与胆怯的中庸，慷慨则是浪费与吝啬的中庸，虽然说亚里士多德后来觉察到得其中庸并不一定德行卓越，然其德行终究不离中庸。可见，卓越并不是在走过度与不及的两个极端，而是兼顾不同的能力，在适中的程度上发挥到卓越的地步。

对于孔子，卓越化的德行大部分都不是孤立或自我中心的，而是与别人、社会有密切的关系。智、仁、勇虽是个人的认知能力、情感能力、意志能力的卓越化，不过孔子又说："能行五者于天下，为仁矣。……曰：恭、宽、信、敏、惠。"（《论语·阳货》）"恭"是行为上的恭敬，"宽"是心胸宽厚，"信"是守信，"敏"是行事敏捷，"惠"是善待别人。所以说"恭则不侮"，表示若为人有礼貌、行为恭敬，就不会被人侮辱；"宽则得众"，表示人若心胸宽厚就会得人支持；"信则人任"，表示若为人守信用，那么别人就会信任你；"敏则有功"，表示人若行事敏捷、敏锐，事情就会做得成而有功；"惠则能使人"，表示人若能善待别人，则别人亦乐于为他服务。所以，"恭、宽、信、敏、惠"五种德行，都与别人有关，并达至良好关系的满全。

就个人而言，德行是指个人本有善性获至发展、达至实现的状态。孟子对此也言之甚详，他以恻隐之心、羞恶之心、辞让之心、是非之心四者为"四端"，认为若能加以扩充发展，善尽其性，则可以成就仁、义、礼、智四种德行。

就群体言，德行的意义则是良好关系的满全，孔子尤其重视这点，认为人群中良好的关系满全才是真正的美德。孔子说："弟子入则孝，出则弟，谨而信，泛爱众，而亲仁。"（《论语·学而》）在家中，孝顺是子女与父母间的良好关系的满全；个人出外，言行须能谨慎守信，广博地爱众人，并且亲近有仁德的人，如此一来，社会关系亦会良好。从在家到在外，从内在到外在的关系都达到良好，这是人的关系性美德之所在。

在儒家看来，人与人的关系可综摄为五伦关系。所谓五伦，就是指君臣、父子、夫妇、兄弟、朋友五种人伦关系。孟子最清楚地表述了五伦关系的要旨，他说："父子有亲，君臣有义，夫妇有别，长幼有序，朋友有信。"（《孟子·滕文公上》）然而，儒家伦理思想的特色，就在于不只讲纯粹的社会关系，而要进一步讲有意义的、良好的人际关系。换言之，要在以上各种关系中，遵守规范，实现美德。关于这些规范和美德，虽然随着时代的变迁可以有不同的诠释，但其意义大体上是要体现良好人际关系的满全。

其次谈道家。在道家看来，人的一生不能止于道德实践，而要进一步以合于天道的生命作为实践历程。至于情绪，人并非一定要度无情之生活，更重要的是依乎天道而生活，并发挥人人物物本有之德。甚至对于会引起最大情绪反应的生与死，亦须予以超越。若从道实现为万物的宇宙历程来看，所谓"生"就是取得身体，而所谓"死"就是身体还诸天地。就道家而言，生是气聚而生，死则是气的分散与转换。如果说生是一种喜悦，那么死也不足悲伤。因此，庄子才会说："夫大块载我以形，劳我以生，佚我以老，息我以死。故善吾生者，乃所以善吾死者也。"（《庄子·大宗师》）如果能够体会这个道理，则会了解《庄子·养生主》中庄子所言"适来夫子时也，适去夫子顺也，安时而处顺，哀乐不能入也，古者谓是帝之悬解"。换言之，就是从对生和死的忧惧当中得到解脱。《庄子·大宗师》中也说："且夫得者时也，失者顺也，安时而处顺，哀乐不能入也。"

由于超越生死，超越哀乐，超越任何情绪的干扰，因而呈现一种心灵的开放，能够导向终极生命的实现，并不仅限于从生死的区别当中解脱。道家所提出的一种对生命的看法是无惧于死亡，甚至用欣喜的态度接受死亡，因而产生一种终极的心灵自由，摆脱情绪的操控，也自疾病和死亡的恐惧中解脱。

道家虽主张身体的稀少性与平等性，但更重视人的存在最终与自然相结合，道通为一。像庄子，虽然也可以接受在死后变成虫臂或鼠肝，但他宁愿成为一只蝴蝶，达到既自由且美丽的存在至境。就存有学的观点而言，无须区分庄周和蝴蝶；在形器的层面而言，两者或许也有区分。然而，自由而美丽的存有模态超越了一切的区分，返回到与道的原初结合，达至道通为一的境界。这一点，是经由深刻的生命实践而达成的。这种境界，远比节制之德或道德实践更易达到调节情绪的目的，且能舒展情绪而无需矫情于情绪管理。

在道家而言，此一生命实践，始自守神练气，以物观物，终而能融入于道，随道流转。庄子说："古之真人，其寝不梦，其觉无忧，其食不甘。其息深深。真人之息以踵，众人之息以喉。屈服者，其嗌言若哇。其耆欲深者，其天机浅。"（《庄子·大宗师》）从弗洛伊德的观点看来，梦是一种表白无意识中的欲望的伪装机制。对于庄子而言，人若太过沉溺在欲望和情绪当中，会造成天机浅，也就是对天的运作的敏感度降低。不过，仍然有一条出路，那就是透过深刻而自然的呼吸，甚至能呼吸到脚踵，也就是循环大周天的呼吸方式，不断减除欲望，甚至到达夜间无须经由梦来表达欲望，而日间无所忧虑的境界。

在道家而言，整个生命的过程是一个生命实践的过程。生命实践过程的最高境界是"进技于道"，这点是庄子所述庖丁解牛的故事表达的。庖丁为文惠君解牛，已然达到艺术的境界，"手之所触，肩之所倚，足之所履，膝之所踦，砉然向然，奏刀騞然。莫不中音，合于《桑林》之舞，乃中《经首》之会"。（《庄子·养生主》）此处所谓"牛"，其实是用以比喻一个复杂的生命体，指称生命的复杂性，无论是个人的生命或政治社会的生活，都是曲折复杂的。然而，经由一种生命的实践，达至艺术的境界，人将可以掌握生命的复杂性，度一个合乎自然韵律的生活，赢得自由之路。而庄子所谓"进技于道"，应解读为从技术的层面提升到道的层面，因而才成为艺术。《养生主》所言的生命实践的艺术，其主旨便在此。

六、结语：由实践智慧到终极信仰

从情绪智能到情意发展，是将情绪的生理学、心理学理论提升到现象学的层面，由机体的身体与情绪的理论提升到体验的身体与情意的生活。至于"实践智慧"概念的提出，则是将情意的发展提升至伦理学的层面。就这点而论，亚里士多德的"实践智慧"概念对于情绪智能概念既是一种挑战，也是一种提升。不过，当我们进入到儒、道两家的实践智慧中时，发现不但有儒家所重视的成就德行的"道德实践"，而且有道家所重视的成就整体生命的"生命实践"。生命实践的概念对于"道德实践"概念既是一种挑战，也是一种提升。

因此，我们非但不能只谈"情绪智能"，也不能只谈"道德实践"，而应以整体的"生命实践"为视野，并在其中安顿情意发展与道德实践。不过，生命的实践最后涉及了终极信仰的层面。为了正确认识信仰的作用，我想有必要将它放在当前虚无主义威胁下的生命意义探索的脉络中予以了解。事实上，由于现代化进程的加深，已经出现了许多弊端。其一，现代化的一大要素是理性化，然而，理性的过度膨胀，造成理性本身的贫乏化，使得现代人的生命日益缺乏意义。正如伽达默尔所指出，启蒙运动独尊理性，反而使理性思想走入贫困之境，如患贫血症然。[1]其二，现代人否认彼岸世界，认定生命的目的就在此世，然而，可悲的是，举凡俗世可得的快乐和利益，皆不能满足人对生命意义的渴望，于是引发了更多的不满、挫折与焦虑，进而造作更多的劣行与社会问题，借以填满人内心的空虚，随之又带来更大的不安。

就后现代的挑战而言，人类正踏进21世纪初，一般人的生活逐渐弥漫在虚无主义里面。原来在19世纪末20世纪初，所谓"虚无主义"[2]曾有一深刻的意义，亦即"重新估计一切价值"。在今天，"虚无主义"已经变得肤浅化、轻佻化。当前的虚无主义是人们的一种心灵状态，只追求眼前的利益和快乐，心中却没有值得生命奉献的长远理想。

以上现代与后现代的心灵困境，正是当前情意问题兴起、引起大众注意的大环境，在其中，人们需要重新寻回值得生命奉献的理由。因此，对于终极信仰的认知就变得非常重要。而我所谓的"终极信仰"正是指个人或群体对于生命的意义最后基础所在的一种心灵上的投注，可以视为情意发展的终极模态，其中可以区分为两种：一是人文信仰，一是宗教信仰。[3]

在前文中谈到的，情意发展经由伦理实践到生命实践的过程，大部分仍属于人

---

[1]Hans-Georg Gadamer, *Wahrheit und Methode: Grundzüge einer philosophischen Hermeneutik* (Tübingen: J. C. B. Mohr, 1965), 250–260.

[2]关于"虚无主义"与当代文化之关系，参见Johan Goudsblom, *Nihilism and Culture* (Totowa: Rowman and Littlefield, 1980), 3–18.

[3]关于"人文信仰"与"宗教信仰"的区分，参见沈清松：《追寻人生的意义》，台湾书店1996年版，第165—174页。

世间的理想价值的范围，它们确能使人们的生命有意义。不过，随着生命的成长，人会觉察到人本身不是信仰的最后保障。如此一来，就需要向宗教信仰延伸。

宗教信仰不把价值的最后基础只放在人身上，而是投注在一个超越者的身上。此所谓超越者，是上帝、是佛、是安拉、是老天爷等等，或是"不知名的神"，或是最后说来，在遥远的远方，一切心灵的虔诚终会相遇。不管如何，对超越者的投注，就是宗教信仰最根本的基础，因此宗教信仰有其"超越性"。由于超越者，人所相信的神明与理想价值才会变成神圣的。"超越性"和"神圣性"正是宗教信仰的本质特性，并因此使人的情意生活有了终极归宿与提升，不会自囿于有限的人性，也不致引发人的主体性的骄傲。

个人与群体的情意生活需要在宗教中发现自己心灵的奥秘，表现自己内心的需求。然而，宗教也需要了解社会、参与社会，才能带给人间超越的讯息和慈悲，进而抒发时代的终极信仰。我想，这一双回向、上去下来的对比张力，正是宗教超越与参与、出世与入世的均衡点之所在。在此对比张力中持守中道，才能在动荡不安的世间，将人们带回心灵的家园。一如荷尔德林（Johann Christian Friedrich Hölderlin，1770—1843）的《返乡——致亲人》（"Heimkunft: Andie Verwandten"）一诗所言："是的，这就是老家，故乡的土地／你所寻找的，是如此贴近，迎着面而来／恰如浪子返回麦浪推拥的家门／张望着，寻找你所钟爱者的名字。"①总之，情意的终极发展，应有如返回老家，亲近故乡的土地，契合于光明之源，彼既是人的生命实践之终的，也是人的情意发展的完成。

---

①Hölderlin, *Poème (Gedichte)*, Collection bilingue des classiques étrangers (Paris: Aubier éditions Montaigne, 1943), 314–328。作者译。

第五章　道德、理性与信仰：赖醉叶论人生意义的多重层面

本章的主旨在指出，在身命中，不但已有群命，而且更有天命。为此，特别以本人的业师赖醉叶（Jean Ladrière，1921—2007）所论人生意义的多重层面，来讨论道德、理性与信仰之间的关系。我将先凸显赖醉叶先生的道德风范，以道德生活为对于止于至善的一种召唤和邀请，而不是一种强加于人之物，并进而分析这点在其哲学上的依据。赖醉叶关心道德生活，也关怀理性前景，并提出"讲道理"（*raisonnable*）与"合理性"（*rationnel*）的区分，且在此视野下，探辟理性的结构、动力与希望，分别在其所谓形式性科学、经验形式性科学、诠释性学科、分析性哲学、默观哲学诸层面，皆有深入研究，一直到贯穿从理性到信仰、从哲学到神学之路，证成身命、群命中已有天命之旨。赖醉叶发挥其智性的慷慨，以恢宏的哲学思索，探讨这一路讲理与理性的发展，最后阐明大学的整全的理性精神，并从科学、文化与信仰的发展路程中，指点更讲理的理性的希望。

一、道德的召唤与责任

对我来说，赖醉叶先生既是一位经师，又是一位人师。犹记得在1976年春天的某个傍晚，我拜访了赖醉叶先生，在老鲁汶城内的福煦广场一旁的住所，登上层层旋梯，经过重重书架，坐在堆满书籍和文件的客厅里与他谈话。在谈话中，我曾询问赖醉叶先生对于道德生活的看法。赖醉叶先生简单地回答说：道德生活是对止于至善的一种召唤和邀请，而不是一种强加于人的理念。当时我刚由台湾赴比利时留学，是我就读鲁汶大学高等哲学院的第一年，正在阅读赖醉叶先生的著作，但仍然尚未能够体会到他所谓"道德是一种召唤和邀请"在其哲学义理中的复杂性。话虽如此，他在思想上与道德情感上的慷慨、他的和蔼可亲与诲人不倦的为师之道，尤其他那种甘心为致力于别人的美善而生活的表率，早已深深铭刻在我心。直到现在，即使他已然仙逝

多年，他的道德典型仍然有如高山仰止，促使我再接再厉，日进于德。

那次亲访之后，我在赖醉叶先生的大著《意义的明说》（*L'articulation du sens*）第一册《科学的论述与信仰的话语》（*Discours scientifique et parole de la foi*）中，找到了他如何在哲学义理上展示"道德生活是一种召唤与邀请"的复杂性。在该书中，他讨论人在进行道德抉择之时，道德责任的承担可以分析为几个阶段：首先，当事人先形成一组肯定的判断，用以表述全部可用的信息；其次，形成一组用以表述可能的行动策略及其可能结果的命题，其中有些可能仍属猜测的阶段；紧跟着，则是形成评价性的命题，可以分析为规范性命题、偏好性命题（意指当事人偏向那一些规范）以及证成性命题，用以证成这些偏好。在这之后，当事人会建立一个较为普遍的道德行动格律，用以决定自己的选择："我要选择那最能落实合乎我的偏好规范的最佳事态的策略。"最后，当事人会提出，要将策略S应用于某事态E，意思是说我将自我与策略S联结起来了。这刹那便是承担责任的时刻，在此时，我所采取的行动蕴含了以下的命题："在我采取S策略的同时，我提前接受了我此一选择的行动的暂时或非暂时的后果。"也就是说，就在我把我自己当作是这些预期后果的源头之时，我的责任便介入了我这道德抉择的过程中了。[1]

赖醉叶以上的分析已然显示，责任的承担可经由投入性的命题来表述，并纳入全体命题系统之中，这也是所有其他投入历史的行动、个人的行动以及任何具体行动所隐含的一般形式。在如此的道德抉择过程中，一切的道德规范，即使是具普遍意义的道德规范，也只有在道德行动主体的同意与决定之下，才能显示其普遍的意义[2]。赖醉叶说：

> 人对自己负责，宛如一自我论的存有者，只对自己负起责任。当前的我在每时每刻，皆须面对未来的我，响应当前的一切，而未来的我虽尚未存在，仍属我的未来，而且也是我的裁判，恒与当前的我同在。可见，在规范的背后，自我创造了自己，其间含藏着个人朝向对于人性的肯定并借此缓慢提升自我的过程。[3]

①Jean Ladrière, *Discours scientifique et parole de la foi*, vol. I of *L'articulation du sens* (Paris: Éditions du Cerf, 1984), 147–149.
②Ladrière, *Discours scientifique et parole de la foi*, 155.
③Ladrière, *Discours scientifique et parole de la foi*, 158.

在我看来，即使道德责任的承担似乎假定了一位自我论的主体，但这并非一自我封闭的主体，而是一位向多元他者开放的主体，并因此朝向新的道德创造开放，朝向承担道德责任的自我创造。因此，道德责任并非旨在置定一位产生某一道德行动的绝对的主体，在我看来责任的真义毋宁在于回应多元他者的能力。责任（responsibility）是回应的能力（ability to respond 或 response-ability）。即使一位道德主体总要透过道德行动来创造自我，而且必须遵行某些道德规范，然其所须遵奉的规范或理想终究不是强加于人，而是一种创造，或是一殷切的邀请，用我的话说，是在响应与多元他者相处的特殊情境中进行的创造。赖醉叶似乎肯定了这一点，他说：

> 如果说道德规范至多只是道德创造的规范化，徒有规范是不足以自行的。在所有道德情境中，都有某一新颖之物，在每一次行动中，在某种意义下，一切皆须重新开始。于是，我们了解，从规范的判断到评价的判断，其间并没有分析的通道。对于道德主体的自我置定，正像是一个一再重来的宣告（其间的重要构成，是针对我们所必须响应者）。①

也就是说，道德主体必须在响应多元他者的道德行动中创造自己的主体性。这是一个必须每次透过我为多元他者所行之善来创造的主体性，这是一种来自我的原初慷慨的善。唯有透过我与他人、我为他人在宇宙之中所创造的善，才有自我或我的主体性可言。按照赖醉叶教授的思想，主体与他者（或用我的术语：自我与多元他者）之间有一种动态平衡的辩证性。赖醉叶说：

> 若我们可以说人是一实践的奥秘，这意思是说人是被召唤去透过自己的行动，逐渐发现自己的面容。这表示人被召唤去不断地接受试验。人不断陷入各种情境，也必须不断超克各种情境以便实现自我。情境是人的自然存在，是人在宇宙中的立足点，也是人过去的行动所塑造出来的。所有的情境都激励人去说，去超克自己，其所响应的都是同一个问题：到底人是什么？在时间的过程中不断回答此一问题，人得以创造自己，至于其所形成的规范，则可以视为人过去的响应的历史痕迹。②

---

① Ladrière, *Discours scientifique et parole de la foi*, 159.
② Ladrière, *Discours scientifique et parole de la foi*, 158.

人的历史性，或者更深一层说，实现人性于宇宙历程中的历史性，正是伦理生活所在的界域。人在每一个行动的时刻，皆有必要指涉人形成其主体性的历史全体，以及全体存在界，其中包含了宇宙的奥秘。正是建立在这一整体的指涉上，而有了理性的"讲道理"功能，借此有别于仅只是"合理性"的功能。

二、"讲道理"与"合理性"

由于赖醉叶先生对于道德生活与理性前景的关怀，他提出了有关"讲道理"与"合理性"的区分，这在哲学上是十分深刻而确当的。在法文里，他用的语词是 *raisonnable* 与 *rationnel*；在中文里，我将他们分别译为"讲道理"与"合理性"。我于20世纪70年代，在赖醉叶先生为博士生开设的有关科技整合的科学哲学研讨会上，聆听了他对于此一区辨的解析。后来我在赖醉叶教授的指导下获得博士学位，于1980年返回台湾，致力于研究中国哲学。对我而言，此一区分对于了解中国哲学十分有用。赖醉叶先生后来也撰写并出版一篇专文，名称便是《合理性与讲道理》（"Le rationnel et le raisonnable"），专门讨论此两概念的区分。①

赖醉叶所谓的"合理性"是指在人类的智性作用中指向严格的有效性，用以指导人的知识与行动的作用。对他而言，合理性凝聚于科学活动。赖醉叶先生将合理性区分为理论面与经验面。在其理论面，科学透过逻辑与数理结构来组织其理论论述。在其经验面，科学透过系统性的实验来管控其与实在界的关系。两者的不断互动，结合了科学的理论面与经验面，借以构成科学的严格有效性。

至于"讲道理"则是人类理性更高的作用，其运用在认知与行动上都会指涉某一"整体"的向度，其所关涉到的是意义的层面，从诠释学的角度看，理解与诠释是人类普遍日日进行的活动，凡涉及存在整体向度的一切人的关系皆属之，不仅止于语言意义，且更须指涉人的全体经验或一生经验所构成的主体，以及人与环境、历史，甚至与实在界整体甚或存有的关系整体的互动。因此凡是与人的主体性，与人的生命史

---

①Jean Ladrière, "Le rationnel et le raisonnable," in *Relier les connaissances: Le défi du XXIe siècle*, ed. Edgar Morin (Paris: Éditions du Seuil, 1999), 403–419.

及其个人生命或集体生活的意义构成有关的行动，都含有人类理性的讲理作用。依我看来，"讲道理"是一能够指涉整体并向多元他者开放的理性能力与心灵状态。

讲道理既涉及人的主体性及其生命史，且又涉及主体存在其中的实在界整体或存有本身，因此不能停限于人的主体性及其经验与意义，而必须朝向整体实在界开放，以便凸显意义构成的存有学层面。就此而言，讲道理可以说是理性达成全面自觉或自我了解的一种方式，而综摄了主体性的整体与实在界整体，不可强行分割。一般而言，讲道理的作用往往会摆荡于主体性的整体与实在界的整体两者的张力之中。其实，讲道理的理性必须兼顾两者。就此而言，中国哲学强调讲道理，而不依附于合理性的算计。例如，儒家强调指向人性存在的整体性，并透过仁、义、礼的观念网络来理解之；道家则深知有必要摆脱儒家太过以人为中心的倾向，而指向由道与德所彰显的原初根源与实在界整体的创造力。

三、理性的发展与命运

赖醉叶教授最为关心的议题之一，便是理性的结构、动力与希望。他认为在人类的知识和科学研究活动中，显示出人的理性具有资以渐进发展的多重层面。我曾按照人类理性逐层穿透的进程，区别了科学理趣、分析理趣、诠释理趣、默观理趣。其中，最为基础的，是科学理趣，表现在经验性的自然科学中；其上，则为分析的与形式的理趣，表现在数学与逻辑中；再上之，则为诠释理趣，表现在人文与社会科学中；最后，则以默观理趣盖其顶，表现在哲学与一部分的神学之中。以上的理性诸层面，彼此相关，逐层穿透，形成人类理性的全体大用。

赖醉叶先生由于早年醉心于数学，对于形式性的科学情有独钟，为此他特别重视数学与逻辑科学。他将科学的大厦区分为形式性科学、经验性科学、诠释性科学、分析性科学与默观性科学诸楼层，而且，最为难能可贵的是，他在这层层的理性楼层皆有所贡献。

（一）形式性科学

赖醉叶先生早期研究数学，重视形式，比较接近柏拉图主义。他从1943年发表的《为形式辩护》（"Défense de la forme"）一文①，直到他讨论数学基础理论、哥德尔（Kurt Gödel, 1906—1978）的不完整性理论和数学中形式主义（formalism）的内在限制的博士论文《形式主义的内在限制：对于哥德尔的不完整性理论与相关理论对于数学基础理论的意义》（"Les limites internes des formalisme, Etudes sur la signification du théorème de Gödel et des theorems apparentés dans la théorie des fondements des mathématiques"）②，所关心的是像数学与逻辑这类形式性科学的哲学基础。他认为数学与逻辑是根据公理演绎的理论体系，从公理推演出理论的其他命题，因此往往被视为合理性的两个最强势的形式。形式科学具有两项特性：其一，其中所论述的对象可以用精密的方式加以界定，虽说关于对象性质的界定，由于形式本身的内在限制，因而总不能完整，但至少在给予所论对象隶属于某类或某集合的所有充分与必然条件上，总可以视为精密的。其二，形式性科学的证示性（demonstrative），因为形式性科学的理论是由公理以及依据证示步骤从公理导引出来的命题构成的。

逻辑与数学科学在研究上的进展是透过扩充化、概括化、显题化、统一化等步骤来进行的，以便将某一已知范围的内在结构显豁出来，并提升至更高的层次来予以统一。至于其有效性的管控，则需透过证明与奠基的步骤来进行，且可以运用演算的方式验证。但此种管控与检证所得到的有效性，只在符号及其结构可演算的范围内有效，换言之，其有效性仍属局部的而非普遍的有效性。

（二）经验形式性科学

自然科学，包含物理学、生物学、化学等，其所处理者不再是思想所辨识与建构的理想对象，而是呈现在感性经验领域中的对象。关于这部分的哲学基础，赖醉叶做了很多研究，主要都是以授课录的方式，在鲁汶大学以讲义方式出版，如1962年、1963年出版的《宇宙论与科学批判大纲》（*Elements de cosmologie et de critiques des sciences*），1963年出版的《相对论》讲义，1968年出版的《自然哲学与自然

---

① Jean Ladrière, "Défense de la forme," in *Les Carnets de l'Escholier (III)* (Louvain: Éditions de la Maison des Étudiants, 1943), 1–7.
② Jean Ladrière, *Les limitations internes des formalismes: Étude sur la signification du théorème de Gödel et des théorèms apparentés dans la théorie des fondements des mathématiques*, Collection de Logique Mathématiques II (Louvain: E. Nauwelaerts, 1957), XV–715.

科学》讲义（*Philosophie de la nature et sciences de la nature*），1972年出版的《自然哲学》讲义（*Philosophie de la nature*）。他在辅仁大学讲授有关科学哲学的专题课程，其中论及因果原理、物理实在、非必然性与科学在精神生活中的角色等主题。在他看来，经验形式性科学包含了两个重要方面：其一，理论面，其中有数学与逻辑的重要成分，借以进行严格推理，以型构理论，超越感性经验的限制；其二，实验面，透过系统的实验步骤来与感性经验对象相遇，而不是停限于确认后者而已。为此，经验形式性科学既具有形式性科学的严密性与证示性，而且也透过系统性实验，介入人与自然实在的接触，借以确保理论与经验相符。

总之，经验兼形式性的科学，是透过局部有效的管控步骤，来达到科学知识有系统地扩充，其进展乃透过概括化之步骤来提呈理论（theories），并透过扩充化之步骤来延伸至新的经验领域。不过，其主要的科学工具仍在于理论语言，因而实证科学之进展，大致是仰仗理论的建构和发展。至于理论的有效性之管控，则需透过实验的步骤，并在时空中确认某一具体现象，来进行波普尔（Karl Popper，1902—1994）所谓的"佐证"（corroboration）或"否证"（falsification）的工作。以上无论是逻辑数学或实证科学，其理趣皆可视为是运作性的（operational）。

（三）诠释性学科

诠释的作用广泛涉及历史、文化、政治、社会等学科，其所处理的是有关个体生命与群体生活的实践与意义的获取。赖醉叶在这方面的研究成果甚多。他的第一本书是《民主》，出版于1947年[1]。他在1958年修订出版了他的老师著名社会学家乐贾克（Jacques Leclercq，1891—1971）的《社会学概论》一书[2]。1963年，他出版了《马克思主义的人学与苏联的马克思主义》[3]。1965年他与梅诺（Jean Meynaud，1914—1972）和佩兰（François Périn，1921—2013）一起出版了

---

[1] Jean Ladrière, *La démocratie*, Études ouvrières (Bruxelles: Éditions du Centre d'information et de Culture Populaire, 1947).

[2] Jacques Leclercq, *Introduction à la sociologie*, new ed., edited by Jean Ladrière (Louvain: Éditions Nauwalaerts, 1958), 288.

[3] Jean Ladrière, *Anthropologie du marxisme et le marxisme soviétique* (Paris: Association Catholiques du Coopération Internationale, 1963), 90.

《比利时的政治决策》①。同年他又与米约（Jacques Milhau，1929—2023）出版了《基督徒与马克思主义者眼中的信仰、科学、私有财产与其他问题》②。1973年他出版了《社会生活与命运》③。1984年他与其学生范·帕里斯（Philippe van Parijs，1951—）联合主编了《正义理论的基础》④。整体说来，他对于社会哲学、政治哲学及相关议题方面的著作是相当丰富的，显示他深切关心个体与群体在社会与政治层面中的实践与意义的形成与命运。

按照我的了解，赖醉叶对于社会生活与政治生活的意义，与其好友吕格尔一样，都是以文本的诠释作为典范。他认为意义的问题，像是攸关作品、行动、制度或文化等的意义，其范式在于对"文本"意义之解读。在意义的掌握上，赖醉叶比较倾向于胡塞尔的现象学，认为文本、行动与制度等的意义，皆出自作者的意向性。与胡塞尔和赖醉叶不同的是，海德格尔认为，当人理解或懂得某一文本之时，并不是在懂得作者的意向，而是懂得某一文本为我展开的存在的可能性。一个文本的形成，当然是由某一作者来写就的。不过，当文本一旦写成刊出，读者不见得有机会认识作者及其意向，但仍然可以读得懂，而所谓"懂"就是掌握文本所揭露的存在的可能性。当然，在成为作品的过程当中，作者的意向也占了主导的地位。因此在我看来，文本的意义与其作者的意向性和文本所揭示的存在的可能性皆有关系，也可说是两者辩证互进的历程与结果。赖醉叶虽然接受黑格尔所谓的"客观精神"，不过在意义的形成上，他仍倾向于强调作者或行动者的意向性，就如同他在讨论道德责任时所强调的那样。

（四）分析性的哲学

对于上述形式科学、经验科学、与诠释学科的内在精神动力与更宽广的理性作用的了解，引领吾人步入了哲学的领域。赖醉叶认为，人的思想一方面有隐晦难明

---

①Jean Ladrière, Jean Meynaud, and François Périn, *La décision politiques en Belgiques: Le pouvoir et les groupes* (Bruxelles: Librairie Armand Colin, 1965), 403.

②Jean Ladrière and Jacques Milhau, *Foi, science et propriete privee et quelques autres problemes vus par un chretien et par un marxiste* (Bruxelles: Cercle d'Education Populaire, 1965), 50.

③Jean Ladrière, *Vie sociale et destinée* (Gembloux: Duculot, 1973), 225.

④Jean Ladriere and Philippe van Parijs, *Fondements d'une theorie de la justice, Essais critiques sur la philosophie politique de John Rawls* (Louvain-la-neuve: Éditions de l'Institut Superieur de philosophie, 1984), x, 275.

之处，另一方面又有自我了解的内在要求，也就是自我厘清的要求。由于思想总是透过语言而获得表达，因此思想的厘清可以采取语言分析的进路。赖醉叶自己也是一位分析哲学家，他在这方面的著作甚丰，除了风靡鲁汶大学学生的《语言哲学授课录》以外[1]，还有不少单篇论文，像《逻辑哲学的基础问题》[2]《维特根斯坦与分析哲学》[3]《政治哲学与分析哲学》[4]等等。

赖醉叶认为，分析是哲学最重要的一个面向，因此分析哲学是哲学不可忽视的重要活动。就其认知面而言，分析的工作旨在厘清概念与命题，进行的方式在于将模糊、多义、直觉的命题或概念，转换成为更为精确、单义、严谨的命题或概念。借此种转换，我们既能取消一些由于语言误用所造成之假问题，又可型构出经过严格管控的概念来形成命题，并借此推动知识的真实进展。通常分析的层面涉及语法、语意和语用，对于语言中的语词和语句之形成、转换与指涉进行管控，因此其有效性仅及于语言的范围，仍属局部的有效性。在我看来，有些分析哲学家宣称在此层面的哲学工作是在从事言语治疗，这种想法假定了语言的模糊与多义所制造的假问题是某种有待治疗的病状，其实此处所谓的"病"与"治疗"，本身是模糊与多义的，至多只能说是一种隐喻。

分析的目的在于把一个庞杂的问题区分为几个可严格管控的细部，逐一加以掌握，然后透过语言的分析和厘清来避免语言的歧义所造成的假问题。当前的分析哲学已经括及伦理学与政治哲学，主要是由于行动本身也有分析的必要。当人在行动上涉及一庞大计划之时，可以把一个大的行动计划分析成一个个可以严格管控的小计划，然后依逻辑程序将全体小计划逐步串联起来，并逐一加以完成。基本上，赖醉叶认为，分析最终所要达到的，也是人的精神所要求的某种明晰性，在西方哲学传统上，从笛卡尔到胡塞尔所谓的明证性（evidence）均属此，然而在今天看来，并没有绝对的明证性，一切的明证性都有其限制，至多只能说精神在此层面由于达

---

① Jean Ladrière, *Philosophie du langage* (Louvain: Service d'impression des cours, 1970), 1973.

② Jean Ladrière, "La philosophie de la logique: probleme de fondement," in vol. 2 of part 2 of *Tendances principales de la recherché dans les sciences socials et humaines*, ed., Jacues Havet (Paris: Mouton Éditeur/ Unesco, 1978), 1154–1159.

③ Jean Ladrière, "Wittgenstein et philosophie analytique," in *Scienza e Non Credenza*, Segretariato per i Non Credenti (Roma: Città del Vatticano, 1980), 37–56.

④ Jean Ladrière, "Philosophie politique et philosophie analytique," in *Fondements d'une theorie de la justice, Essais critiques sur la philosophie politique de John Rawls*, by Jean Ladrière and Philippe van Parijs (Lou-vain-la-neuve: Éditions de l'Institut Supérieur de philosophie, 1984), 212–259.

至对某语言与对象的清晰性而感到某种程度的满足而已。

（五）默观哲学

赖醉叶认为，在此前的基础上更上层楼，有所谓默观哲学，其基本的目的是要了解人的经验整体，以及相应的存在界整体，且两者相互重叠，相互指涉。在此，哲学家进入了形上思考的境界，以人的全体经验与宇宙为整体，试图针对整体提出普遍概念体系，借以达成对人与宇宙整体经验之系统性理解。

赖醉叶早在1942年出版的第一篇文章《关于"整体"观念的札记》（"Note sur l'idée de totalité"）中，便讨论了对于默观哲学最为关键的"整体"观念；一直到他一生最后的巨著《可能性的时间》（*Le temps du possible*）、《理性的希望》（*L'espérance de la raison*），皆是他默观哲学方面的作品。而且，因为他对默观理趣的终极关怀，他在当代哲学家中最推崇怀特海（Alfred North Whitehead，1861—1947），后者将"默观哲学"定义为"一种建立一套圆融、逻辑、必然的普遍观念体系之尝试，借之吾人经验的全体因素皆可获致诠释"[1]。

由于不但思及人的经验整体，而且指向全体存在，因此默观哲学可以视为人的理性为了达到全面自我了解所做的努力，且在原初而整全的自我了解中，触及了最为深沉的，扩及整体的存有之律动。为此，默观即知即行，不再区分为知与行，反过来说，是要从默观开始进行深沉而普及知行历程。

整体说来，赖醉叶对于诸科学与哲学层面的关联，采取一种动态的、进展的、乐观的看法，是一种系统与垂直的整合观（systematic and vertical integration），并在这种整合观的脉络中表现其高度的分析性与批判性。他对诸层面科学的批判，是从能否进展到更高层次，迈向更完满整合的角度来做的。类似这样整合的科学观在今日已遭到不少质疑，至少有不少科学家与科学哲学家对此有不少的疑问，然而，赖醉叶如此的想法有他的信仰背景，也显示他视野的恢宏与心胸的宽大，更显示出在他的科学观中蕴藏着慷慨的精神与宽容的德行。

---

[1] Alfred North Whitehead, *Process and Reality: An Essay in Cosmology* (New York: Free Press, 1978), 3.

四、从理性到信仰

赖醉叶认为在上述不同的科学层级中，皆蕴藏着一些共同点。一方面，他们各自以不同方式展现了对于形式的关切。在此所谓"形式"，不是形式主义所谓的形式，也不只是数理与逻辑所谓的形式，而是一个更为广义的形式，类似亚里士多德哲学意义下所谓的形式，也类似吕格尔所谓的结构化（structuration）概念。换言之，既是诸种科学层面所展现的共同可理解的形式，更是诸层级科学的内在动力，也是诸层级科学所向往的目的。赖醉叶从年轻到老，一直强调形式的作用。对他而言，"形式"一词不但有知识论的意义，更有存有论的意义，科学是出自理性的运作，而理性总是一种在批判性的运作中达成自我了解并自我超越的生命形式。在赖醉叶看来，理性所欲超越者，乃各种有限定的个别性（*particularité*），要迈向普遍性（*universalité*）在我看来，各种科学与理趣的共同点，与其说是形式，不如说是它们一致朝向逐层提升并扩大可理解结构的律动；与其说它们都是以普遍性为目标，不如说它们都朝向共同可普遍化的方向进行外推，在此外推过程中生发出越来越广大而细致的可理解结构与秩序，类似于戴震所谓的"生生而条理"的历程，如此说或许更能显示理性的内在动力，并表现人的理性功能与宇宙动态秩序之间的关联。因此，理性的发展不得不涉及迄今难及的领域，也就是信仰的领域。

再说，信仰也有其理性成分。信仰表达为语言，例如基督宗教的《信经》，是由一些表达基本信条的语句所构成，这些语句，由于其语法、语意、语用以及逻辑结构，也具有其游戏规则与可理解性，因此有其理性成分。但是，表达信仰的语句也可以分辨出两个层面，其第一层的语言层面指向了另一层不可见的存在。也因此，信仰的语句总是具有隐喻的性质，其间由第一层到第二层的指涉作用是由信仰的投注动力来保障的。

一般而言，即使是仅仅运用第一层面的经验性语句，也需要有信念的涉入。譬如有人主张某一经验性的事态为真，这当然也包含了他对该事态为真的信念。人的知识总涉及人在对事实的诠释与建构之中采取肯定或否定的立场，其中涉及人的意志的作用与认知的行动。不但如此，人对于某一事实的肯定或否定，也假定了如此肯定或否定的充足理由。至于信仰的语句，则区分了上述两个层面与隐喻的性质，至若想经由语句以达实在，则需要有信仰的投注，并在信仰中为他人扮演了见证的作用。

赖醉叶对于信仰与理性的认知与存在做了双管齐下的讨论，这颇不同于后来美国分析哲学家普兰丁格（Alvin Carl Plantinga，1932—）所提出的信仰的"保证"概念，后者主要针对远自启蒙运动以来，人们认为有神论的信仰必须有支持该信仰的积极论证，而不能止于驳斥反对意见来提出的。基本上，普兰丁格是从分析哲学的层面讨论理性与信仰的关系，而他的前辈赖醉叶则是兼综分析哲学与默观哲学来加以讨论。

为了明白并比较欧美这两位哲学家对于信仰与理性关系的讨论，让我们在此略说一下普兰丁格的"保证"（warrant）概念。普兰丁格区分两种保证：命题性保证（propositional warrant），也就是以其他真的信念为证据合理推论而得的信念；非命题性保证（non-propositional warrant），例如有神论的信念，可视为出自人的信仰能力的基本信念，无需依赖其他积极证据，便足以证成自身。就好像当我们的感官或记忆能力在正常运作之时，我们会相信我们所见、所听的事实（例如眼前的一棵大树），或所记得的事实（例如我今天早餐吃了什么），同样的，普兰丁格认为有神论的信仰也是出自人与生俱来的形成宗教信仰的能力（religious belief forming faculties），正如同我们有视觉能力、有形成道德信念的能力一般。也因此，它属于一种本有的基本信念（properly basic belief）。就此而言，针对那些对有神论信仰攻击者的论点，例如说神的存在与世上众多痛苦与罪恶不合，有神论的信徒不需提出任何积极证据，只需在消极上打败攻击者的论据即可。例如，针对说攻击者所谓神的存在与世上众多痛苦与罪恶不合，有神信仰者只需指出有专家指出这说法不能成立，或说专家们对此说法是否成立仍然意见分歧，便足以反击攻击者，而无需另外提出命题性的明证。

普兰丁格把有神论的信仰建立在人形成宗教信仰的基本能力上。在他受到的众多挑战中，最受注意的是，即使我们承认这种基本信念是出自人的本有能力，我们仍得问一问此能力从何而来？普兰丁格会回答说：有神论的信仰者认为是从上帝那里来的，除非有人能证明不是。但是，任何想证明不是的努力，最后都不能成功；所以，有神论的信仰仍有其安全保证。

诚然，普兰丁格的信仰能力论有助于支持前述赖醉叶的基本立场。不过，赖醉叶更在语言分析之上，展示出信仰能力的动力在认知、意志与实践诸层面向上逐一穿透，以至向往最终极真实的历程。赖醉叶虽然也是以上帝为终极真实，但他可以与不同的宗教相牟合，而不像普兰丁格那样孤注一掷地设法以来自上帝的宗教信仰的基本能力来求保证。如果说形成有神论的信仰的能力是来自一神或上帝，为什么会有那么多不同甚至相互冲突的基本宗教信仰，而且各自对于一神或上帝也有不同的信仰？宗教的多元与冲突，使人困惑，是否信仰的能力可以看作与视觉能力、记忆能力与道德信念能力一样基本？换言之，宗教信仰内部的分歧与冲突，使人很难相信普兰丁格所谓的信仰的能力可以产生真正的信仰。就此而言，其所谓消极的非命题性保证颇难以站得住脚。这些困难来自普兰丁格只专注于从认知上讨论保证的问题，至于赖醉叶的思想则兼顾了人在认知与实存上的发展与成全。

五、基督信仰与公教大学使命

赖醉叶先生是一位虔诚的天主教徒，一生都在天主教创办的比利时鲁汶大学工作。基督徒信仰与科学和当代文化世界的关系，一直是他的关切重点。为此，他曾出版了《科学、世界与信仰》（*La Science, le monde et la foi*），该书被翻译为意大利文、葡萄牙文、波兰文等文字。此外，他的《伦理、科学与基督徒信仰》（*Éthique, science et foi chrétienne*）、《信仰与今日世界》（*La foi et le monde aujourd'hui*）、《基督徒的信仰与理性的命运》（*La foi chrétienne et le destin de la raison*）等著作，以及他三巨册的《意义的明说》，其中第一册《科学论说与信仰的话语》（*Discours scientifique et parole de la foi*）、第二册《信仰的诸种语言》（*Les langages de la foi*）、第三册《神学中的意义与真理》（*Sens et vérité en théologie*），都体现他对此议题的系统性洞见与智能。

西方模式的大学作为一种高等教育、研究与教学的机构，也是今天世界上大多数的大学所采取的模式，从历史的角度来看，是与中世纪的天主教密切相关的，主要是因为西方大学是源自天主教修会、教堂或信天主教的国王们所主办的大学。然而，从理性的角度来看，大学的发展与理性动力的发展是息息相关的，唯有完整而全面的理性发展，才是合乎人性并完成人性的。赖醉叶认为，天主教大学既以"大公"（*catholique*）为名，其宗旨应该是在从事高等教育的研究与教学的过程中，发展合乎人性的、整全的理性，并使学生在教育过程中明白完成人性的要求，进而企求止于至善。赖醉叶颇欣赏"大学之道，在明明德，在亲民，在止于至善"（《大学》）的道理。他最喜欢引用源自希腊词的 eschaton（终极时刻）来表达他的看法。他认为，从神学上来说，eschaton 指的是在世界的终末，时间的末了，上帝之国得以彰显，基督再临于世的时刻①。然而，从对理性的考虑来说，eschaton指的是理性完全实现的时刻，也就是理性有自觉地全面展开，理性达到至善的时刻，有如胡塞尔在《欧洲学术危机与先验现象学》中所谓"理性全面自觉的自我了解"。

换言之，从基督宗教历史上说，由于基督取得肉身，降生成人，光明已经来到人类中间，天主的国已经来临，也因此可以说，时间的终极时刻早已在时间中展开；其次，从理性上说，至善而全面自觉的理性也已经悄悄地在人的理性事业、研究工作与知识的累积中展开。天主教大学所要扮演的，就是要在世界中为已经来临的光明作见证，在知识的传承与累积过程中为完整的理性作见证，在品德的培育中为至善的典型作见证。

然而，作为一个机构，天主教大学也参与历史的具体变化；作为一个力求整全的理性事业，天主教大学也参与当前理性的进程。正如我们在前面的分析中所指出的，不同的理性层次与科学的形式，仍是彼此相连，息息相关的，其最终的发展将可以揭露理性的自觉、至善与统一，这点正与信仰所投注的终极真实息息相通。因此，在赖醉叶看来，天主教大学应该是理性与信仰相逢的最佳场所，在此，理性的动力与信仰的动力相逢，一如中世纪圣奥古斯丁（Saint Augustine, 本名Aurelius Augustinus，354—430）和圣安瑟尔谟（Saint Anselm，1033—1109）的名言"理性寻求信仰，信仰探索理性"（*Intellectus quaerens fidem, fides quaerens intellectum.*）。就此而言，天主教大学应该从自然科学到社会科学到人文学科的层层推展过程中，显现理性的分殊与统一，及其与信仰的内在关联；从另一方面说，也应该使信仰的论述与实践，结合科学的动力与文化的变迁。就天主教大学而言，神学院承担了透过理性省思明白表述信仰的责任。赖醉叶说："神学临在于大学机构中的模式，是信仰浸透于文化之中，更精确地说，是信仰在文化的认知构成中体现的具体形式。"②就此而言，神学院在精神上应该不是遗世独立、孤芳自赏地从事神学研究、论述与教学；在制度上，无论以任何理由为借口，神学院也不应该与天主教大学有任何的分割或歧离。神学院应该透过与大学在历史上、理性上与制度上的密切统一，扮演好透过理性的省思来明白表述信仰，在文化的变迁中以理性方式来体现信仰的责任。

---

①一般而言，在神学上eschaton一词包含三个意思：（一）默西亚来临或基督再临的时刻；（二）死者复活的时刻；（三）旧世界终结，新世界（或新天新地）来临的时刻。赖醉叶使用的意思大体涉及第一义和第三义，而有其独特的诠释；并特就理性角度加以演绎。
②Jean Ladrière, *La Foi chrétienne et le Destin de la raison* (Paris: Les Éditions du Cerf, 2004), 229.

六、结论

对于赖醉叶而言，各种科学、学科与信仰的结合点，正是人的伦理与道德生活。大体上，他的道德抉择与责任伦理观，是以人的主体性为基础；而他对于意义的来源的看法，仍偏重于人的主体的意向性，这是他在强调主体性的胡塞尔影响下的主张。不过，赖醉叶重视主体的结构化能力，及其所形成的各种科学的共同可理解的形式。形式既是诸层面科学的内在动力，也是其所共同向往的目的。也因此，赖醉叶所谓的理性，既是人的主体性产生可普化的形式的能力，也是这些形式所彰举的客观凭借，一如黑格尔所谓的"客观精神"，更是透过普遍形式进而反省自我，因而达至全面的自我了解。赖醉叶的思想高超，欲以理想形式昂扬人的主体性。不过，在今天，从我的省思来看，各种科学与理趣的共同点，与其说是形式，不如说它们都不断自我走出，逐层提升并扩大可理解的结构，借以全面展现其创造潜能，达成全面自我理解；与其说它们都是以普遍性为目标，不如说它们都朝向共同可普遍化的方向在进行外推，而且，在此外推过程中，生发出越来越广大而细致的可理解结构与秩序，既显示理性的内在动力，也表现人的理性功能与宇宙动态秩序之间的密切关联。

在我看来，外推是人走出自我封限、走向多元他者的基本动力，其中蕴含着不限于己的原初慷慨，不断探寻并助成在多元他者之中的善。唯有透过此种原初慷慨，使得一方先自我走出，走向对方，才会进而形成你我的相互性。仅只外推而无内省，其弊在异化于己；仅内省而无外推，其弊在穷则源尽。理性需兼行外推与内省，不断辩证上跻，终能达成全面自觉。在此，我也想到儒家"推己及人"的精神，发挥"推之足以保天下""恕者善推"之美德，同时也须致力于"返身而诚，乐莫大焉"的真诚内省工夫。

外推的精神即假定了自我走出，迈向多元他者的慷慨精神。在我看来，今后"相互性的伦理"应该更上一层，进于"慷慨的伦理"，而所谓"责任"更应被理解为对多元他者回应的能力，而非仅仅承担在肩膀上的重担。这种慷慨与响应的伦理精神与道德情操，正是赖醉叶先生在其一生的学术生涯与道德实践中所体现的。他在智识上的慷慨，一生致力于助成他人理性的美善，真的令人敬佩。究其实，他所向往、所实现、所延续的，正是基督徒最为崇高的价值。我们可以这么说，上帝创造世界本就是出自他原初的慷慨，而且上帝在自我走出、走向万物，并在创造万物之后，带领万物自我走出，走向更高更美的存在，直到有理性、有自我意志的人类出现；本乎此，人也应不断慷慨自我走出，不幸的是，人也会选择自我封闭，甚至不在乎与多元他者的关系，自我封限在自主性的强调，甚或在自私自利或仅只自省的自我之中。基督的降生，正是一种慷慨的自我走出，他甚至为了多元他者而牺牲性命，为人类立下万古长存的慷慨典范，将人从自我封闭的主体中救赎出来。人与万物皆应效法上帝，不断地自我走出，终究返回无限美好的存在。

在历史上，天主教与基督宗教由犹大省传到希腊、罗马，再传到西欧，再到世界其他各地，包括中国与亚洲其他各国，这也是一个慷慨自我走出、不断外推的历程。同时，基督宗教也不断地方化、脉络化，落实为各文化中的内在成分，成为其中的创造力的来源之一。基督宗教既"迈向他者"又"道成肉身"，既不断落实为各文化的内在动力，又不断超越各文化的藩篱。如果说基督宗教的教会组织有时难免为了生存发展而在现实中时而有某些不太慷慨的表现，天主教大学则应不断发挥外推的精神与情智的慷慨，成为贯穿理性与信仰，向世界、向超越界不断开放的动力。这是一座天主教大学所能带给中华文化最重要的精神与动力，希冀能以慷慨外推的基督精神，注入多元他者，促成中华文化借着体现超越与内在、仁爱与正义、外推与建构的动态对比与均衡发展，重新发挥其创造力，进而更趋完善。

赖醉叶先生所继承与发挥的，正是这样一个慷慨的传统，他以恢宏的哲学思索，阐明了天主教大学的整全的理性精神，以他的哲学专业，为整全的理性做了最佳见证，并为人类从各类科学、文化与信仰的发展中，指点了理性的希望。他虽已与世长辞，然而他所树立的兼经师与人师、合智慧与美德的典范，将长存人间。

第二部分　群命：群体的生命意义

第六章　高科技时代的伦理基础与实践

　　本章主要讨论高科技时代的伦理基础与实践，面对当前高科技发展，以人的位格作为人凭借以发展出爱与正义的伦理基础，构成伦理规范，塑造道德品格，形成合乎伦理的生活方式。基本上，是针对在带领全球化的高科技发展中，伦理的基础何在与人性有何远景的问题。首先要讨论全球化的定义，及其中新科技的角色与"伦理""道德"的词义。其次考虑人性，分别就其特殊面、相关面及其发展面论之。进而讨论全球化科技发展中伦理道德的崭新处境，指出：1.全球化的新科技发展强化了人与人、人与其他存在物的相关性，并倍增其互动，使得伦理关系更为复杂而严格；2.科技发展亦提高了人的自由，增加了人自主、自律的可能性，也因此更提高了人的道德责任；3.全球化科技发展也创造了新的伦理价值。在此脉络下，本文对"人的位格"或"人格"概念做哲学分析，并解析人位格发展的动力与结构，进而提出高科技时代伦理基础的基本架构，并在此架构上提出一个伦理实践的系统看法。

一、新科技、伦理道德与人性

　　新科技，尤其传播科技与网络科技的迅速发展，是当前全球化过程的主导因素。自本世纪开始，电子网络甚嚣尘上，人人有iPod、iPhone，甚至连偏僻的乡野都人手一机，无论在都市还是乡村，每个人都成了低头族。人们忙于收"伊媚儿"（e-mail）、查信息、甚或娱乐，隐隐活跃于其中的，是与更广泛的与他人建立联系的欲望。重点不在于所沟通者身体的临在，而在于自由地进行联系，并且透过联系而临在。此外，无论在走路、等公交车还是在地铁车厢都可以看到人人戴着耳机，陶醉在各式各样的音乐中，每个人甚至成了意义的孤岛。此时，我们更能体会到，倾听对于人的重要性。如果说，传讯科技的发展一方面增强了人们的联系，使得天涯若比邻；另一方面它增加了人们自省与独处的机会。

今天，我们正活在一个由高科技带领的全球化时代。我将"全球化"定义为："一个跨越界域的历史进程，在此过程中，人的欲望、本体的内在关联性与可普性在整个地球上实现出来，并在现今与不久的将来体现为扩张至全世界的市场、跨国际的政治秩序和文化的全球在地化（glocalism）。"①我针对与这定义十分关键的"欲望""本体的内在关联性"和"可普性"三个概念略加说明。首先，用"欲望"这个词来述说每个人内在的能量，它会导向多元他者（人和事物）而走向更高层面的可普性。其次，这一动力在本体层面默认所有的人和物都是内在相关联的，因此我们总会指向多元他者，此一过程蕴藏着人生与存在界的基本意义动力。最后，有关"可普性"，是相对"普遍性"来说的，我不相信在这个具体的、时间性的世界中有任何单纯的普遍性。对于我来说，在我们人的时间性存在过程中，只存在越来越高的可普性，而不存在所谓共相或纯普遍性。然而，人类一直都在寻找可普性，并且通过互动、辩证以求更高的可普性。随着时间的推移，全球化也是人类在具体世间的时间历程中实现可普性的一个过程。可以说，全球化是当前人类可普化一个重要的历史阶段。这一阶段要求我们重新省思使人成其为人的伦理道德的基础何在。

通常我们会使用含糊的方式来谈论"伦理道德"，其实，"道德"与"伦理"二词既相关又有别。一般而言，"道德"一词强调的是个人尊道贵德的自我完善过程，或《大学》所谓正心、诚意、修身的过程；"伦理"所强调的，则是群体及其中的个人在社会关系层级中循序渐进的完善过程，或如《大学》所谓齐家、治国、平天下的过程。可见，从"道德"和"伦理"两个既相关而又有别的概念看来，也可以体会出人性的完成与主体的道德和群体的伦理密不可分。

因此，当我们谈论人性的完成，或儒家所谓"成人""成己"，甚或今天所谓的"人格教育"之时，很重要的一部分是放在伦理、道德的层面与人文价值的实现上来讲的。其实，"教育"一词并不只包含了制度化的学校教育，也就是在体制中的狭义的、被动的学习机制与历程，而且也广义地指人透过自己的努力和别人的协助，在无论制度内或制度外的环境中，提升自我与群体，迈向人性的完美高度实现的历程。这一过程，有如黑格尔所言的"陶成"（*Bildung*），是指人迈向普遍性的精神之历程。其实，人格教育是一种实践的、陶成的历程，一种提升整体人格以迈向其本具人性的可普化的方式。正如伽达默尔所言："提升至于普遍，并不限于

---

①Glocalism一词为globalism与localism二词的结合。

理论之陶成，而且亦不意指一种与实践态度相对立的理论态度，却涵盖人类理性全体的本质规定。人性陶成的普遍性质就在于构成一个普遍的理性存在。"①在此我们应该说的是"可普化"，而不是黑格尔或伽达默尔所谓的"普遍性"。西方哲学总是以自己所说的具有"普遍性"，甚至以此来宰制其他文化传统，其实，在人类历史中至多有更高的"可普性"。教育既是提升人的可普化性，或从个别性提升至更高普遍性的历程，必定在人性与实在的形上结构有其基础，一如《中庸》所言："天命之谓性，率性之谓道，修道之谓教。"简言之，教育既有其形上的基础，也有其人性论的基础。

可见，"道德"与"伦理"是密切相关的。若从人的主体与多元他者、外推与内省的辩证关系来看，"道德"比较强调人的主体性与内省，而"伦理"涉及在多元他者的关系网络中进行外推，以及相互外推。"伦理"是在某一社会结构与关系中的人们彼此互动的价值和规范。它代表一个必须透过社会和历史以达成自我实现的行动者团体内外的相互关联性。"道德"则关涉人的主观意向以及个人实现其主体性的价值与规范，代表了个人提升其主体性朝向普遍化的历程与结果。换言之，"道德"指称一个行为主体努力实现其人格的历程及结果，是以主体性为其中心的指涉点，然而，这一实现仍然必须在伦理关系的脉络中完成。简言之，"道德"是以伦理关系为基础，并且是在发展伦理关系之中提升人性的历程与结果。道德与伦理都以人性为基础，且让我化隐为显，将其中隐含的人性论显题化，说明如下：

1.人性有其特殊性。人有其特殊所在，不可化约为动物、植物、无生物或其他存在物。为了凸显人的特殊性，希腊人把人称为"能说话的生命体"（*toon logon exon*），中世纪的士林哲学家称之为"理性动物"（*animal rationale*），这些都比较重视人的特殊性的逻辑面或理论面。因为人有特殊性，孟子以"人禽之辨"作为他的哲学的重要主题之一。他认为人与禽兽之别，就在于人的道德意识，人有恻隐之心、羞恶之心、辞让之心、是非之心等四端，必须透过实践的过程，使其发展开来，如火之始燃、泉之始涌，达成卓越化，成为仁、义、礼、智四种德行。孟子这一说法比较重视人的特殊性的实践面。此外，海德格尔为了避免片面强调理论或实践，认为人是以追问存有并开显存有为本质。海德格尔强调人所拥有的特殊性是存有学的，人是"存有在此"，人必须面对自己死亡的独特性，以觉悟自己的存在本

---

①Hans-Georg Gadamer, *Truth and Method*, trans. Garrett Barden and John Cumming (London: Sheed and Ward, 1976), 13.

真性。以上这些哲学家虽然对于人的特殊性究属理论面、实践面或存有学性质的看法有别，然而，他们肯定人有不可化约为其他存在物的特殊性，则是一致的。

2.人性与其他存在物之相关性。虽然人有其特殊性，但仍与动物、植物、全体自然甚至整个宇宙密切相关。怀特海主张"普遍相关性"，在宇宙论的脉络下，陈明人与其他万物皆由"现实缘现"（actual entities）构成，彼此相互指向，以构成意义，并促使多元的现实缘现综合成一，而又增一于多，在整体上彼此息息相关。至于王阳明所提倡的"一体之仁"，则是立基于人的道德经验而体会到整体存在是一活泼泼相关的整体。佛教强调缘起，说明任一存在皆是依他而起，缘生缘灭，相互依存。尤其华严宗所谓一中有多，多中有一，一即多，多即一，如帝网（Indra's net）众宝珠相摄相入，构成一有机体的关系网络。就此而言，即使是个人的自我实现，也与其他人、其他物，甚至整个宇宙历程息息相关。

3.人性有发展的动力。人性中包含深不可测的动力，足以发展自我，带动周遭，以更满全的方式，实现个人的潜能与群体的潜能。人性的发展动力可朝两方面推进。其一，是倾向提升其特殊性，发扬人性的本有特质。对于这一点，前述无论强调人性理论面的特殊性的古希腊与中世纪哲学，或强调其实践面的特殊性的中国哲学家如孟子，或强调人的存有学特质的海德格尔，都看重人的特殊性的发展。其二，是发展人与其他存在物的相关性，如发扬人与万物的联系性、一体之仁与对众生的慈悲等等。

从以上的人性论看来，伦理道德是陶成人性的方式，无论是透过道德主体本人的努力，或是凭借伦理关系中的父母、师长、其他重要人与社会范型的鼓励、协助与形塑，实现人的特殊性和相关性。两者借结构对比与动态对比的方式辩证前进，企望能提升向上，以达成人性的完美实现。

二、全球化科技发展中伦理道德的崭新处境

全球化的基础动力之一是科技发展，尤其是越来越快速而细致的信息科技、通信与交通科技等，将全球迅速连成一个全球村落。在今天，像笔记本电脑、iPod、iPhone等人手一机，无论是打电话，还是上网查信息、联系、订票等，都十分方便，在使用这些科技产品之时，随时可以与世界各个角落联系起来。然而，我们可

以追问的是：在全球化先进科技发展的冲击之下，究竟人格陶成面对怎样的处境？换言之，在全球化时代，我们必须采用怎样的伦理道德实践内容？

整体来说，信息科技、通信与交通科技等这类全球化先进科技的发展，造成人与人之间越来越能跨越界域，越来越能紧密地互动，于是人们进行外推与反省的方式也有所改变。一方面人们可以更快速、更容易地进行外推，而且也彼此相互外推，快速形成各种网络与社群；另一方面由于信息的便利，人的认知范围迅速扩充，也使人们更便于进行内省，然又往往会忘记内省。可见，社会互动结构的变迁，改变了人际的伦理关系。所谓"伦理关系"有双重意义：一方面有其社会义，代表一个社会的成员彼此互动于其中的社会结构；另一方面有其伦理义，意指人须在其约束与引导下实现自我与社会的共同善的那些社会价值与规范。略言之，在全球化先进科技发展冲击下，人的道德与伦理处境有以下特性凸显：

1.全球化科技发展强化了人与人、人与其他存在物的相关性，并倍增其互动，使得伦理关系更为复杂化而严格化。科学和技术结合成为科技系统，扮演在人、自然与社会之间的中介角色，使其彼此依赖、彼此互动，甚至密切到牵一发而动全身的程度。

首先，由于科技的中介，人与自然互动更为频繁，人类不但可以更容易接近、欣赏大自然，甚至可以对自然采取各种开发和操控的手段。自然的富藏是天对于人的一种赠予（gift），是对人类创造力的一种邀请，也是人实现其创造力的园地。然而，由于人类对于自然的过度开发和滥用，已经造成严重的环境问题，甚至剥夺了人类赖以生存的生物空间。

其次，全球化的科技形成了一个交通迅速而便利的世界，人在其中可以更高的频率彼此互动，在更短的时间里有更多人必须与更多的多元他者接触，这使得原先位格的（personal）、情感的（affective）关系，转变成非位格的（impersonal）、制度化的（institutional）关系、契约关系、竞争关系，甚至更糟糕的宰制关系，改变了传统的人与人的情感关系，人们处处感到既亲近又疏远。

再者，人与科技产品有越来越多的互动，甚至超过人与别人的互动。事实上，人必须透过科技产品去与别人、与社会和自然互动。人生活于符号与机器之间，透过"非人"（inhuman）的机器或技术与人和自然建立关系与互动。工具理性高涨，价值理性萎缩。人往往使用"获致可计算目标的有效性"来定义"理性"，甚至连别人亦被化约为工具，失去其人格尊严。人的反省失去自我了解的向度，化约为只是形成理论与假设的过程。人的行动被剥除了道德实践的向度，化约为仅是理论或假设在技术上的应用。

上述人与自然、人与社会、人与科技关联性的增强，构成了人的道德实践的崭新脉络。正如同在语言学上，语法的结构愈是复杂和严格，其语意便会变得愈为精准明确。同样的，就伦理学和道德哲学言，伦理关系在全球化科技发展影响之下变得更为复杂和严格，以致赋予伦理关系以意义的道德行动亦须更为精准和明确。此种情境要求当代人有更大的道德创造力和心理韧度，否则容易变成道德上的漠不关心，或社会上的冷漠无情，甚至有各种变态与犯罪行为出现。

2.科技发展亦提高了人的自由度，增加了人自主、自律的可能性，也因此更提高了人的道德责任。此一特性与前一特性恰成对比。全球化科技的发展，把世界连成一个系统整体，同时也增加了每一个人的自由度。由于人能按其自由选择来控制的范围大大增加，人的道德责任程度与范围也因而增高。在道德哲学上，只有当一个人可以预知其行动后果并能有效控制之时，才必须为其行为负责。一个在道德上有责任的行为，是一个明知故犯而且产生实效的行为。现在，由于科技发展，人对于周遭环境认识愈多，且愈能运用有效工具来予以控制，这时人行动的自由与效率也增加了。人的行动愈是自由和有效，人的道德责任便愈大。全球化科技发展也创造了新的道德价值。

由于全球化科技，使得人能迅速获取相关信息并采取行动，于是乎人能更自由、更自觉地启动某一行动历程，予以控制，并评价其后果。如此一来，人的慷慨爱心与自由意志更可以在有自觉的行动中实现自己的潜能，并有利于多元他者。换言之，人对科技程序与产品的使用，也被赋予了伦理的意义。经由慷慨爱心的发挥与自由意志自觉的运作，使得科技的操作转化成实现道德与伦理价值的行动。例如，一位医生运用其医学科技，或一个工程师、企业家运用其专业科技，发挥爱心，实现正义及其他正向价值与共同善，皆可以变成新的伦理道德价值。人的原初慷慨与自由意志，能把原先的科技知识与行动规范，转化成为道德行动规范，把新的科技发明转化成新的道德价值。

三、"人的位格"或"人格"概念的哲学分析

前述人的相关性的扩充与主体自由的提升，引导我们重新了解康德提出的问题："什么是人？"在此全球化时代重新思之，我们必须避免只片面强调人的主体

性，或只片面重视人的关联性。例如：西方近代哲学之父笛卡尔认为人是"思想的主体"，或康德认为人是"道德自律的主体"，主要是在人的意识层面或反省层面来讲的。相反，中国某些哲学家只从人与万物的相关性来了解人，如董仲舒所言"天人感应"，程颢所谓"万物一体""感通无隔"，虽然重视人与万物的相感相应，但主要还是从意识与精神的层面来发言。然而，当我们在了解"人的位格"(human person)或"人格"（personality）之时，必须兼顾人在意识之前、人的意识与精神等层面，并且把人性的主体性和相关性的对比关系纳入考虑。这就涉及"心"的基本动力，也就是我在一开始所谈到的"欲望"，每个人内在导向多元他者而走向更高可普性的能量与动力。我将在下一讲更清楚地发挥我对身体中"欲望"的发展的看法。在本讲中，我只想讨论已经成为某种无意识的"个性"或"性格"（character）。这就牵涉到心理学对于"人格"的讨论，而且我认为更有必要诉诸哲学上对于"位格"的论述。

针对人格，心理学比较着重人的行为面，认为人格是个人持久的心理倾向与特征，可以借与外在环境的互动，表现在个人的行为模式上。就此而言，人格被视为是个人独特而一致的行为表现。这样的想法比较接近哲学心理学对"个性"或"性格"的讨论，然而还没达到哲学上关于人的"位格"或"人格"的基础面。其实，"个性"或"性格"与"人格"虽然相关但仍有别，"个性"或"性格"属于每个人长久形成的心理倾向与特征，而"人格"则涉及人之所以为人的特质。

例如，吕格尔在《意志与非意志》一书中，对于过去从笛卡尔以降的意识哲学或反省哲学加以批判，指出人若仅讨论意识与反省的层面，便还没触及人无意识的欲望、情绪与习惯等意识所不及的层面。反省哲学所假定的意识的透明性，其实并不单纯，更何况意识所能反省或反省所能及的，只是意识层面，而不及于无意识的欲望、情绪与习惯。以"欲望"为例，人无意识的欲望其实最隐微难明，因其尚未形成任何明确表象，仅能略有意识及之，其中又混同着身体的需要，整体而言，无法呈现于清楚的意识之前。"情绪"也是同样隐微难明，难以捉摸。至于"习惯"则更含着某种"遗忘的力量"（*pouvoir de l'oubli*）①，使得意识对之总是难以穿透。习惯虽非无意识，而仅为未反省、未注意、实际的我思的形式之一（*une forme du Cogito irréfléchi, inattentif, pratique*）。不过，一旦意识要对此一似乎熟悉而又隐微的力量加以反省之时，则又好似进入一个无尽的回忆，直至迷失于幽暗之中。由此可

---

①Ricoeur, *Le Voluntaire et l'involuntaire*, 356.

见，欲望、情绪与习惯的心理学，推翻了"意识透明原理"与"意识的绝对自主性"，并且提示了一个原先自我意识所不及的领域。

吕格尔在《意志与非意志》书中讨论人的"个性"或"性格"。在我看来 *caractère* 或 character 一词，译"个性"或"性格"皆可。就某一独特个人的性格而言，称为该个人的"个性"；就每一个人皆有其个性言，称为人的"性格"。吕格尔认为："我的个性就是我的自我：是我的本性，是在一切心情变化、身体与思想的韵律之上的稳定性。"①吕格尔运用现象学方法，提出性格的现象学分析，②认为有以下几点值得注意。

1.我的个性不只是我外在的符征（*signalement*），而是隶属于我的内在本性。我的个性是如此贴近于自我，以至于我无法反对。我的个性印记在我所采取的决定中、在我的努力以及我知觉与欲求的种种方式之中。总之，我的个性影响我的全体自我。

2.我的个性是我朴素的存在本有的不可分割性，而不是我主动采取的不可分割性。因此，用形象、模拟、隐喻等来谈论个性的各种表现，要比性格学用经验的调查和抽象的拼凑来讨论，更能接近真实。用问卷调查研究性格，不如用自我反省，透过想象的实验，尝试体验各种不同的感受和动机，反省语言的转折、字源与隐喻。吕格尔甚至认为，此类的研究，即使是针对个别字词，皆要比心理学辛劳的调查结果走得更远。

3.我的个性不是一个种类、一个集体类型，而是一个独特而不可模仿的个体。自我并不是一个普遍观念，而是一独特的本质；性格是一具体的整体，代表了我这一个独一无二的个体。

4.个性，就某层意义言，就是命运。诚如赫拉克利特（Heraclitus，前540—前470）所言："一个人的性格造就了他的命运。"康德与叔本华也明白这点。然而，自我仍然拥有完整的自由。一方面，个性内在于所有我所愿与我所能之中，不可分割，不可模仿，无以克服。换掉了我的个性，也就等于换了另外一个人。因我的个性，我被限定、被投掷在个别性之中，我承受我被给予的个体性。另一方面，我之所作所为，仍是我自由的决定。吕格尔说：

---

①"Mon caractère, c'est moi: C'est ma nature, dans ce qu'elle a de plus stable par delà le changement des humeurs, les rythmes du corps et de la pensée." Ricoeur, *Le Voluntaire et l'involuntaire*, 332.

②值得注意的是，亚里士多德在《尼各马可伦理学》有关于意志与非意志、必然与非必然、快乐与痛苦的讨论，也论及各种不同性格的人。亚里士多德在《诗学》中的悲剧论，也讨论"人物性格"。这些论点应该对于吕格尔都有所启发。

我的个性再如何不变，也只是我自由的存在姿态。似乎我能有一切美德和一切恶习……举凡一切属于人性者，对我而言都不是禁止的。然而，我的命运就在于以同一手势实践慷慨或吝啬，以同一声音语调说谎或讲真话，以同一步调走向善或恶。[①]

不过，吕格尔对于个性或性格的讨论，尚未触及人之所以为人的人格层面。对此，我们有必要借着哲学史上的讨论来说明。在哲学史上，对于人格本质的讨论，是基于中世纪哲学对于"位格"的论述。波爱修斯曾为"位格"下定义："位格是一个以理性为本性的个别实体。"在当时的语义脉络，"以理性为本性"包含了"理智"（intellectus）与"意志"（voluntas）。此定义已经包含自律的因素——对于个别实体的强调，以及相关性的因素——对于理智与意志两项理性功能的强调。此定义再经托马斯·阿奎纳（Thomas Aquinas，1225—1274）予以发展，对位格的自律性和相关性的对比有了更深刻的洞见。

首先，托马斯深明人的自律性，指出位格乃自我管控的行动主体。他在《神学大全》（Summa Theologiae）中写道：

现在，特殊性和个体性更特别地、完美地呈现在能管控自己的行动的理性实体身上——他们并不像别物，一般只被动承受，而是能自律地行动。因为个体或独立实体的本性就在于能行动。因此，我们给予有理性本性的个别实体一个特别名称，那就是位格。[②]

其次，托马斯似乎把人的相关性安置于人的理性面——理性并不仅止于智力，而是包含了智力和意志、认识和爱。对于托马斯，人的智力和意志两者拥有某种"超越"的能力，能够潜在地把全体存在领域当作对象。就此意义言，人的智力和意志在潜能上是与万物相关。有趣的是，托马斯在分析智力与意志、认识和爱的关系时，似乎特别注意自律性和相关性作为人性的根本构成的对比。他说：

---

①Ricoeur, Le Voluntaire et l'involuntaire, 345–346.
②Mary T. Clark, ed., An Aquinas Reader: Selections from the Writings of Thomas Aquinas (New York: Image Book, 1972), 222–223.

> 万物皆有双重之美：一种完美乃该物所凭借以独立自存者，另一种完美乃该物所凭借以与他物相关者……然而精神体在这两者皆达至某种无限性，因为他们就某观点看来即是万物，盖精神体之本质，或以现实，或以潜能的方式，而为万物之范型和肖像……并因此而有知识。同样的，他们亦有某种指向万物的倾向和动力，就此而言则有意志，借此万物变成在现实上或在潜能上令人愉悦或令人厌恶的……因此，明显可见地，知识属于认知者的完美，认知者借此而获得完美；而意志则属于一物由于与万物之相关而有之完美。正如同认识能力的对象是真，存于灵魂之内……同样，意志能力的对象是善，存于万物之中。①

以上这段类似现象学的描述，已经清楚地区分了在人性之中的这两种可普化的动力：返回自身的认知，与指向万物的意志。两者虽然有别，但仍在人的位格中构成一个统一的存在。两者在同中有异，异中有同，就此而言，人的位格是由对比所构成，并由对比所推动。②

托马斯对于位格的讨论，成为近代和当代西方哲学对于人格讨论的基础。例如康德在其《实践理性批判》一书中提到的道德定言令式（categorical imperatives）的第二式："你应该如此做，总是把人格当作目的，绝不可当作一工具看待。"其所言"人格"在哲学史上的依据，应该是中世纪对于位格的论述。迄至当代，位格主义者如马里坦（Jacques Maritain，1882—1973）所谓"人格是一整体，部分的

---

①Clark, *An Aquinas Reader: Selections from the Writings of Thomas Aquinas*, 264–265.
②我自撰写博士论文以来发展了一套"对比哲学"（Vincent Shen, "Action et créativité, une étude sur les contrastes génétiques et structurels entre l'action Blondelienne et la créativité Whiteheadienne" [PhD diss., Université Catholique de Louvain, 1980]）简略地说，"对比"是指差异与互补、采取距离与共同隶属、断裂与连续之互动关系，它构成了事物的结构与动力，可区分为结构对比（多与一、差异与互补）与动态对比（采取距离与共同隶属、断裂与连续）。我用"对比"来代替比较研究、黑格尔的辩证法和结构主义。比较研究倾向静态地比较同与异，且缺乏内在统一，并只限于方法学层面。我所谓对比则在差异中见互补、在互补中见差异，因而有一中多、多中一的张力和动力，并且有历史哲学和存有论的意涵。黑格尔的辩证法过度强调否定性，我的对比法和对比哲学代之以积极的创造力。结构主义强调对立元关系，抹杀主体的地位。对比哲学则在诸多对立元中见到互补，在迈向他者之时仍重视主体的地位，并主张"主体"与"结构"之对比。

概念相反于人格的概念。说社会是一整体，是说社会是由整体所构成的整体"[①]。此外，穆尼埃（Emmanuel Mounier，1905—1950）所谓"个人为了社会，社会为了人格"（*L'individu pour la société, la société pour la personne*），更明言并发挥了个人、社会与人格的关系。以上可以说是开放的人文主义对于位格哲学的发展。

四、人的位格发展的动力与结构

根据前节所述，我们必须将"人的位格"或"人格"理解为由人的自律性和相关性的对比所构成、所推动的整体。这样来理解人，才能维系人的整全性和内在动力，并避免其他哲学人观的片面性。例如，偏向强调人的自主、自律面的哲学家，像笛卡尔的"我思，故我在"，把人看成是一种思想的实体（res cogitans）。至于康德，他认为笛卡尔的我思仅只是一种"先验统觉"，仅能作为人的实证知识的可能性条件；康德也把灵魂的自由当成只是人道德行动的设准之一，认为人在自律地行善时，可以达至对自由、灵魂不朽与上帝三大设准的肯定。当代新儒家牟宗三强调人的道德主体性，后者不但有自律性格，而且拥有无执的自由无限心。以上这些哲学家都是从自律性的一面来看待人。

另一方面，在西方哲学里，特别是20世纪大哲怀特海的哲学，从整体宇宙观点强调普遍相关性。中国的古典儒学也比较强调人与他人、人与社会、人与天的相关性。我想，也正因为相关性，使得人所追求的自由无论如何都是有关联的自由。因着相关性，人所实现的真理与价值都不可以绝对化，而必须企求更大的可普性。这在今天全球化与跨文化脉络下，更形显著。

为了避免以上这些仅强调片面的人格观，我主张人性既倾向追求属己的善，也追求多元他者的善，而且因为多元他者的善而更了解属己的善，因为更了解属己的

---

①"[T]hat the person as such is a whole. The concept of part is opposed to that of person. To say, then, that society is a whole composed of persons is to say that society is a whole composed of wholes." Jacques Maritain, *The Person and the Common Good*, trans. John J. Fitzgerald (Notre Dame: University of Notre Dame Press, 1966), 56–57.

善而能更有贡献于多元他者的善；我主张的是一由自律性和相关性的对比所构成、所推动的人格观。人格的这两个构成因素，是以辩证的方式互动，迈向人性的更高实现，也就是更高的可普性与丰富性。对比的互动形成了人格自我实现的逻辑。人若要实现自我，必须透过自由与相关、采取距离与共同隶属的互动辩证、动态发展来达至。在整体人格中，有自由与关联两动态对比的动力。也就是说：人的自由是在关系中的自由，而人的关系性也是在自由中与多元他者相牵系。以下虽必须分两面来叙述，但我们要注意其为二而不二、一而非一的整体动力。

首先，一位成熟的人格者为了达成自律，必须对来自自然、社会甚至超越界的异质束缚和外在限制保持距离。这也是现象学的"存而不论"的精义所在。人终究要摆脱一切外在的决定，按照自己的自由决定来自我实现。所谓"自律"意指由行动者本人依照其自由意志本然的要求来颁布行动的法则。人的意志总不能颁布或制定任何相反于其自我实现的要求的行动规范，相反，人只会寻求以最高程度来实现其自由意志的要求。

在此意义之下，我可以接受康德和当代新儒家所重视的自律的主体性。不过，我并不以自律的主体性作为认识的可能性条件或道德的形上设准，更不以之为人的"自由无限心"。我只是主张人有自主的人格，倾向于更圆满地实现其本有潜能，并且会以独特的方式来规定存在的意义。海德格尔对笛卡尔主体哲学的批判，指出人是存有在此，是以在某定在中开显存有作为其存在的本质。话虽如此，我们仍不能忽略人正在形成中的自主的主体，所以我主张人的自我，是一"形成中的自我"（self in the making）。不过，人的自主的主体或自我仍与其他万物、其他人息息相关。正如前面所说，人的自由是相关的自由，人的自律亦为相关的自律。

其次，人格就在追求自律的当下，仍然隶属于其他的存在物与人所共同分享的同一存在领域。当代心理学、社会学、人类学的思想家似乎皆重新发现了人的此一相关性的层面。例如，法国心理学家拉康重新诠释弗洛伊德所言的欲望，视为人无意识本有的指向意义的动力，指向别人和别物。欲望是人格的构成因素，显示出人与其他人、其他存在物之间的内在相关性。

可以说，人格的相关性和自律性的结构对比和动态对比，正是伦理道德实践的基础。必须注意，全球化科技对此基础的影响是两面的。一方面，科技发展提升了人的自由，并扩充了相关性的体系。这是积极的后果。另一方面，它也有消极的后果：促动人去滥用自由，或者盲目地、被动地接受社会体系、科技体系的决定。如果人要成为科技的主人而非奴隶，就必须重视确立人格为道德教育之核心。问题不在于科技如何损及人格的自律性和相关性，而在于人应如何把全球化科技的发展视为人在追求更大的自律性和相关性的活动中发展出来的产物。

简言之，人可以把科技的自律当成人透过其道德行动、社会行动、历史行动所要实现的自律性的象征和具体形象。人可借科技建立起人能清楚认识、有效控制的世界，并由人来管理，协助人迈向自我实现。其次，也可以把科技的系统性当成人与自然、人与社会的内在相关性的象征，并为其最成功的表现。科技自动复杂化的发展历程，似乎能为人与其他万物的相关性的具体实现，预备一个理性的园地。在这一层意义之下，我们可以把科技产品视为人的身心的扩充，将科技本身视为人迈向更自律与更紧密联系的社会的伙伴（component），而不必像海德格尔那样，将科技视为敌手（opponent）。换言之，人可以伦理的态度对待科技程序与产品。

总之，重新确立人格为全球化科技社会的伦理教育之核心，表示人格的自律性和相关性的陶成优先于科技的自律性和相关性，并且能产生后者，甚至能使用后者助成前者；若能妥善运用，人终究能成为科技的主人，或使科技成为友善的伙伴。简言之，使科技成为伦理的友伴。

伦理道德实践的要旨在于有自觉地意识到在己内的人性动力，并且把其中向往的某些基本价值与规范加以内化，借以陶成某些重要的品格。这一切最后都必须以人性中的原初动力和要求为本——关联性和自主性的对比辩证。

第一，从人与其他存在物的相关性与内在联系性，可以引申出仁爱的规范，此规范的要旨浓缩于耶稣所言"你们应彼此相爱"，孔子所言"爱人"，或孟子所言"仁者爱人""亲亲而仁民，仁民而爱物"。简单地说，所谓仁爱是温馨地关怀别人、别物的美善，为此而显示并纯化人与多元他者在存在上的内在关联性。在仁爱之中，唯有所爱的人或物的美善获得实现，才能有贡献于当事人主体的美善。

从仁爱的规范，可以引申出"尊重生命"的规范。这在一切文化之中都是最基本的规范。此规范在消极方面禁止伤害和杀害任何生命，在积极方面则规定要拯救和改善别人、别物的生命，甚至协助提升别人、别物的生命，止于至善。

第二，从人格之追求自律、自由和自我实现，可以引申出"正义"的价值规范。"正义"的概念虽然有许多，不过，其要旨乃在于"必须尊重每一个人实现自我的欲望"的道德规范。至于亚里士多德所言的"分配的正义"，或晚近罗尔斯所说"正义即公平"（justice as fairness），都是强调资源与机会分配上的公平；甚或是亚里士多德所言的"交换的正义"，表示在贸易或交换时应基于等值的原则，都是属于第二义的正义，因为无论分配的正义或交换的正义，只有在有贡献于所涉及的个人或人群的自我实现之时，始具有人格上、道德上的意义，否则仅有其社会、经济的意义而已。至于"报复的正义"更是由道德的正义和分配的正义与交换的正义所派生出来，因为往往是由于执政者或施暴者不尊重别人自我实现的权利，在分配上或贸易上不公平，因而不平则鸣，甚或施之以暴力，才会引起报复。就其为道德规范而言，正义在根本上即尊重每一个人有实现自我，成为自律、自由之位格的权利。

从正义的道德规范，可以进一步引申出其他相关的规范，例如尊重人权。关于人权，还可以具体化为一个人权列表，至于此列表的内容如何，可能会因国情与文化不同而有差异。

除了将这些道德价值和规范加以内化以外，伦理道德的实践还有另外一项任务，那就是陶成重要的道德品格。道德品格将扮演基础性的道德价值与规范实际体现的中介，使其成为生活中的习惯。一如《易传·系辞下》所言，"苟非其人，道不虚行"。换言之，主体的品格是理想价值赖以具体实现的凭借。当今全球化的世界需要具有批判的精神和参与的精神。一方面，正义要求人要有批判精神。所谓"批判"，并不止于康德所言"寻求所研究的对象的可能性条件"，也不止于黑格尔所言"弃劣扬优"（Aufhebung），后者是一个否定并脱离有缺陷的存在状态，保存并发扬优良的存在潜能的历程。不过，这种黑格尔式的辩证法，往往是以否定的方式来运作的。在当前全球化而日益复杂、急剧变迁的社会中，批判精神的要旨在于以一种特定方式，留意并贞定适宜每个人和每一群体的自我实现所需的恰当程度的自由、自律和自主。另一方面，仁爱要求人要有参与的精神。所谓"参与"并不表示毫无宗旨，盲目地介入事件之流，而是一种具有自我了解的分享，并主动实现人与多元他者的共同存在（being togetherness）。正如"批判"扮演采取距离的角色，以看清楚到底个人或群体是否得到适当的尊重，也因此使正义的实现成为可能；同样的，"参与"扮演共同隶属的角色，来加强、加深人与多元他者的内在关联。总之，批判和参与是人一方面实现其主体性，另一方面又与多元他者实现共同善的相互辩证的两个重要品格。

为了实现正义的批判和仁爱的参与，人必须度一种既能积极行动又能自我反省的生活方式。行动和反省对于伦理道德的实践是极为重要的。批判要求个人进行反省。在此，反省并不意指在自然科学或社会科学中形成理论或参照某一理论来判断某一现象的心理过程，反省的真义是在心理上采取距离，以便有省思的空间和审视正义的情境，并依据所针对的理想价值来加以批判。至于参与，则要求人要积极付诸行动。在此，行动并不意指在技术上应用科学理论来操控自然或社会现象，行动的真义在于创造性地介入由于事物的相关性所引发的事件之流。

五、一个伦理实践的哲学基础

在此全球化时代，正确认清伦理道德实践的意义并明白其哲学基础，是十分要紧的事情。在今天，伦理道德实践的目的在于确保人性得以正向发展，并借此使人在全球化历程中不仅能维系主体的尊严，且能不断自我超越，在面对全球化科技网络不断快速扩充之际，还能堪当科技的主人而非科技的奴隶。人也不必把科技当成奴隶，而可视为伦理的构成部分，甚至伙伴。人的位格在结构上和动态上是由自律性和相关性的对比所构成，这是人格陶成的人性论基础所在。至于科技的自律性与系统性，则是由人性此一深刻的结构和动力所引申、发展出来的。人应该有自觉地如此了解科技，并借此将科技联结到人类全盘实现自我的动力的计划之中。

再者，在陶成个人的人格，甚至在人格教育中陶练学生之时，必须树立一个既能反省又能行动的模范人格。所谓反省是为了透过批判，达至正义；所谓行动是为了透过参与，实现仁爱。反省与行动、批判与参与、正义与仁爱之间的结构对比与动态发展，终究会引导人走向自身主体性的挺立，以及与多元他者的共同善的圆满实现。这一切都是立基于人性论的基础——作为既自律又相关的人格，这也就是人的可普性所在。

我们可以将以上的构想，用一个图表来展示。图示的用意只是为了能提纲挈领，便于理解上的把握，并不表示人格教育须依据某种硬邦邦的概念框架来进行。其实，人性与时代的动力是活泼而富于弹性的，人格教育旨在将活力引出，任其发展与完成。以下的概念架构是为了呈现此一活力发展的主要关键与方向，作为全球化过程中人格教育的设计蓝图：

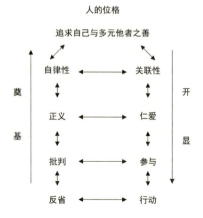

从上图中，我们可以清楚地看出，伦理道德实践有双重的历程，一方面有其"奠立基础"的历程，另一方面也有其"开显发展"的历程。伦理道德实践的奠基历程，是由反省而批判、而正义、而陶成自律性的人格；由行动而参与、而仁爱、而陶成相关性的人格。伦理道德实践的开展历程，则是由人格的自律性显发为正义之德，由正义而批判、而反省；另一方面，由人格的相关性而仁民爱物，由仁爱而参与、而行动。其中，人格的自律性与相关性是伦理道德实践的人性论基础；正义与仁爱是伦理道德实践所要实现的价值与规范；批判与参与是伦理道德实践所要陶成的道德品格；反省与行动是伦理道德实践所要养成的生活形式。在这图表中，每一阶段的两端（反省与行动、批判与参与、正义与仁爱、自律与相关）都是处于结构的对比和动态的对比辩证而发展的情境。

六、结语

可见，对比与辩证的逻辑，穿透了整体伦理道德实践与人格陶成的历程。伦理道德实践，甚至连人格教育，无论是作为教育和学习的体制内教育，或自我人格陶成的养生、修心、成德的历程，都必须把奠基和开显两个历程纳入考虑，并实际推动之。伦理道德实践与人格陶成若能因此而陶成更多既能反省又能行动，既能批判又能参与，既能维系正义又能发挥仁爱，以体现既自律又相关的人格，则如此完整的人格教育，终将能在全球化过程中，实现"个人为了社会，社会为了人格"的理想。

第七章 意义、再现与沟通：沟通行动与传播理论的基本问题

　　群命涉及群体生命的意义与社会参与的基本问题，如沟通、伦理与共同理想等，然而仍不离身命。为此，我将意义的动力溯至身体中的意义欲望，再延伸至社会的沟通，以形成共同有意义的生活，以为群命之要旨。在本章中，我先呈现本人有关"意义、再现与沟通：沟通行动与传播理论的基本问题"的一篇演讲稿与问答纳入，先之以演讲，继之以问答，盼能以彼此问答作为社会沟通的形式，以为本部分所论群命的要旨。

　　"传播"一词的英文是communication，本意是"沟通"，换言之，是双向传播，若只译为"传播"，则仅得其半。人由于相互沟通而形成社会，因此沟通的议题就是社会科学的基本议题。然而，一般说的社会科学，特别是传播科学，究竟和强调个人追求意义的人文学科有何关系？本文所要思考的，便是由追求意义的个人，如何发展为以各种形式相互沟通的社会行动的问题。这是涉及人文与社会科学的基础问题。本章尝试透过欲望与意义的兴起，到达语言的相互传播与沟通，再继之以问答的内涵，来打通人文与社会两个层面。

一、欲望与意义的兴起

　　有关传播、再现与意义的问题，我在本文中，首先把焦点放在人作为意义的追求者与"再现"或"表象"（representations）的关系来看。换言之，我以个人的欲望为意义的基本动力，以形成再现或表象为意义的进一步发展，而这是作为人的必经之途。也因此，我把重点放在传播学上所谓的"阅听人"，作为一个"人"的角度开始讨论。因为如果就"人"的角度，可以将意义的兴起与发展的议题和个人、社会、文化以及其他相关议题联系起来。

　　基本上，我将从"意义的动力"（dynamism of meaning）的角度来看待这个

问题。就意义的动力而言，我倾向于把所谓的"欲望"（desire）诠释为"在人身体中指向意义的动力"。以下讨论，将涉及现象学、心理分析乃至沟通行动理论等。由于主持人钟蔚文教授，希望我不要只谈"再现"，而是要进一步谈谈"语言"在再现过程中所扮演的角色，因此以下讨论也将联系语言与再现来进行。

我将欲望视为意义的原初动力，这是就其为"能欲"而言，不是就其"所欲"而言。我区分能欲、可欲和所欲。一般人所讨论的"欲"，都只是所欲而已，像"食欲""性欲""权力欲"等等，都只是所欲的特定形式，也就是"所欲"的特定模态而已。不论是弗洛伊德所主张的"婴儿性欲理论"（infantile sexuality），还是后来像阿德勒（Alfred Adler，1870—1937）讲的"自卑情结""权力欲"等，我都视为"所欲"的特定形式，并不是意义动力本身，不是"能欲"或"可欲"意义下的欲望。欲望作为一种意义的原初动力，并不仅限于这些形式。

在此，我要重新诠释拉康的话，他把欲望视为是"他者的语言"。欲望在我们的无意识里面"说话"，它说的话都是他者、别物的话，因为欲望都是指向他人、别物。我认为，欲望的第一个刹那，本身都是指向"他者"，指向别异之物，不论是别人或别物，虽未明确哪个对象，然皆以他者作为意义的指向。我将能欲视为是意义的原初动力，而其最初的出口都是善的，因为只有对己善之人或物才值得我去欲求。连强盗、小偷内心所追求的，也是为己、为自家儿女的善，只不过其所欲的对象是他人的财物，为此违反了社会与伦理规范。

欲望的第二个刹那，是"可欲"。正如圣托马斯和孟子异口同声说的，"可欲之谓善"。可欲皆朝向对己为善之人或物，在这过程当中，别的"性"或别的"身体"，或是别物如食物、家具，或抽象的名利、财富、地位等，或其他更复杂的事物，我只说它们为意义指向的特定形式，并不把它视为意义本身。总之，我把"能欲"视为指向意义的动力，是人的"本心"。至于"可欲"则为其"初心"，因为善而初动此心。至于各种"再现"，各种"表象"，种种文化与艺术的创造，其实都是欲望的具体展现与中介，指向特定对象，换言之，指向所欲，一再地让欲望，让我们本有的意义动力，继续地燃烧、活动、发展。

接下来就会涉及一个问题："欲望究竟在哪里？"我们可以这样说：身体是我们欲望所在的"现象学的场域"。这牵涉到现象学的"场域"的概念，而不是其他意义的场域。我们如果要定位"欲望何在"的话，那可以说，欲望就在身体里面。如果我们要把无意识安置在某个地方，那么也只能在"身体"中来确认它。而我这里所称的身体，并不仅是一个"机体的身体"，而且是一个"体验的身体"。当我们讲"身体"的时候，比如说"手是我身体的一部分"时，已经是一种"身体的再现"了，因为你是看到了手的影像，看到了一部分身体的影像甚或概念，"身体的影像或概念"已经是"再现"了。我们此处所称的身体是一种"体验的身体"，而不只是"机体的身体"。这"体验的身体"才是欲望所在的场域，虽说体验的身体不离机体的身体，但层次不同，毕竟有别。无论是阅听人，还是作者，或是任何一个人，都会有这样的体验。

身体作为欲望出现的场域，我们可以进一步问："身体与自我有什么关系？"可以说，身体是自我很重要的一部分，至于我的车子、房子可以离开我，甚至可以毁掉，车子、房子一定不是我的自我，它们对我来讲或许重要，可是比较起来，我的身体是我的自我中最重要的一部分，远胜过车子与房子。所以，身体的"属己性"，也就是属于自我的特性，远超过我们拥有的其他外在的东西。身体应该是我们最亲密的自我的一部分。不过，从现象学的角度来看，"身体"也是我的一个"最原初的他者"。因为有许多时候，个人可能会"力不从心"，想要做的事情，身体并不一定做得到，主要的原因并不只是身体跟我意愿之间有任何的差距，而是因为身体一直在向世界开放，使得身体变成是"原初的他者"的基本原因。所以，现在的情况是：作为意义内在动力的欲望所在的身体，和它的自觉方式是处在一种具有"对比性"的情境当中，也就是既属己又属他。但这一种"属己"与"属他"的对比，可以在"身体的运动"中获得解决。在身体的运动中，属己与属他相合而一致化了，甚至机体的身体与体验的身体也相合而一致了，身体的运动正是属己与属他、机体与体验的协调一致。

二、从身体的运动到表象的形成

我进一步的论题是，身体的运动取得某种可理解的形式以表达意义时，就出现了最初的意义形态。身体如果是在动作，譬如一举手、一投足，甚或舞蹈的动作，表现出某种可理解形式；又如作出或观赏一幅图画，所呈现或看见的颜色、线条等，取得了颜色、线条的可理解形式；又如表演或欣赏一曲音乐，是声音取得了一种可理解的形式，成为旋律。凡此种种，都表示我们内在意义的动力，透过运动取得某种可理解的形式。初步是身体的运动，如姿态、线条、色彩、声音等，但是其最高峰则是语言。语言是所有可理解形式中最富于意义的。可以说语言是人在身体层面所完成的最有意义之物。

"欲望"透过"身体的运动"取得有意义的形式，这本来是内在欲望的进一步表达，但同时也就规定了意义出现的形态。我们若要了解这中间的"机制"（mechanism），我认为心理分析提供了一个较好的角度。弗洛伊德在《梦的解析》，尤其在其第六书中，讨论到"梦的念头"（dream thought），简称"梦思"，以及"梦的运作"（dream work），简称"梦作"，后者就是梦运作的机制。弗洛伊德认为：人做梦，有所谓的"梦思"，也就是人所思所梦，譬如说，当性的欲望透过做梦而得到满足，有各种想象的故事与情节；但是这一梦思是透过梦作而出现的。通常大家都注意到"梦作"有四种方式，其中，取得表象在解读弗洛伊德的时候常常被忽略，但我认为这是关键。弗洛伊德提到，包含做梦、说错话、写错字等，在无意识中有以下四种方式。

1.浓缩（condensation）。第一个机制是浓缩。这在诠释说错话的现象时，也会发生同样的情形，例如，在一条暗巷里，一个男士向一位路过的女生说："我可不可以辱送你回家？"把"护送"说成"辱送"，代表这男生的无意识里的浓缩作用，一方面想侮辱，另一方面又想护送，因此，"辱送"是作为"侮辱"与"护送"的浓缩。虽属"说错话"，但仍是有意义的，其意义在于透过某种程度的浓缩，表达出其欲望。虽然我们现在讨论的范围，仅及于由欲望表现为表象，还没扩及语言的层面，但我举例"辱送"一词，使大家较容易明白。

2.转移（transfer）。第二个机制是转移。譬如说你梦到某个人的脸，他本来没胡子，现在加了胡子；他本来没戴眼镜，现在眼睛上加了一副眼镜；本来没戴帽子，梦中戴了帽子。这是因为本来你想要梦到某一个人，不过又不敢那样直接地梦到他，所以你就梦到他有胡子、架眼镜、戴帽子等，这就转移了他被表象的脉络。

3.可表象性（representability）。这一点往往被忽略，然而极其重要。因为做梦总是要取得某些表象，才能出现梦思。做梦总难免要用某种可见的形状、故事与情节，来把人不可见的欲望以某种表象的方式呈现出来。欲望的呈现，一定要有个表象。

4.其他的附属作法（accessories）。从弗洛伊德所论"梦思"和"梦作"的关系看来，我们从能欲到所欲，的确往往已经经过了一番扭曲的工夫。首先，由能欲到梦所梦、思所思，是自我走出的能欲已经进一步接受了对象化、特殊化、个别化了。其次，梦思的出现经过梦作的诠释与改变，不再如其所如、是其所是了。话虽如此，整个梦作的机制，无论如何皆须经过表象化的程序，正如我所说的，欲望的呈现一定要有个表象。

在这四种机制中，"可表象性"扮演最重要的角色，因为"梦"就是要让欲望显现成为"表象"，有必要梦到某些"表象"，出现在某一个场景里，才得演作出来。其实，欲望是人朝向意义的动力，包含各种人生的意义过程与完成。然而，弗洛伊德仅从"性"的方面来诠释其成为"所欲"的过程，我认为这有点狭窄。因为这只是顾及所欲，而忽视了"能欲"与"可欲"。问题也就发生在这里，而不在于"性"，反而是"意义"更为广大久远，意义的问题更为重要。我在这里所要强调的是，"欲望"必须出现，要找寻"意义"，就如同在梦境有其意义一般，然不仅限于梦，凡是所有无意识的表达、过程与结果，都涉及人的意义探索。

我现在分两个线索来讲这问题。一个是欲望可以透过梦中出现的表象来呈现其对象，就如同我们身体的运动可以取得有意义的形式来获得表现，这两者具有类似的意义。如此一来，所谓的"取得表象"，也就是"取得再现"。所谓"表象"（representation），既然是re-presentation，也就是"再现"的意思，只不过用在梦境中，我们不好如新闻报道般说它叫作再现，因为梦中仅是用一种形象的方式来呈现。但是，当我们读弗洛伊德的时候，会发现很有意思的一点。弗洛伊德说：这些表象，或是这些再现，虽然并不一定都是语言性质的，可是它们都有接受语言诠释的可能，可以成为语言。这也是弗洛伊德的"自由联想法"的基本假定，由于最后都可以成为语言，可以被说出来，所以当病人躺在沙发上，任他尽量自由联想，去说出梦中情境。他在说的时候，会把原来的欲望及其表达和冲突、压抑等，边说边整理，逐渐浮现出来。这时候，医生必须进行诠释，并且加以引导。所以，这是一个"对话"的过程。等一下我们谈到"沟通"时，会回到这一主题。不过，现在我们的重点是：欲望必须取得表象，而且表象可以成为语言，也就是由表象再转变成命题的组合，转化为语言的表述，这是一逐步取得意义的形式。

若就文化艺术层面的意义来讲，在我看来，事实上，艺术一方面是意义的表达，但同时也是用某种可理解的形式乃至语言的形式来表现，其中的过程，正是欲望采取某种结构或可理解的结构来呈显的过程。所以，所谓"文化"也包含了赋予欲望某种可理解的形式或结构化的功能。也因此，culture这个单词，它在拉丁文的原意中有"耕种"之意，因为田若不耕种便会荒芜，无法结实累累。

而经过艺术、舞蹈、绘画、音乐的陶冶，一直到语言的出现，即形成了各种各样的"心灵耕种"。心若不耕种就会粗鄙，就会质胜于文，所以需要透过文化的方式陶冶，也就是《易经》所谓"人文化成"，借由形成某种人心灵可理解的结构来表现。进一步讲，如果欲望受到挫折和压抑，引发疾病，那么这些文化、艺术的活动，也具有治疗的功能，打通人追求意义的关节，可以说是一种"意义的治疗"。它在身体的现象学上是有其基础的，因为欲望若要取得某种意义，必须经由可理解的表象并加以结构化，甚至成为语言。而且，成为语言正是欲望寻求意义或取得意义的一个非常重要的过程。该过程若遭遇问题，就会出现各种心理病症。

在这层意义下，我觉得当代的艺术家里斯特拉文斯基（Igor Fyodorovich Stravinsky，1882—1971）的音乐，就很能展现音乐与身体的运动、韵律与舞蹈等之间的关系。我觉得，图画、音乐、舞蹈、雕塑等艺术表现形式，都有其共同的根源，也就是"身体运动以追求意义必须取得某种可理解的形式"这一事实。这种种意义的展现，从美学、艺术、哲学上来看，是有其共同根源在的，只不过它们可理解形式的规定方式不一样，以至于成为颜色、线条、音符、动作等，分化为不同的艺术形式，然基本上仍共同根源于身体欲望的展开。

我刚才所说，归结起来有三个重点：第一，对于意义的欲望表达的方式，需透过表象为之；第二，文化艺术对于身体与欲望有"陶成"的作用，甚至可以成为身体的炼金术、欲望的克己复礼手段；第三，文学与艺术也有"治疗"的功用，使遭扭曲的意义管道再度畅通、恢复正道。这些都在身体的现象学中有其根源，并获取意义的进展。

三、语言获取和意义的进展

对于意义的欲望在取得可理解结构方面更加进展，进而取得语法、语意的结构，于是成为语言。语言可以说是所有表象系统中最有意义的了。从这一角度来看，语言应该是前述这些可理解形式的高峰。因为语言的结构也是最为复杂的，比如文法、句法、语意等，正好显豁出语言的可理解形式这一面。语言在欲望从身体兴起，指向意义的过程中，可以表现出两种基本功能。

1.语言是表现性的（expressive）。语言的构成意义，其源头当然是随着欲望兴起，到可理解的表象，再到被型构成为语言，可见语言是逐步体现越来越高的表现性。可以说，所有的"表达"（expression）本身都已经过某种诠释（interpretation），所有的语言本身都已经过某种诠释作用。譬如说，当我说这张椅子是"红色"的时候，"红色"已经是对我所产生的整个生理、心理过程的某种明确化的结果，而这结果本身已经含有诠释的作用。为什么呢？设想我们现在看到了这张椅子，我们若把"红"字去掉，你会说不出个所以然来？又如，我若撞到一面墙而感到疼痛，但如果没有"痛"这字，我也很难明确地表达出撞墙之后的感觉。因此，诸如"红""痛"等，它们都是"表达"，皆是经过诠释以后的表达。基本上，"表达"的功能已经经过了某种诠释作用。

　　2.语言有另一种功能，即语言本身也有"引发性"（evocative）的作用。这点常被大家忽略，我们若追溯哲学史就可以注意到，例如，对于柏拉图，称呼一个事物的名字，和呼唤出它的本质有关。这并不是说一定要有像柏拉图那种本质主义的假设，我也不赞成本质主义，但是语言本身有呼唤事物来临的功能，这种引发性功能不应被忽略。古希腊人已经注意到这一点了，所以他们认为，叫一个人的名字并不只是在称呼他，更具有呼唤他整个人出现的意味。语言有"引发性"的作用，在巫术（witchcraft）中最能清楚地看到。若回到心理分析，我们可以说，病人的语言越是表达性的，越能自发地表白越好，因为病人越能自发地讲述自己，越能够把欲望的冲突与压抑的问题表现出来，从而获得医治。心理医生的语言就要注意语言的引发性。医生的话有引导病人的作用，不能随便说话，因为一旦说错，会引导病人进入另一种状态。所以，医生的语言是引发性的，他就有必要透过心理分析的技巧性控制，使得对于病人的引导能达成治疗的目的，而不是相反的目的。

四、语言与沟通进入社会层面

　　当吾人讲到语言之时，其实已经进入了沟通的领域了，不单单局限在个人身体的范围。胡塞尔与维特根斯坦（Ludwig Josef Johann Wittgenstein, 1889—1951）等人的著作，都提到语言是公共的、社会性的，是社会学习而得的。譬如你之所以知道什么是"红"、什么是"痛"，这是经过社会学习而得。语言的社会学习，其基础不只是身体中的欲望，其实人的社会性已经介入了人对于知觉的了解。如果我不说"红"、不说"痛"，我不能明白地传达出我对事物的感受，别人也不能因此表达而明白。所以，我在理解我的知觉的时候，在确定我的知觉的时候，语言就已经介入了其明说过程。关于胡塞尔的立场，我们在前几章中已然说过。至于维特根斯坦的说法，他也不认为有"私密的语言"（private language），也就是不能假定有一种语言只有我自己说自己懂，而说不出来让别人懂；因为只要话可以说得出来，一进入语言的领域，那就已经有了它的"公共性"或"可沟通性"。

在此脉络下，麦克林（George McLean, 1919—2016）提到"赠予"（gift）和"送礼"（present）的差异：送礼是可以回报的，但是"赠予"则是不求回报的。语言是社会与文化传统的赠予，它开发我们的知觉，发展我们有意义的生命，然而这社会文化的赠予我们是无法还报的，我们只能让语言更丰富，文化更具创造性，不对称地还报，而无法还报给交往我们的父母以及其他重要他人，甚或还报祖先。我们只能往下创造，往下继续赠予，视为"如同"对于先人赠予的一种还报。如此一来，我们就进入了沟通与传承的领域了。

在此有另外一个问题。虽然已进入沟通的领域，但在身体的层面获取意义，开始使用语言并进行沟通，因此适合在此讨论"性"（sexuality）的意义，因为性是在身体的层面，由于两个身体的相逢而有意义。弗洛伊德的学说，就是立基在这一情境上。其实，在性生活中有一种深沉的沟通，然而"性"也最需要各种的"再现"。我提出这个问题，是因为很多传播媒介的内容里都涉及"性"。究竟"性"的意义怎么决定呢？在我看来，因为性虽也需要各种技巧，运用各种再现与表象，譬如说甜言蜜语，最重要的是人在性的交往里所达到的沟通使其克服了一般知觉（perception）的表面化与片断化。人一般的知觉是表面而片断的，但在性生活里面却因两人相爱，使得原先片断而表面的东西完整化、深刻化。所以，"性"所达成的意义，虽在身体层面，然而因着爱而能够克服一般知觉与沟通的片断性与不完整性，使两个身体达成完整的沟通。这是主旨，不失主旨，我们才可论及在性生活中，不止于身体，也涉及各种复杂的语言、表象与文化技巧。

我认为，人的生命是寻找意义的，这不止于前述各种动作、运动、图像、音乐、舞蹈等，其中最主要的就是"能彼此相互说有意义的话"，这就是沟通双方甚或多方的问题。谈到沟通，就会谈到哲学里面所说的"互为主体性"的问题。我刚才特别强调"社会性"，也就是从社会、文化的层面来谈沟通的问题。如果我们拿心理分析做例子，我们可以看到，目前心理分析有所谓"典范转移"。现在的心理医生不只是在诊所里让病人躺在沙发上叙说，以达到治疗效果。这一种治疗方式是为了适应当初维也纳社会，在诊所的封闭空间里进行心理治疗，医生计时收费，那是在特定社会文化下的产物。但是，由于诊所里的治疗将医生与病人从社会情境中划分出去，变成只是一种在封闭空间中的沟通，因此心理医生往往面临一个情感转移的问题。例如病人有情感方面的问题。会转移到医生身上。本来医生并非病人之所爱，但是因为沟通孤立，失去其社会性，不是在社会的互动脉络之中，所以才会产生这种转移的问题。这些问题都导因于沟通的封闭性，然而，沟通本来就应该是社会性的。为此，现在心理分析最有意义的改变，是转为在社会脉络中沟通。由于沟通本来就是社会性的，所以现在的典范转移是，医生必须协助病人回到社会生活中去，这才是医生应该扮演的角色。病人真正需要的是跟别人一起说有意义的话，在社会生活、社会互动里，度一个有意义的生活。回到社会脉络，更须注意到病人的人权、医生跟病人的关系、病人与别人的社会关系的维持与保障，整个医疗体系都应协助病人在社会脉络中顺畅地进行交往。如此一来，病人才能够真正地获得治疗。由于问题就发生在原先的社会脉络中意义的形成和沟通，所以心理治疗必须回到这个社会脉络中才能达成。也许，让病人再回到社会中，与他的"重要他人"（significant others），也就是生命里面有意义的人，譬如家人与朋友，共同谈话，才会形成真正的自我感和价值感。

以上虽然是借心理治疗这个例子来说明，其实我想指出：沟通是一个社会性的行为，必须回到社会的开放脉络来进行；唯有在开放的社会脉络里，人才能真正达成沟通的目的与意义。

五、沟通行动理论与外推及相互外推的必要

哈贝马斯主张每一个人都有"沟通的能力"（communicative competence），这一概念是从乔姆斯基的"语言能力"概念转换而来。乔姆斯基主张每个人都有语言的能力（linguistic competence），而语言能力会朝向越来越结构化、越来越复杂化发展，也就是说，各种复杂语句的产生实际上是来自语言的基本能力。哈贝马斯的看法，不再限制在一个说写主体的语言能力，而变成"沟通的能力"。

其实，早在哈贝马斯之前三四十年，胡塞尔就在《观念 II》中谈到了从社会层面的角度谈意义如何构成的问题。换言之，他是在讨论现象学的构成问题中提出来的。他在书中，先讲自然的构成，再讲社会的构成，在其中讨论到沟通行动的概念。大家都知道，哈贝马斯所谈的沟通，是一种论辩性质的沟通。他想要解决的是在多元社会、不同的利益团体、不同的党派等之间，要如何形成共识的问题。所以他主张，沟通就是一种论辩过程，你提出你的论题，我提出我的反论题，在论辩的过程中，双方寻找"理据"，并在寻找理据的过程中发现更高的命题，可以综合双方的理据，在这上面可以有共识。但是，我觉得胡塞尔的沟通行动概念比较宽广。他认为沟通行动需要某种"同理心"（empathy）。所以，沟通不完全都是语言性质的，它也包含一些情绪的、评价的性质，有时候可能是友谊、爱情，有时候可能是争吵、斗争，也可能有仇恨等。也就是说，胡塞尔认为沟通的概念不完全是语言性的，他放在一个包含情感的、比较整体的脉络里观察，我觉得这比较符合实际的沟通情境。就这一点来讲，可以说，语言除了在主体层面有表达、招呼等功能之外，最主要的功能就是沟通（communicative），而这种功能又有必要放在社会的层面才能展现出来。

但是，什么才是人的"沟通的能力"呢？胡塞尔所用的字眼比较明确，叫作"同理心"。同理心就是沟通能力之所在，因为如果你只是抽象地说"沟通能力"，很难明确地指认究竟这沟通能力代表什么。我认为，不能只称为"能力"，甚至应称为是一种"动力"，不同的哲学家有不同的看法。儒家的"仁"指的就是一种原初的沟通能力和动力，因为所谓"仁"，就是一种"相互的感通"，即人见到人，就会跟他有感应且能相互沟通。现在的问题是，在社会生活中，形成"共同的意义"（co-meaningfulness）或"一起说有意义的话"在社会层面是非常重要的一件事。对此，我认为哈贝马斯所讲的"共识"（consensus）是有其道理的。大家看一些后现代哲学家的著作，比如李欧塔就不这样想。他认为应该让各人有各自的语言游戏，他极端化维特根斯坦的"语言游戏"的概念，认为不同的语言游戏对应着不同的生活形式，因而必须让每个人发展各自的生活形式，所以要"尊重差异"，根本不要去追求共识。如果大家注意李欧塔的作品，例如《向儿童们解释何谓后现代》，其所谓的儿童，其实指的是大学生、研究生一辈的人，所谓"儿童"只是相对他的年龄层来讲的。这本书就完全集中在艺术与美感的领域。本来艺术重视的就是原创性，不讲共识。如果艺术还讲共识才有创作，那不就变成一种"折中主义"吗？艺术创作本来就要鼓励个人发展自己的语言游戏，不必追求共识。可是，在社会生活、社会角色与公共领域，人还是要像哈贝马斯那样，强调有某种共识。问题是，哈贝马斯所讲的共识要靠论辩去达成，这样的共识很难达成。因为有许多人虽然很会论辩却不会说对方可懂的话，彼此也没有默会的共识。我愿意从另一个角度来看，就是把波兰尼（Michael Polanyi，1891—1976）所谓"默会之知"（tacit knowledge）转变为"默会的共识"（tacit consensus）。人们基于对共同生活世界的关心，就会产生一些默会的共识。至于"论证"（argumentation），其实只是将一些默会的共识发展成合乎逻辑的语言而已。如果没有先在的默会的共识，只靠论辩是没有办法达成共识的。这就是目前社会与政治的实际情形。为什么国会、利益团体、社会运动，都在不停地论辩，但是只徒增加冲突，最后却达不到共识呢？事实上，这正是逆反于哈贝马斯的期待。至于若要有"默会的共识"，就必须一并考虑生活世界以及前述意义兴起的过程。

关于哈贝马斯的说法，我还要指出，"寻找理据"并不一定就会达成共识。透过语言来沟通而要达成共识，还有两个关键的层面。一个我称为"语言习取"（language appropriation），前面所提由身体中的欲望一直到语言的形成，本身就是一种语言习取的过程。进而，在不同学科、社会、文化之间，还必须学习"不同的语言"，好能讲别人能懂的话。另一个则是我所谓的"外推"，在习得别人能懂的语言之后，说别人能懂的话来表达自己的立场。这种语言的习得与外推，是不同学科、社会、文化之间彼此沟通不可缺少的要件。哈贝马斯所说的沟通的四种声称，或四种理想要件，如可理解、真理、真诚、正当等，大概是在朝这方面考虑，庶几近之。然而，他所说的仍是太过理想的要件，在现实的社会环境中很难达成。我认为，如果不透过"语言的习取"与"相互的外推"，如何能讲他者可理解的话呢？彼此互别苗头，各说各话，如何会认为对方真诚、说的是真理呢？规范与预立之法尚未立，如何能言正当或合法呢？

六、三种外推与相互外推

我认为要沟通，还须培养"外推"（strangification）的能力。我的看法是，无论是不同的学科要做科际整合的交流，或不同文化群体进行互动，甚或不同宗教团体进行交谈，在沟通时都需要外推的策略，甚至可以把互动与交谈，设想为彼此的相互外推。在英文里面，迄今我仍未能找到一个比strangification更能保留外人、陌生人（stranger）的字根的语词了。本来黑格尔的alienation（别异化）这个词用来表达会比较好，因为alien一词本来有"别异"之意。但是，如今alienation这个词已经有"疏离""异化"等不好的意思了，所以我才采用另一个词，这个词的意思是"推向外人、陌生人"。这又包含三个步骤。

第一，是"语言的外推"（linguistic strangification）。一个学科或研究方案的发现（findings），或一种学说、立场、价值或文化，如果本身是有效的，那么在理论上应该可以用别的学科，或隶属于别的语言与文化的人可以懂的语言翻译出去。如果可以翻译而被了解，表示它有更大的可普化的特性（universalizability）。如果它推不出去，代表它的可普性小，这时它必须回过头来好好在方法学上自己检讨。

此外，我也要表达我对所谓"不可共量性"或我所谓"异准性"（incommensurability）一词的看法，它是有限制的，不能扩大使用，因为不可共量性若推到极端，所有学科际、文化际的沟通都将成为不可能。我认为，当你要判断两个东西是否为不可共量之前，必须先确定它们两个都是可理解的，必须真的懂了两者，并且已经做过了比较，你才能下不可共量的判断。所以，在判断为不可共量之前，就已经预设了两者共同的可理解性。我有一次在夏威夷会议中遇到麦金泰尔坚持说亚里士多德的德行伦理学和孔子的德行伦理学不可共量，因为他们是处在不同的历史文化脉络提出来的。我就说，你一定先了解了孔子的伦理学与亚里士多德的伦理学，而且你已将他们比较过了，你才知道他们两者不可共量吧！可见，你一定事先已经先读懂了、理解了、比较了，所以发现他们两者是有差异的！因此，所谓不可共量性还是默认了不同对象的可共通理解性，在这个过程中，就有可翻译性。如果全盘假定其为不可翻译，那就所有的沟通也变成不可能的，因为沟通本身也是一种再翻译的过程。

在习取对方可懂的语言之后，跟着来的就是语言的外推，就是把某理论、想法、信念，放到另外一个语言的脉络，重新脉络化，看其是否可理解并接受？如果可理解，也能接受，那就可普化。我觉得过去波普尔主张的"证伪法"（falsification）是有其在科际整合研究中的困难的。试想，一位学者在提出某一理论之后，自己就可以不断地证伪，根本不需要跟别人合作研究。但现在的问题是，所有的学科都必须相互合作以解决问题。显然，"证伪法"绝对没有办法当作科际整合的知识论策略，因为单独自己一人就可以做了，根本不需要跟别人合作。

"可外推性"也触及我们对于"真理"（truth）的看法，亦即"到底什么是真的？"我现在可以说，所谓真的，应该就是可普化的、可建立共识的、可广被分享和接受的。这种外推性在语言的层面上，就要是可翻译的。可见，语言的外推也提供了翻译以基础。

第二，是"实践的外推"（pragmatic strangification）。由于所有的科学、言论、价值或信念，都是在某种文化社会组织下成为可能的。以科学为例，某些社会文化组织适合某种科学发展，而可能不适合另外一种科学发展。西方的科学可能是在西方社会脉络中兴起的，一直发展到当前的面貌。就像费耶阿本德（Paul Feyerabend，1924—1994）在《反对方法》（*Against Method*）一书中表示的："科学有其文化制约"（Science is culturally bound.）。有些大学某些研究可以做得出来，而别的大学就做不出来，这是制度和组织的缘故。此外，有些社会组织可以支持某种宗教的发展，有些社会组织却不适合。如果说某一种社会组织产生的思想、价值或宗教，可以从这个社会组织中抽出来，放到另外一个社会组织里也行得通，也就是可以重新脉络化，那就代表它有更大的可普性；如果不行，那就要回过头来检查自己的原则或方法论等。我这样的说法，也适用于不同的文化表现或价值观。

实践的外推就是针对科学、文化表现与信仰系统等的实践背景各自不同，因而在语言外推之上，须再进一步。如果你的学说或研究方案或研究心得是可以成立的，或者说你的文化表现可以普化，或者说你的信仰系统是有其在终极真实上的可分享性，原则上，应该可以从原来的实践脉络中抽出来，放到另外一个实践脉络中去重新脉络化，若行得通便还可以普化，并视之为试金石。换言之，可普性表示可以放到别的实践脉络中而仍然行得通。若行得通，便证明它有更大的可普性。如果放到别的实践脉络便行不通了，那你只能说它在自家中有效，但其可普性就不足矣，应该要先检讨自己。

第三，我称之为"本体的外推"（ontological strangification），或是"存有学的外推"。在我看来，每一个学科或每一个研究方案或每一个人做的一些研究，只是在建构一个微世界（micro-world）而已；更高一层，涉及群体意义的表现和文化建构，则有文化世界（cultural world）；再上一层，属于文化的核心，常是那些基本信仰、信念，其内核应是宗教的世界（religious worlds）。文明之间的冲突，常是来自宗教的差异和误会。换言之，对于终极真实究竟是什么，各宗教信仰的体会和坚持各不相同之故。为此，必须在这上面再进行外推的工夫。当我们进行学术研究之时，常会涉及科际整合。当然，就科际整合而言，在本学科与其他学科合作的时候，如果各说各话便不能形成真正的整合的界面。不同观点联结起来，比较能弄出某一真实或领域的一个较为完整的图像；但如果各说各话，是不可能做到的。那么，必须经过语言外推、实践外推、本体外推，逐步来进行。目前，各学科多少皆有科际整合或多元学科的素养，至于学科之间的争执往往只是茶壶里的风暴。反而，杀人盈野、剧烈冲突会发生在不同的文明与宗教之间，这就更需要加强这方面相互外推的工作。

本体外推是透过对于生活世界或实在本身或终极实在的迂回，从一个微世界、文化世界、宗教世界到另外一个微世界、文化世界、宗教世界。举个微世界的例子，譬如说你是研究心理学的，你要跟社会学合作，有时候会有困难，觉得社会学用的方法和论述你不能接受。哲学也是一样，我们内部自己觉得论述得很好，可是一到了外面世界，人家不一定这样认为，反而会觉得隔阂，不容易进入哲学论述。本体外推的意思，是经由对于实在本身，例如人、社会、自然，甚至是终极真实的迂回，进入到别的微世界或文化世界或宗教世界之中。

再举一个例子来讲，美国诗人弗罗斯特（Robert Frost，1874—1963）曾写了一首诗——《雪晚林边歇马》（"Stopping by Woods on a Snowy Evening"），写诗人林边驻足观雪的诗情，然而诗的语言大不同于森林系的学者对于森林的描写。森林系对于林相的研究，和一位诗人对于森林的感受大不一样。但是，两人若都到雪晚林边走一走，换言之，到实在本身里去体验，会发现彼此有很多共同点可以说，可以进入到对方的意义世界。

在这方面，特别是族群间的互动或宗教间的交流，若能说别人的话，或是说别人可懂的话，以及把自己的看法放在另外一个不同的文化组织、社会组织当中重新脉络化，然后共同去体会终极真实开显的不同面貌，可以说是沟通过程里非常重要的一个过程。我觉得，如果能透过这些步骤，那么存在于哈贝马斯说法中的困难就可以解决了。哈贝马斯的困境就在于他太理想化了，他设定的是一个理想沟通情境里面的一些有效性要件，但在实际的社会生活中，我们可以说，透过语言的获取、外推以及相互外推的步骤，才有希望达到社会生活与宗教层面的理想沟通。

我再简单说说相互外推。从外推再推一步，就是以交谈作为相互外推。换言之，在语言的相互外推上，A应该说B能懂的语言或论述，而B也应该说A能懂的语言或论述，真正的交谈才会形成。在实践外推上，A从自己的实践过程，知道自己的心得只是实践方式之一，必须放到B的实践脉络，去寻找可以分享、行得通，甚至放诸四海而皆准的可能性。换言之，你必须放到另外一个实践脉络，放进对方生活世界，经过一番重新脉络化的过程，看其效力可不可以因而普化，而对方也应如此对你为之。最后，本体外推，在其中A必须对B透过实在本身，甚至终极真实的体会，进行本体外推，而B也对A透过实在本身或终级真实的体会，作本体外推。在这过程中可以相互陶炼，希望能够提炼出一个可共同分享的核心。

七、结语

以上，我从欲望与身体的关系开始，讨论人对意义的寻求，并不只限于个人诸种表象或再现的形成，最后完成于语言；而且，人一旦进入语言，便进入社会层面。我用沟通来贯通不同层面的人际互动，包含科际整合、文化交流与文明交谈，最后甚至进入文明交谈的深核，亦即宗教交谈。如此一来，可以说我们已经打通了人文学科与社会学科的任督二脉。甚至因着宗教而涉及了终极真实。然而最基本的看法，在于人不断地外推与内省，相互外推与自我检讨，形成不断辩证上跻，向上前进，不断形成可普化的内涵、价值与表现。是所祝愿。我的论述到此为止，以下是相关讨论。

问答与讨论

方孝谦老师：请问您对主体的看法为何？因为您刚刚的演讲中，提到了李欧塔、哈贝马斯，就是没提到福柯，但是福柯显然对主体有很大的意见，所以想向您请问对主体的看法。

沈清松老师：我的看法是，先说明身体，再说明身体中欲望建构意义的作用，而避免用"主体"这个概念。你也知道，在哲学界里，自从海德格尔之后，对于"主体"这个概念有很大的批判，这也是为什么我在此避免谈到"主体"的原因，虽然我自己有一个"形成中的自我"的想法，代表我对所谓"主体"的看法。其后，在传播理论里谈到对于主体的解构，也只是这一部分的延伸。也就是说，一般我不用"主体"这个概念，但是我用"自我"（self）这个概念。我对于自我的想法，即是"在形成中的自我"。我主张并没有一个"实体"（substance）的自我，我认为其实自我是不断地在形成当中，尤其在"行动"（movement）中有明确的意义形成之时，就在那一刹那可以称为有"自我"，然而随后又进入新的形成过程。

当然，自我也是一个语句中的主词，然而语句必须明说出来，此时"我"才有所指。不过，我虽然在说我的故事，然而我的故事仍在形成当中，也因此，"我"是一个开放的概念。当然，由于主体是近现代很宝贵的遗产，我不愿意极端到把整个近代以来的主体概念推翻，但是我觉得"形成中的自我"这一个概念比较适合。至于有时我们会坚持有一个主体，其实有的时候不一定是必要的。比方说，我们往往在看了传播的内容之后，我们以为这就是我自己的意见。或者，福柯所言，主体只是权力的效果；真正历史的主宰是权力。或说，自我其实是在许多不同表象组合之下而有的一种主体的幻觉。我赞同对于这样的主体进行一种解脱的工作。不过，这意思并不代表我们没有一个意义的动力的核心与不断形成的自我的过程。也因此，我把它称为"形成中的自我"，在形成中展现自我，在展现之后又进入新的形成过程。

简妙如（博士）：您修正了Habermas（哈贝马斯）的沟通理论，把它转化为一个"默会的共识"，但Habermas考虑到很多政治权力的运作，请问在语言的外推中要如何处理权力与政治性的因素？

沈清松老师：我说的是，在哈贝马斯的沟通行动之前，预设了有默会的共识；在"默会的共识"之后，还需要有语言的习取以及外推和相互外推。其实，在哈贝马斯所探讨的多元社会中的共识形成，我认为就沟通理论来说，他并没有好好面对权力的问题。因为他如果好好面对权力的问题，他就不会只是提出理想的沟通情境与效力要件。倒是在他的前一个时期，也就是在他的批判时期，更能面对权力的问题。不过，我觉得哈贝马斯在"批判"上，特别是在意识形态的批判上，并没有太大的原创性。基本上，他只是把弗洛伊德对于个体的无意识批判，转移到集体的无意识，也就是意识形态作为一种集体的无意识的批判，化无意识为有意识。在我们意识得到或看得到的社会现象中，我们先讲个体的潜意识，如果那些歇斯底里或意义的扭曲，如说错话、写错字、做梦，都是有意义的，其意义在于无意识中欲望与相互冲突，甚至是经过挫折形成的，其中有一种结构性的决定关系。如果要了解一个人为什么患失语症，必须回到其内在意义的动力，或是挫折，或是压抑，或是欲望相互冲突等去了解。

进而，这一形成过程是有其历史性的，弗洛伊德的理论说从婴儿时期的性欲就出现了这个问题，其实，不如说是其过去的历史决定了的。弗洛伊德告诉我们的是，一个人过去的历史对于人所产生的决定作用。至于这一历史是否只追溯到婴儿的性欲？我认为不一定。在个人的一生里，就好像打计算机时不能随便乱按，你乱按了它就变成无意识，会影响你以后的操作，同样的道理，过去的挫折会影响现在。但是，时间中发生的事件并不仅限于婴儿时期的性欲。就此看来，除了无意识的结构性决定，其过去的历史对于身体出现的症状，也有"生发性"的决定关系。

在我看来，哈贝马斯只是将弗洛伊德这个思想架构放到公共的意识形态里来讲。什么叫意识形态？意识形态就是社会上各种不同的价值观与社会关系，其中当然包含权力关系。当前社会中有各种现象，其之所以会出现，与这些价值和社会关系（含权力关系）等原先的存在有关。后者对于社会现象的产生有一种结构性的决定。然而，这种决定和这个社会的历史文化在过去时间上的经历的过程有关。尤其是在历史上形成这个社会自我认同的重要事件，称之为"奠基性的事件"，就是指形成这个社会集体无意识的重大事件，它们对于集体潜意识的形成有所谓"生发性"的影响。

我认为这一架构能把这两种理论都解释了。弗洛伊德所讲的是放在个体无意识，也就是欲望的领域；而哈贝马斯把它搬到意识形态上，而后者也就是所谓的集体无意识，基本上，有结构性决定和生发性决定两种，而哈贝马斯也还是没有转离这一模式的运用。哈贝马斯认为，批判是一种反省，透过批判性的反省，可以将无意识提到有意识的地位，使人们能够解脱，不再受它的决定，但是，不受其决定并不代表人就可以取消它的存在。人只是在批判之后获得启蒙，不再受它决定，但它（社会关系与价值取向）并没有因此不见了。这就好像佛说苦难是因缘生灭而形成的。但是，佛觉悟了，因此可以从因缘的决定中跳出，可是并不因为他这一跳出、这一觉悟，就把所有的因缘锁链取消掉了。哈贝马斯后期转向沟通行动理论，并没有再进行对权力的剖析。在这两者之间，他并没有过渡得很好，因此他就只能谈谈理想的沟通要件。

批判与沟通可以说是一体的两面，且在批判的作用中也包含着某种的语言获取。首先，必须获取一种语言，才能够觉察到这论述内在的状况。就像我刚才说的欲望，必须发展成为一种语言，才能进行沟通。所以，我所说的反省并不是一种简单的、内在心理的省察，更是一种语言的学习，透过语言把一些内在不被觉察的状态呈现出来。而且，语言学习的过程同时也就是一种外推的过程，也就是让内在状态在另外一种脉络里面获得了解。我觉得，如此一来，"批判"的意思与语言的关系就会更为明确化了。

方念萱老师：语言的外推与哈贝马斯的沟通如何比较？

沈清松老师：哈贝马斯的沟通四理想要件中，也提到所谓的"可理解性"（understandability）。不过哈贝马斯并没有再好好地探讨如何构成"可理解性"。可理解性不只是达成理想沟通情境的有效性要件之一，它本身就是一个语言习取与外推的过程。可以说，语言的习取与外推是有连接性的，且进一步凝结出"可理解性"。可惜，哈贝马斯对什么是可理解性，并没有再好好进一步去探讨。真正说来，在整个沟通的过程里面，有必要用对方可理解的话，甚至就是要用对方的话来说出去。哈贝马斯在这一方面并没有再予以延伸。虽然他在晚年讨论公共领域中的宗教，认为宗教语言有必要翻译为世俗的话，但并非对方可理解的话。我认为，"可翻译性"，也就是翻译为对方可理解的话，也是一个很重要的议题，或可说是我对哈贝马斯的一个进一步的发展。

哈贝马斯与伽达默尔之间有一个争执。哈贝马斯在相当程度上受到乔姆斯基的影响，认为可以从最简单的形式生发出复杂的语句，如果我们能够掌握日常语言规则，由于日常生活中语言都是在语用的层面，则他认为有一方法可以把日常生活的语言规则给呈现出来，这时人们相互理解的依据就可以获得解决。不过，哈贝马斯并没有将重点放在此处，他的"普遍语用学"并不是在于建构日常语言的规则，并不是再度整理语言理论。事实上，批判期的哈贝马斯，非常重视权力以及权力对意义的传达造成的扭曲作用。他对于伽达默尔所谓"权威"或"先见"，就是每一个人他总有一个先在立足点来看待事物，哈贝马斯认为"传统""权威"和"先见"这三者，常常是传达了一个被扭曲的意义，而扭曲的原因是权力的介入。然而，伽达默尔却认为，古典的研究显示，诠释的过程免不了权威和先见，而且传统既为意义在时间中的流转，诠释者的理解若合乎真理，也将成为传统的一部分。

所以，我们可以说，哈贝马斯沟通行动论中所谈的"权力"是他从批判理论中转折过来的，至于整个沟通程序，作为寻找理据的过程，太过度地被"理想化"了，以至于原先他有关权力对扭曲意义的作用没有再整合进来。

蔡笃坚老师：哈贝马斯为什么认为现实的沟通环境会被扭曲？所谓的理想的沟通情境又有什么预设？似乎哈贝马斯预设了整个社会的发展与个人心智结构的发展，有一个平行的、对应的关系，基本上是不用去担心的。这是一个基本假设，而在这个基本假设之上，他回到一个政治经济形态，就是说现实的沟通为什么被权力扭曲？是因为整个公民社会在扩大的过程中，系统性的力量介入了生活世界而造成了沟通的扭曲。因为它有一个这么大的假设在那儿，所以哈贝马斯后来转向对政治哲学，最重要的是希望重建一个理想的沟通情境的程序性的规则。如果从这个观点来看，不知道沈老师是不是抨击他刚开始就进入了一个社会性的建构与个人性的建构的落差？

沈清松老师：您所提到的，有点类似皮亚杰的说法。皮亚杰的心理学中提到，社会的发展与儿童心理的逻辑组织的复杂化有密切关系。一个小孩子的成长，其逻辑的复杂化与他所认知的社会的复杂化是相关的，但这关系是需要证明的，而不是假设。哈贝马斯常常借用其他学说来配合自己的理论，他比较少对自己理论提出正当化的论证。例如我们可以问他，为什么只有四种声称？为什么不是只有三种？为什么不是有五种？这些都是要去证明的，但是证明的部分他比较少做。我认为在哲学中，基础性、批判性的思考，也就是针对自己理论形成的理由也要提出适当的证明。

刘慧雯（硕士）：哈贝马斯所谓的共识与真实之间的关系为何？

沈清松老师：我对于真实的基本概念是：区分真实本身（reality itself）与建构的真实（constructive reality）两者；我们谈的自然本身，或是谈到欲望与意义的动力，至少有一部分是属于"真实"；但我们对欲望的了解，运用表象、语言去表达，就是一种对于真实的建构。然而，建构的真实并不等同于真实本身，所以我们还必须对所有的建构作解构，认清建构的真实并不等于真实本身。

哈贝马斯提到"系统对生活世界的殖民"，然而到底什么是"生活世界"呢？对我而言，生活世界是介乎"建构的实在"与"实在本身"的中介，因为在我们的生活世界中，自近代以来科学与技术扮演着极大的建构作用，因此有越来越大的一部分是建构的，可是，仍有一部分是实在的。我曾提出一个看法，叫作"参与性的建构"，一方面代表了科技系统介入真实世界，以便了解并方便操控世界，然而，生活世界总有一部分仍是真实的，例如大地以及其中的山川、河流、森林等等。

可见，讲到生活世界之时，总有一部分会讲到实在本身。可是，哈贝马斯的问题在于：他总避免谈论实在本身。他避免讨论存有与实在本身，因为他害怕落入存有主义（ontologism），也避免对实在本身做任何的讨论与肯定，认为若是这样，共识就不可能形成了，我们就必须屈服于实在本身来发表论题，这就没有共识的可能了。哈贝马斯希望透过共识去达成真理，但共识并不一定等于真理。哈贝马斯的说法并没有任何办法阻止系统继续对生活世界殖民，除非我们肯定有实在本身，必须去加以维护。尤其到了后现代思潮中，真实消失了，因为主张真实存在的都被批评为背后有一个客观主义的假定，所以后现代将一切都放入"模拟真实"中，人可以建构再现，而再现更可以变成"拟象"，这其实只是一个更彻底的殖民。我认为，"生活世界"概念本身需要重新考虑，也就是说，生活世界中既有建构的实在，但也有实在本身。在中国传统中说"道可道，非常道"（《老子》第一章），可道之道并非常道，也因此，可道之物都是建构的实在，并不是实在本身。我们可以说，如果终极真实是真正终极的，应可允许其不同的显现与建构的实在彼此相互沟通，否则，至多只是排他主义的借口而已。然而，一般而言，建构之物、建构的事件，也不就是实在本身或事件本身。这两者是有差异的，然而生活世界正是在这两者中间重叠的部分。

臧国仁老师：海德格尔的存有与实在之间有什么关系？

沈清松老师：海德格尔的"存有"不是概念，因为存有若成为概念，就成为一种"概念性的存有"，那就是"可道"了，所以海德格尔在晚年的时候，甚至在"存有"上打个×，而德希达等人就说那是一个最后的书写，因为这个书写说出两件事：1.存有是不能不说的，因为若不说，人们就不知道；2.可是若一说出来，就变成概念了，所以一旦说出，就须涂抹掉。在中国哲学中，这叫"随说随扫"。这也是解构的精髓。我们都需要概念，需要表象，可是表象不过是一种建构的实在，所以要用解构的方式加以涂抹。

但是，海德格尔的存有是相当模糊的，如果我们说"道"是一种生生不息的存在活动本身的话，可是海德格尔的"存有"似乎是当人进入到一种"了悟"的情境中揭露出来的存有思想（Seinsdenken）。存有是一种"能自行开显者"，你必须以其他方式来让他自行开显，不要用你的概念、你的再现来挡住他的来路。这种了悟不能有所指涉，必须以它自己的方式来揭露，所以是相当模糊的，跟"终极真实本身"是有相当的差距的。海德格尔的存有好像变成是历史的动力，在时间中展现之后，成为命运。他说："历史就是命运。"因为历史就是存有，这很不清楚，又很吸引人，他也不愿意去多加谈论。而且，他早期谈的存有跟他晚期谈的存有又有所不同。最后他说："语言是存有的安宅"，换言之，语言是存有的家，存有就住在语言里面，"若无一字，无物能是"，换言之，如果找不到一个适当字眼，没有一样东西可以显示其存有。他谈原初的语言是诗，以诗为最原初的语言，在其中，诗人给世界重新命名，因为你发现了事物的崭新面貌，说出来了，才任其存有呈现出来。这跟我刚刚所说的，从欲望到可理解的表象再到语言的过程，有相近的地方，因为如果不说出来，意义就没办法完整地形成。

　　然而，海德格尔又不一样，因为基本上他还是属于一种存有的思想，一种"凝思"，是谈论根源，无论是艺术、建筑，还是诗中所显示出的根源，至于是否能整合到其他的理论（比如传播理论），则还有困难。我认为如果用他的理论来谈实在本身，只会把实在给更模糊化了。

　　方孝谦老师：是否作为一个人就一定要接受康德所说，身为人就有这一套先天范畴，当作我们了解的资具，借以认知真实。这是个一定的假设吗？

　　沈清松老师：不一定，因为康德的先天范畴假定了整个传统的逻辑学，还有牛顿的物理学等那一整套观念系统，所以，是牛顿系统的科学家必要的假设，但不是人人都要有康德式的范畴。不过，由于我刚刚所说的"实在本身"和"建构的实在"的关系，我想既然人人都在做建构，就这点讲，便会有各种建构的预设，至少是可相互沟通、相互理解的。

　　方孝谦老师：我是感觉真实只存在于我们语言的沟通里面。

　　沈清松老师：真实为语言所揭露，这是没有疑问的。可是我们不能像海德格尔所说：因此，揭露性就等于真实。语言旨在揭露真实，但揭露本身并不就是真实。现代科学哲学走向建构主义，认为我们的知识、理论都是一种建构。然而，这里面有一个根本的问题，在现象学中指出，我们其实是以"建构的方式来揭露"的。可别忘了，我们都是用建构的方式来揭露真实，我们没办法用别的方式，因为我们的表象、语言或者再现，都是一种建构。不过，虽然是透过建构来揭露，目的还是在揭露真实本身。然而，若依照你的推论，会使我们一直都只停留在语言而已。其实，"揭露"与"建构"两者之间有某种辩证关系，我们是"为了揭露而建构"，而不是"为了建构而建构"。现在有很多问题，都出在"为了建构而建构"上。

　　钟蔚文老师：但什么是真实呢？如果建构是为了揭露，那判准为何？如何知道我是在揭露，而不是在建构呢？谁建构的东西比较接近真实？

　　沈清松老师：这牵涉到哲学中的两个区分，一个是命题式态度（propositional attitude），另一个是非命题式态度（non-propositional attitude）。不要以为一切都形诸语言才是建构。譬如，我们在路上看到一条很凶的狗，马上感到害怕，这时我们有一种认知，不过这一种认知不一定形诸语言，这是一种non-propositional attitude。如果我们说出"这狗好凶"，已然形成一个命题。不过，"这狗好凶"这个命题本身并不凶，形成了语言也不代表知觉本身。就好像我们说，"我的牙痛"，这个命题本身并不痛。如果我们把non-propositional变成propositional，那个体会的意思就已经失去了。"凶""痛"，其间正好显示出建构与揭露之间的关系。你可以透过语言的再现去建构你的"痛"，可是痛的本身并不一定是语言的，所以这里面有一个根基，就是我说的实在本身（reality itself）。我想，新闻界对于地震、核灾、火灾等的报道，常能引人动容、同情受害者，大概就是将心比心的结果吧。

所以，我刚刚要从身体讲起，因为身体就是基本的实在本身，从身体到外在的环境，某种程度之下，"环境"就是"现实"。当然，还可以进一步区分是社会环境或是自然环境。不过，"环境"之中有一部分是建构出来的，因此，我们也可把环境视为是生活的世界。其中有一部分是实在本身，有一部分是建构的实在。如果只停留在语言之中，人就很难逃出来，因为语言本身就是建构的东西，只有当语言失败时才能有所觉察，实在并不是你所建构的那样，这就是我们在错误中学习的依据。所以，这里就形成了一个消极判准，就是当语言失败了，"实在"就显示出他自己，显示某一建构不适用于实在。海德格尔也认为当一件事行不通了，才会发现它的存在，好像你平常并没有感觉到你的心脏存在，但是只要你的心脏出了问题，你就会感到他存在了。

钟蔚文老师：有些东西，比方新闻稿，我什么时候晓得这个语言是失败的呢？也许如何知道失败这本身就是一个很大的问题啊！

沈清松老师：新闻稿就比较麻烦了！因为我们都不在现场。现在的做法是利用互为文本（intertextuality），比较不同的故事，就能发现不一样，而且根据其一致性（coherence），而指出失败的可能性。当然，最重要的还是身体的临在。就是说，你必须亲临那个现场，你才有个依据来判断那个文本是不是对的。换言之，对实在本身临在的经验，可以帮助我们去判断那些再现。

我要再补充一下，我刚刚说的外推还有本体的外推。基本上，不同的学科、不同的方法或信念，使我们各自构成一个微世界。不过，可以透过外推，如现象学所说的"到现场去"，临在于实在本身，有助于我们了解另外一个微世界。如同前述，一位森林系教授对于林相的研究，和一位诗人对于雪晚森林的感受可能很不一样。但是，两人若都到雪晚林边走一走，换言之，到实在本身里去体验一下，会发现彼此有很多共同点可以说，可以进入到对方的意义世界。就新闻稿的写作来说，对于重要事件，可以派多人赴现场，以图像及口述回报，再综合为一报道，或可增加其可信度。

臧国仁老师：这个问题在新闻报道中要复杂十倍。新闻记者了解了，读者透过记者的稿子要再回过头来说它的报道对不对，就更难了。即使到了临场，我只不过是另外一个记者，也不一定有相同的判准。

沈清松老师：对了，五个人面对同一个风景，或同一件车祸，报道很可能各有不同，但是，其梗概定有所重叠吧。所以新闻工作不只是报道，还有分析、批判的功能。传播的过程是透过再现、诠释的重构，但如果用更复杂的语言来再现时，就可以把这个实在用更明确的方式再现。此外，还可运用另外一些人或文章作分析，用不同的语言或论述，来使实在更为明确。我的假定是：当语言更为复杂之时，其所传达的意义应是更为明确。

徐美苓老师：人类学者沙皮尔和霍尔夫曾经提出语言与思想的关系，不过他们的说法似乎只处理到语言建构真实，而没有注意到真实的这部分。

沈清松老师：在传统哲学里，譬如说在亚里士多德哲学中，是区分reality、thought、language三者。换言之，在事物为形式，在思想为本质，在语言为定义。思想是先对事物的形式，作一种认识，抽出形式，成为本质；然后思想中的本质再透过语言表达出来，成为定义。但到了当代，像福柯的书如《字与物》（*Les mots et les choses*），其中思想的层面不见了，只剩字与物。然而，思想也受到语言的决定，例如我们看亚里士多德当时的逻辑学，他的形式逻辑受到当时希腊语文很大的影响。然而，思想是不是就完全等同于语言？

其实不然。如庄子所说，"圣人之用心若镜"（《庄子·应帝王》）。思想好像镜子一样，映照实在，当你澄静之时，冥想的思维便任事物本身向你呈现，那时并不一定是语言性质的。可见，思想仍有照见真实或其他作用，不光是语言的结构化而已。当然，思想的逻辑结构与语言的结构有着很密切的关系，但思想的功能似乎并不仅止于逻辑的功能。例如，在欲望成为表象甚至成为语言的过程中，也会有一些东西流失了，这些流失的东西就没办法被寻回了。所以，我不倾向将思想等同于语言，可是我也不愿意无条件地回到亚里士多德那种三足鼎立的想法——"在事物为形式、在思想就成为本质、在语言表现出来就成为定义。"然而，逻辑思想受语言结构的影响很大，逻辑的结构本身就和语言的结构有相当大的关系。另外，海德格尔说，开显的真理优先于逻辑的（符应的）真理，因为人必须先发现有物呈现，才能进而知道这物是什么性质的，要用什么语言来描述它。他的意思是，你要预备一个场域，在其中让事物可以呈现，然后你才可以进一步建立命题，谈理论的相符或不相符。

第八章 从人文信仰到宗教信仰：现代心灵困境的出路

一、引言

由于群体生命的特质，一个人无论是在国内居住，还是在海外奋斗，若想要有意义地共同生活，一定要有共同可分享、值得奉献的理想，这或可称为"人文信仰"。然而，人文信仰就哲学上言仍有其脆弱性，不但可能无法保障自身，屡变屡迁，甚至自信满满的人，最后也可能自我背叛；更深入言之，有深刻基础且有长远价值与意义的人文信仰多来自宗教，或与宗教信仰有关，为此我们必须进而了解宗教信仰，是以有必要讨论从人文信仰到宗教信仰的过渡，以作为群命与天命之间的桥梁，在适当时机，再迈向下一步的宗教信仰。

近些年来，虽然由于经济发展，人的物质生活渐趋丰盈，然而，人的精神生活却日益贫乏，人心浮荡不安。由于物质、权势与名声等终究无法抚慰心灵，于是不少人转向宗教，祈求获得心灵安慰。其实，首先应检讨的是，人文信仰为何如此薄弱甚或阙如。少数的上焉者虽仍相信仁爱、正义、自我实现等，然下焉者相信金钱、名誉、权力，再下焉者相信拳头、暴力，为了成功无所不用其极。虽然晚近在港台，佛教、道教、天主教、基督教等各大正信宗教皆有某种程度的宗教复兴现象，然而也有一些与养生、灵验相关的新兴宗教吸引了不少人的信仰，甚至有人假借宗教之名，行诈骗之实。这往往是维系群命的人文信仰缺乏所造成的结果。

国人虽有朴实之人文精神，但对于应如何予以提升，却不知如何是好；虽有虔诚的宗教信仰或求信的心灵需求，但对宗教的正确认知却普遍不足。

这需要进一步探讨：为什么国人对于宗教一直没有深入的认识呢？基本原因在于国内一直没有适当与普及的宗教教育。在此所谓"宗教教育"并不只是指各宗教以传教为目的而施行的教育，如讲经、说法、传道等，而是指以学术研究为基础，具有比较眼光，能顾及人生、社会、文化整体脉络的学术性的宗教教育。

我们必须区分"传教的宗教教育"与"学术的宗教教育"。对于国民的宗教认知而言，后者比前者更为重要，借之国民始有判断与选择宗教的知识凭借。

国内宗教教育的贫乏，一直可以追溯到清末民初我国正式开始西式大学教育之时，当时对于宗教教育就未能适当予以定位，加上后来执教育牛耳的蔡元培先生更发表"以美育代替宗教"的说法，结果造成此后我国教育体系忽视宗教教育，其根本的不良后果有三。

其一，造成国人不能正确认识宗教，也不能认识美育的意义与限度，以为美育与艺术就真的足以代替宗教了，反而错估了美育本身的意义。而且因为宗教教育不受重视，对宗教的研究不够深入，不知道西方艺术与宗教密切相关，而中国艺术为呈现道体，也有其宗教性，也因此，遏阻宗教反过来对于艺术教育也产生了十分不良的影响。须知宗教艺术一直是美育与艺术中十分重要的因素，无论是在世界各大文明中出现的音乐、舞蹈、绘画、文学、雕刻、戏剧等种种艺术形式中，皆有许多宗教成分。如果不能了解其中的宗教深义，便无法充分发挥与欣赏其艺术与美学的内涵，反而使得宗教与美育两失，或者顾此失彼，仅重视美育，反而使美育肤浅。

其二，由于从小学到大学的教育内容中没有包括正确的宗教教育，使得国民从一般百姓到高级知识分子，多半对宗教无知或一知半解，以致不知如何正确看待宗教，也不知如何拿捏宗教政策，更无法对宗教事务作正确的判断。单靠法制法规，若无正确的宗教认知作为底子，并不足以引导宗教。其中也蕴藏着各宗教的作为与政府的期待不能相合的原因。

其三，值得注意的是，宗教教育未能成为普及的正式教育的一环，宗教研究未能普遍成为高等学府学术研究的对象，其损失不仅在于连高级知识分子都不能正确认识宗教，更严重的是我国的宗教学术研究严重落后。以我国丰富的宗教资源与宗教历史，当西式大学在中国初兴之时便能起步，以中国人的才干，如今早就领先世界各国了，至少对于"中国宗教"的研究，应能超越他国才是。然而，目前不说一般宗教研究，就连对中国宗教研究的权威，仍是在欧、美、日学界。目前欧、美、日在宗教研究方面十分深入，且已累积相当丰硕的成果，即使对中国宗教的研究也不例外。我国的宗教资源极为丰富，宗教研究却落后外国几十年，殊甚可惜。

宗教一方面应立基于人文精神，另一方面又需进而延伸并提升人文精神，到达超越的、神圣的终极真实领域，才能真正满足个人与群体的终极关怀。这就有待于深入地对于人文与宗教关系的探讨以及加强宗教教育和宗教研究。为此，今后对于人文的深度与宗教之关系，对于宗教教育和宗教研究，非但不能再予忽视，而且必须及早推展，更加重视。

二、在现代心灵困境中寻回值得奉献的理由

人文信仰与宗教信仰的问题，在今天和未来的社会中，将是越来越重要的问题，因为人是渴望生命意义的动物，人们的心灵会日愈需求对意义的探索，尤其是终极意义，需终能抵达终极真实之境，才能免除内心潜藏的焦虑，真正满足个人与群体的终极关怀。就当前的社会与思潮现况看来，无论是现代化的弊端或后现代的挑战，都积极地或消极地敦促着人们奔向更深刻的人文信仰与宗教信仰，寻求心灵安慰。

首先，现代化历程的加深，已经出现了许多弊端，举其要者有二。其一，现代化的一大要素是理性化，然而，理性的过度膨胀，反而造成理性本身的贫乏化，使得现代人的生命日益缺乏意义。正如伽达默尔所指出的，西方启蒙运动独尊理性，反而使理性思想走入贫困之境，如患贫血症然。①其二，现代人否认彼岸世界，认定生命的目的就在此世。然而，可悲的是，举凡俗世可得的快乐和利益，皆不能满足人对生命意义的渴望，于是引发更多的不满、挫折与焦虑，进而造作更多的劣行与社会问题，借以填满内心的空虚，随之又带来更大的不安。

其次，就后现代的挑战而言，人类踏进21世纪初，一般人的生活逐渐弥漫在虚无主义里面，而且社会规范也逐渐解组，理想价值多元化，甚至只要行得通，什么都行。于是，人们不知何去何从。原来在19世纪末20世纪初，所谓"虚无主义"②一词曾有一深刻的意义，亦即"重新估订一切价值"。可是，在今天，"虚无主义"已经变得肤浅化，代表心中毫无生命值得奉献的理想的状态，无论是人文的还是宗教的。尤其是新新人类，我们正眼睁睁看着他们走进社会的虚无主义当中。

---

①Gadamer, *Wahrheit und Methode: Grundzüge einer philosophischen Hermeneutik*, 250–260.
②关于"虚无主义"与当代文化之关系，参见Goudsblom, *Nihilism and Culture*, 3–18.

　　换言之，当前的虚无主义是人们的一种心灵状态，只追求眼前的利益和快乐，心中却没有值得生命奉献的长远理想或理由。传统的价值规范已经逐渐失去它在人们心中的作用了，很难再激起人们内心的生命的活力和理想。现代人需要重新寻回值得生命奉献的理由，然而不知如何是好，无所适从，甚至遗忘了寻求意义，或否定心中有此需要，甚或连"遗忘"都被遗忘了。然而，其心灵却也因此不满、焦虑，甚至作怪，胡闯乱撞而仍不掩其焦躁不安。因此，对于人文信仰和宗教信仰的重新认知就变得非常重要。首先，必须建立适合人心、人性的人文信仰；其次，知人文之脆弱或更需超越的根源，因而有必要探索宗教信仰。

三、从人文信仰到宗教信仰

　　为了正确认识信仰的作用，我想有必要将它放在虚无主义威胁下的生命意义探索的脉络中予以了解。值此21世纪初，全世界都正在走进虚无主义的幽谷中，众生熙熙攘攘，能有明确生命理想者毕竟是少数，能对生命理想有深刻的论述更不可得。在此情况下，有关生活意义的追寻，生命的终极意义究竟何在的问题，更加值得加以探索。我想，所谓"信仰"正是个人或群体对于生命的意义最后基础所在的一种心灵上的投注，其中可以区分为两种：一是人文信仰，一是宗教信仰。[①]

　　所谓"人文的信仰"，是认为生命的意义在于像真、善、美、和谐、正义等这些出自人性与人心的要求，而且人心终会对之追求、人性终可予以实现的价值。对于人的生命意义而言，这是非常重要的。一般而言，人文信仰具有以下几点特性：

　　1.历史性：人文信仰所针对的人生理想多是在时间中发展，经得起时间考验的，经过历代许多人追求、印证，仍然觉得深富意义。例如真、善、美、仁爱、和平、和谐等，都是载诸经典、历久弥新的人文信仰对象。由于它们经得起时间

[①]关于"人文信仰"与"宗教信仰"的区分，参见沈清松：《追寻人生的意义》，台湾书店1996年版，第165—174页。

的考验，具有历史性的价值，所以使人更觉得弥足珍贵。

2.时代性：随着时代的改变，人们不会固定于崇尚某些价值。由农业社会进入工业社会、后工业社会中，皆有不少新价值出现。例如，值此工业社会/后工业社会，人们更强调自我实现、信息流通、工作与休闲均衡等价值。这是由于时代使然，人总是追求新的事物与价值。人总是在与时俱进，不愿意落于人后。人对于人文价值，总是会要求日新又新，以合乎时代性。

3.亲切性：由于人生理想是来自每个人心灵内在的要求，因此对于每个人喜爱的价值，特别会感到亲切。其实，每个人总应选择适合自己兴趣和个性的价值，宛如发自内心的呼唤，才会倍感亲切，愿意为它奉献生命，这样的人文信仰，可谓"切身体验，无可推脱"，亦可谓"如人饮水，冷暖自知"。

其实，每一个人，只要生而为人，便应该有人文信仰。那如何选择人文信仰呢？

首先，一个人应该选择适合自己兴趣和个性的一个或多个价值，作为奉献生命的理由。这点虽可以"尝试—错误"的方式为之，例如，先选了一个价值理想，随后却发现该理想与自己个性不合，总可以再改正，换别的一个，但总得有值得生命奉献的理想。

其次，择定之后，应日日实践。一个人若想追求知识、创造美感或实践道德生活等，最重要的就是去实践，而不只是止于观想或论述而已。换言之，如果你爱好正义，那就要常打抱不平，为弱势者奋斗，常为社会正义而努力。你若重视和谐，就要常常与人沟通，进行协调，促进个人、社会或团体的和谐。你如果认为生命的意义是仁爱，那就应该常常分担他人的痛苦或喜乐，凡事包容，凡事忍耐，多去助人，日行一善。如果你认为生命的意义是在于真理，那就要不断研究，挖掘真相，追求正道，探讨真理。

最后，人与人之间、团体与团体之间，总难免有所追求的价值彼此相互冲突的情况，这时候应透过耐心沟通，解决所追求价值与人文信仰的差异甚或冲突，寻求更高的共识或可供分享的价值。因为别人的价值与我的不同，其人文信仰与我的不一，并不能证明彼此有冲突的必要性，而只能证明世间有偌多值得生命奉献的价值理想。人们应透过耐心沟通，彼此更加了解，认识彼此价值，知道世间价值的多样性，分享世间人文信仰的丰富性。

的确，人文信仰能使人们的生命有意义。不过，随着生命的成长，世事日趋复杂，世事纷然杂沓而来，人终会发现：每个人都是有限而且脆弱的，最后每个人，包括我自己，都可能背叛我原本的人文理想，使我所追求的仁爱、正义、真理、和谐……变成一场空，于是觉悟到：人本身好像不是人文信仰的最后保障。

如此一来，就需要向宗教信仰延伸了。所以，基本上，人文信仰是宗教信仰的出发点，而宗教信仰可以说是人文信仰的延伸。

宗教信仰不把真、善、美、正义、和谐等价值的最后基础只放在人身上，而是投注在某个超越者的身上。此所谓超越者，是上帝、佛、安拉、老天爷等，或是古希腊所谓"不知名的神"，或是最后说来，一如唐君毅所说，在遥远的远方，一切心灵的虔诚终会相遇。不论如何，最后都会肯定有一超越者。对于超越者的投注，就是宗教信仰最根本的基础，因此宗教信仰有其"超越性"。正由于相信超越者，在此超越的向度之下，超越者对信仰者便有了神圣性，也因为如此，我们所相信的真、善、美、正义等，才有可能变成神圣的价值。所以，"超越性"和"神圣性"是宗教信仰的特性。

但是，宗教信仰为了让人们能够接近"超越性"，体会"神圣性"，因而会有"制度性"的出现。所谓制度性的事物包括教会组织及其教义、教规、礼仪。"教义"是用以说明人、超越者和世界的关系，使人能借着认知此一关系而接近"超越性"，并体会"神圣性"。至于"教规"则是教会有关行善避恶的规定。就这点来讲，宗教是劝人行善避恶的。不过，宗教的本意并不只是在于行善避恶。各个正信宗教都有相当翔实的伦理神学，明确规定何者是善的、何者是恶的，并且皆有其理论与实践的基础。然而，这只是在教规层面而已，此外还须了解其全部教义与礼仪，而且重点在于：必须行善避恶，人才有适当的心灵状态或人格以接近超越者，体会神圣者。可见，行善避恶的目的，是接近超越和神圣。我们不可以随便说，宗教只是劝人行善避恶，这样就把宗教一笔带过了。因为宗教虽然都重视伦理道德，但其实并不只是伦理道德，而是更有其更深刻的精神层面。

最后，还有宗教礼仪。所谓宗教礼仪，是透过一些美化了的身体功能与动作，去接近神圣性与超越性。譬如，透过嗅觉的管道，在宗教仪式里点香以礼敬神佛，像佛寺里面点檀香、基督宗教中点乳香。其实，香只是代表一种仪式与心情，无论所点何香，无论是佛教或民间宗教点檀香，还是基督宗教点乳香，都只是因为当你一闻到香，就会感觉到自己对超越界的崇敬与神圣界的临在。又如透过听觉的管道，各种的宗教音乐，虽然旋律单纯而重复，可是你因而就可以感受到心神的提升与神圣的临在。此外，也可以透过宗教音乐或颂唱，像是梵唱或额我略圣歌，听出到底信仰虔诚的程度如何。如果只是像录音机一样地诵念，即使一遍又一遍机械般地重复，心灵上却毫无虔敬可言。此外，还可以透过身体的动作，例如透过合十、跪拜，去接近神圣性与超越性，这在各宗教皆有之，虽然礼仪各有不同。

可以说，一个宗教在以上几个特性上越是完整，它就是一个越好的宗教。一般国民常不知道要如何选择宗教。其实，一个宗教的"超越性""神圣性"以及"制度性"这三方面越是高深而完整，它就越是好的宗教。如果只是一般的迷信，那它的教义、教规、礼仪就根本谈不上，往往只是用一种功利的态度去对待神明，换言之，我崇拜你，你给我这、给我那（如财富、婚姻、儿女等）。所以，这三个条件也是可以用来判定宗教好坏的标准。

此外，还有一个标准：宗教信仰应该是人文信仰的完成，一个宗教越能完成完整的人性的需求，实现人内在的潜能，而且人有力量去完成，便愈是好的宗教。相反，如果一个宗教信仰违背人文信仰，比如说它叫人做坏事，它破坏仁爱，不守正义，不真，不善，不美，不遵守人间的道德规范与法律规范，总之，不以人文信仰为出发点，那它也一定不是个好宗教。因为，从其所结出的坏果子，也能看出结这个果子的树也是坏的。不过，我们必须弄清楚，有些宗教坏，是因人为的因素而坏的，有些则是因为历史的特定条件下坏的，并不是由于宗教本身的教义、教规、礼仪鼓励人去做坏事或犯错。人在历史上总难免会犯错，可是若不是由宗教的超越性、神圣性，或教义、教规、礼仪所衍生出来的，而是个人因素或历史原因造成的，那就不能把错误怪罪给该宗教。

四、宗教的世俗化与人文、社会参与

宗教虽然具有神圣性与超越性，但是，各宗教也都必须从其超越与神圣的传统下降，进入人间，参与社会的建设，提升人群的福祉。为此，宗教一方面必须不断提升向上，使人的心灵不断超越前进，迈向神圣；另一方面也必须不断下降，返回世间，体察现代人的问题，推动文化事业、慈善事业，关怀弱势人群，参与社会运动等方式，来响应个人与社会的需要，体现人间的温暖。

换言之，个人与社会需要在宗教中发现自己心灵的奥秘，表现自己内心对于超越与神圣的需求；同时，宗教也有必要了解社会、参与社会，为社会的福祉而尽力，才能带给人间超越的讯息和慈悲。

然而，就近代以降的社会发展而言，宗教的社会参与同时也是宗教俗化的表现。"俗化"（secularization）一词的外文来自拉丁文*saecularis*，意指"世界的""暂时的"之意。"俗化"原来意指教会财产被世俗政权所没收以供物质世界的目的之用。到了现在，则泛指自16世纪到21世纪之间整个人类生活，包括政治、经济、社会制度、习俗、知识、教育等，不再受到宗教制约，而更为重视人、事物与社会的内在需要与价值的解放历程。韦伯称之为"解除世界的魔咒"，而考克斯（Harvey Cox，1929—）和保罗·范布伦（Paul Matthews van Buren，1924—1998）则称之为"理性之人终于成熟"（the rational man finally comes of age）。①为此，宗教的社会参与，无论是出自何种宗教教义，如基督宗教的博爱，佛教的慈悲，也都必须遵照人、事物与社会的内在需要与价值去进行，换言之，必须做什么像什么，而不能以超越和神圣的道理来替代现代化的经营方法，更不能忽视社会与人本身内在的结构和动力，反而须带着超越与神圣的精神，进入社会内在按其规则来办事。

把"俗化"说成解放、解咒、成熟的历程，固然较能说出其正面意义，但并不能因此而忽视其负面弊病。因为宗教的俗化，是在整个世界的俗化的洪流中进行的。而世界的俗化，在精英或知识分子和在一般百姓或民间有所不同。知识分子的俗化，是由对超越界的信仰转变成对内在的信仰，由显态信仰转变成隐态信仰，于是走上客观主义、理性主义甚或封闭的人文主义之途。民间的俗化，则虽仍保有对于超越的神圣的显态信仰，但却用功利的态度来看待自己与神明的关系。所谓迷信，正是一种功利主义式、交换式的信仰方式。②

在此脉络下，宗教的社会参与也会有过度俗化的危机，也就是过度内在化、理性化或功利化，而遗忘宗教原本朝向超越性与神圣性提升的必要性。为此，如果太过沉溺于以内在化、理性化或功利化的方式去办事业、推动社会运动，甚至进行政治运动，也会失去原先宗教之旨，而变成与世俗无异，不但不能高尚其志，反而随俗流转，遇俗便俗，甚至有过之而无不及。如此一来，宗教的社会参与不但不能救世救人，反而会与世俗人一般争权夺利，甚或成为宗教乱象的来源。

由此可见，宗教的社会参与，必须时时从其教义、教规、礼仪与灵修方法出发，并在其启发之下，找寻其社会参与的精神资源，然后，必须能从现代化的理性知识与技术中获取社会参与的理据与方法。尤其重要的是，必须从对宗教经典

①参见Harvay Cox, *The Secular City* (New York: McMillan, 1965)；Paul M. van Buren, *The Secular Meaning of the Gospel* (New York: Macmillan, 1963)。
②沈清松：《解除世界魔咒》，时报文化出版公司1984年版，第153—158页。

的创造性诠释中，证成宗教的社会参与。在每篇宗教经典中，皆包含了丰富的符号、仪式、事件，皆可以"象征"视之，诠释其新意，也就是透过字面的、直接的、可见的符号，指向精神的、间接的、不可见的意义。

例如，在大多数宗教经典中皆有一"上去—下来"的象征，或神话学大师坎伯（Joseph Campbell，1904—1987）所谓"上去—取得某物—下来"的可普化结构。例如《旧约》中雅各布梦见天梯，在梯上有许多天使由人间上去通往至高神处，另有天使从至高神处下来降往人间。佛经上亦言上下两回向，人须由凡夫、罗汉、小菩萨、大菩萨……逐级上升，证得"实相非相"的实智，然后发大慈悲心，持方便智，返回人间。这一"上去—下来"的象征在宗教经典、神话、传说、儿童故事中的可普性，正指出人性中的一项真理：人必须不断超越，求得终极真实面容的显现，而且必须把这由于终极真实显现的光明与慈仁带返人间，照亮他人，为人间服务。我想，这双回向的对比张力，正是宗教的人文关怀与社会参与应有的精神所在，必须时时保持均衡，处处顾念事情的另外一面，在对比中寻求平衡与动力。如此一来，才能在动荡不安的世间，将人带回心灵的家园。对于心灵家园，人人皆向往之。而唯有那寻得终极真实者，可以说已然返家，回到心灵的故乡，得到平安。一如荷尔德林在其《返乡——致亲人》一诗所言：

> 是的，这就是老家，故乡的土地
> 你所寻找的，是如此贴近，迎着面而来
> 恰如浪子返回麦浪推拥的家门
> 张望着，寻找你所钟爱者的名字。[1]

其实，所谓"老家""故乡的土地"所喻指的，应就是人所来自的光明源头，亦为人一生所找寻的终极真实，是人文信仰与宗教信仰的汇集，社会参与和宗教超越之共同归趋。任何宗教的社会参与和世俗活动，皆应以此为终的，才不会被俗化所迷误，而忘其所本。

---

[1] Hölderlin, *Poème (Gedichte)*, 314–328.

五、结语

总之，值此21世纪初期，我们有必要致力于提高国民的人文素质和宗教认知，深切体认人文信仰的必要，以为身命、群命之归趋，投身仁爱、正义、真、善、美、和平、和谐等价值，作为群体与个人的价值理想。再来也应认清宗教信仰的本质，因而有实实在在的宗教理解，无论是信哪一个宗教，甚或还没有相信任何宗教，皆应该有正确对待宗教的态度与判断。更重要的是，国人有必要深化人文信仰，并借着来自信仰体系，如教义、教规、礼仪和灵修方法，来调整自己的心灵体质，并且时常予以重建，逐渐转化人文心灵。如此一来，才能真正克服当前社会规范逐渐解组、虚无主义弥漫的情况，追求理想与超越，善度一生，使生命重新获得值得奉献的理由。

在人文信仰方面，国人有必要根据历史性、时代性与亲切性等标准，选择适合自己的价值理想，建立属己的人文信仰，以便提升自己的精神生活。同时，有趣味相投者，则可聚为社团，共同勠力于价值理想的实现。在无论个人层面或群体层面，用更有耐心的协商程序来解决彼此价值观和人文信仰的差异甚或冲突。由于人文信仰上的充实，社会上不至于充斥着虚无主义，反而会充满着祥和之气。孔子所谓"德不孤，必有邻"（《论语·里仁》），可以用动态的方式来解读：若是有德之人，便会彼此越来越接近，盖人人内心总会被德行所吸引。至此，将可发展出有德行的群命。

然而，越是深于人文信仰，便会越了解到，若无宗教信仰的超越性与神圣性作为支持，人文信仰终究有其有限性与脆弱性。这点如人饮水，冷暖自知，需要个人的精神成长与个人体会，逐渐接近、选择适合自己的宗教，开发出天命的向度。

除此以外，为了增进国民的宗教认知，政府有必要把学术性的宗教教育正式纳入学校教育体系与社会教育体系之中，以有系统的和渐进式的方式，提供逐层深入的宗教知识与宗教体会。在中学能透过课程与活动，例如在初中提供对宗教的一般知识；在高中则在公民、历史、社会等课程中加入较多的宗教知识与对各宗教的简介和比较。在高等教育中则应开设宗教课程，甚至宗教系所，推动宗教专业教育与高深的宗教研究，并在通识教育中纳入诸如"宗教概论""比较宗教学""各教经典研读"等课程，使一般大学生亦能接触并加深其宗教认知与经典的涵咏。尤其各教的经典，皆身怀人生智慧与宝藏，应加强阅读与涵咏。

至于社会教育方面，亦应以活泼而周全的规划，用各种展演与演讲方式，增进一般民众的宗教认知。此外，更应建立"学校—小区—文化中心—教堂寺庙"的互动体系，使其相互支持，既可借此增进国民的宗教认知，也可促使宗教与社会在正常的渠道中相互了解，既使得公民能多加深对宗教的认识，也使得宗教的社会参与更为落实。

最后，宗教应多发挥利他的善心与爱心，从事社会参与，致力于有德的群命的建设，然终究仍须以其宗教精神为依归。尤其当吾人诠释宗教经典中所含之讯息，便可以发现其中不但有超越向上、探寻神圣、获取光明的上达之路，而且有再下来拯救现实、返回人群、光照普世的下贯之路。宗教必须把握两者的对比张力与动力来参与社会，才能一方面亲切近人，利益众生；另一方面也能有别于世俗，而不失其本旨。

第九章　存在关系与充量和谐

　　作为群命部分的最后一章，我将提出一个有关群命的指导概念，即"充量和谐"，以作为总结，其意义也就是在每个冲突或均衡的状态中，寻索该情况中可得的最高程度的和谐，而且我将这"充量和谐"放在"人与自然、人与人、人与超越界"的三重关系中来讨论。

一、引言

　　"和谐"观念的兴起，是以人的实存经验为基础，同时也指向人所向往的理想存在状态。人与人、人与自然、人与神明之间或有抗争，然而抗争往往是为了人的自主、尊严，或是为了追求更好的生活，但在实际生活中，人总需要和谐才能活下去，不能老是在冲突状态中。不过，人在现实生活中仅能享有局部、片段的和谐，时或有一点和谐之感，犹仍面对着紧张与对立；一时之间尝到和谐，旋即又转入冲突之中。

　　然而，就像人在病痛的时候往往特别怀念并向往健康一样，人在心理失调或社会混乱之时，会特别向往和谐。就此而言，儒家思想重视人与人的和谐，但它是兴起于周文疲弊、天下无道之时。道家思想也重视人与自然的和谐，但它也是兴起于社会混乱、战争惨烈之际。基督宗教重视人与神的和谐，但也是出自对全体人类苦难的关怀，而且耶稣基督本人就被钉于十字架上。

　　人与人的和谐、人与自然的和谐、人与神的和谐，构成了人存在上的三层和谐。如今看来，"和谐"的理念应当放在关系的存有论（ontology of relation）的脉络中来分析。简而言之，关系的存有论表示一切存在者皆在动态、变迁的关系中指向意义、形成意义。基本上，当代哲学已摆脱从亚里士多德以来的实体存有论，无论是怀特海提出的"事件"（event）概念①或海德格尔提出的"同现"（*Ereignis*）概念②，都是用事件的存有论（ontology of event）③替代了实体的存有论。然而，在今天看来，事件的存有论也只是一过渡的想法而已。进一步，更将由事件的存有论转向关系的存有论。"和谐"的理念不宜放在原先实体的存有论，或其后事件的存有论的脉络中分析。实际上，无论是儒家思想、道家思想或基督宗教，都属于关系的存有论。肯定关系，也就是肯定"他者"，甚或本人所谓"多元他者"④的不可化约性。有不可化约的他者或多元他者，包括他人、自然和神，才可能成立关系的存有论。

从人与实在界的存在关系看来，其中尤其重要的是人与人的关系、人与自然的关系、人与神的关系。在这三层存在关系中，人生的现实历程常是处于一种既冲突又和谐的对比处境。为此，一方面人至少要能"保和持适"⑤，各适其性。既能适己之适，又能适他人之适，则现实生活中的局部和谐能得以常保，免陷于坠落。另一方面，则要更进而追求充量的和谐。《易经》所谓"各正性命，保合大（太）和"（《周易·乾·象传》），意即各自既能达至性命之正，得自我实现；全体合起来，也要能有整体感，共同追求充量和谐，也就是所谓的"太和"。以下兹分就人与人、人与自然、人与神的和谐三层论之。

二、人与人的和谐

就人的层面而言，人之生命一开始便是出自关系——就性别言为男女关系，就伦理言为父母关系。出生之后，人首先面对的也是人与人的关系。就儒家言，

---

①Alfred North Whitehead, *An Enquiry Concerning the Principles of Natural Knowledge* (Cambridge: Cambridge University Press, 1919), 60–63.
②Martin Heidegger, *Identität und Differenz* (Pfullingen: Max Niemeyer, 1972), 19.
③晚近在 Alain Badiou, *L'être et l'éét lt ld* (Paris: Édition du Seuil, 1988) 中有新的发挥。
④在本文中"他者"包含他人、自然和神，本是多元他者，更别说其中各项更包含了多元个体。他人与神是有位格的他者，而神更是绝对的他者；而自然虽无位格，仍有生命。
⑤此为广东郁南刘龙庆先生之格言，引用于此，不敢掠美。

人是生活在父母子女、兄弟姐妹、丈夫妻子、亲戚朋友、长上属下、个人与社会等关系之中。从个人到社会，唯有关系和谐，人才有幸福。为此，儒家思想最重视人与人的和谐。

1.秩序之美的先验基础

欲了解人与人的和谐，必须知道中国人的人际和谐立基于儒家伦理思想和道德哲学。然而，伦理道德不能不发自内心，否则垂垂无力，也因此，孔子为伦理道德奠立了其先验基础，也就是先于经验，发自内心，而又使经验成为可能的基础所在。

儒家思想的兴起有其时代背景，孔子提出他的伦理思想，是针对当时时代弊病的诊断。孔子处于春秋末年，周公制礼作乐所订定的社会规范，到了孔子的时代已逐渐式微。一般用"周文疲弊"一语称呼此一时代的特征，表示周代所形成的人文秩序已趋衰微，开始产生弊端。孔子的时代正是处于人文精神逐渐丧失，社会秩序逐渐崩解的情况。

起初周公制礼作乐，周礼是维系社会秩序的重要力量，所谓"礼仪三百，威仪三千"（《礼记·中庸》），表示周礼非常周密，照顾到人民生活每一个方面，是整个社会的规范所在。中国是礼仪之邦，由周礼开始奠定一个良好的基础。"礼"包含了三重意义：一是祭祀的仪典；二是社会的制度；三是行为的规范。到了春秋后期，周礼逐渐衰微，礼本身形式化、僵化，人们之间虽然行礼，可是却不是出自内心，以致礼变得非常生硬和僵化。进而，社会制度遭逢巨变，甚至发生孔子所谓"天下无道"的乱象。①

然而，孔子仍然非常推崇周代的人文精神与社会秩序，因为周公所制定的礼乐相当完美，所以孔子有时会为久已不复梦见周公感到遗憾。他说："郁郁乎文哉，吾从周。"（《论语·八佾》）表示他觉得周代的人文秩序与精神是如此丰赡，所以内心宁愿追随周礼。孔子思想的提出并不是要推翻周礼，这点他不同于老子。老子说："夫礼者，忠信之薄，而乱之首。"（《老子》第三十八章）老子之时，礼变成了一种社会控制的形式，以致造成社会的动乱。孔子与此不同，基本上仍然认为应该恢复周礼。但是如何重新恢复周礼的生命力，则是孔子的着

---

①孔子说："天下有道，则礼乐征伐自天子出；天下无道，则礼乐征伐自诸侯出。自诸侯出，盖十世希不失矣；自大夫出，五世希不失矣；陪臣执国命，三世希不失矣。天下有道，则政不在大夫；天下有道，则庶人不议。"（《论语·季氏》）可见，所谓"周文疲弊"是由政治秩序的混乱带动了整个社会秩序、社会规范的混乱，这种规范的混乱甚至进而造成规范解构的情况。

眼点。所以孔子思想的提出，是为了在当时规范解构的社会里，重振人心，感发生命力的来源，为周礼之恢复奠定其先验基础①。

孔子说："礼云！礼云！玉帛云乎哉？乐云！乐云！钟鼓云乎哉？"（《论语·阳货》）换言之，礼并不是赠送玉帛，就代表有礼，后者仅属外在，最后都僵化了，内心根本没有感动，丝毫不合礼的本意。同样的，音乐并不是敲敲钟、打打鼓而已，如果内心没有感动，怎能算是音乐？所以，孔子进一步追问说："人而不仁，如礼何？人而不仁，如乐何？"（《论语·八佾》）可见，孔子"仁"概念的提出，就是为针对礼坏乐崩、周文疲弊的状况，让人心重新恢复感觉，恢复感动，借以重振礼乐的精神。于是，孔子提倡透过由仁生义，由义生礼的程序，逐渐重振周礼。

首先，何谓"仁"？"仁者爱人"（《孟子·离娄下》），所谓仁也者，是说每当我们见到他人、他物时，都有所感通与响应。换言之，"仁"就是内在的、相互的感通，是内发于我自己本心。孔子说："仁远乎哉？我欲仁，斯仁至矣！"（《论语·述而》）仁一定要出自真诚，因为只有真诚才能有感动，因此"仁"是以真诚作为最重要的判准的。所以孔子说："巧言令色，鲜矣仁！"（《论语·学而》）一个在外表上装样子奉承，用美言讨好的人，是很少有感受、有感动的，由于一点都不真诚，所以是"鲜矣仁"。但是，"刚毅木讷，近仁"（《论语·子路》），刚毅木讷反而显示内心的真诚，所以有仁。仁的根本意义就是真诚出自内心的感通与感动。

从"仁"出发，对人、对物都会有感动，进一步便会对他人、他物皆有尊重、有分寸，"义"就是有尊重，有分寸，所以说"由仁生义"。孔子很重视义，为此他说："君子喻于义，小人喻于利。"（《论语·里仁》）君子所想到的，都是尊重与分寸；小人所想的，则只是追求眼前的利益。所谓义，就是从内心出发，对他人、他物的一种尊重与分寸。"夫达也者，质直而好义"（《论语·颜渊》）是指内心正直，而且追求分寸与尊重。

从"义"出发，才能进一步发展出"礼"，所以孔子进一步说："君子义以为质，礼以行之。"（《论语·卫灵公》）真正的君子是内心有尊重与分寸，如此才能表现在外表，以礼实践出来。这句话充分表达出从义的分寸与尊重进一步

---

① 所谓"先验"是指在人主体之内，先于经验而又使经验成为可能之意，不止于知识论之可能性条件，且亦为存有论可能性条件。

表现而为礼，如此才可以重振礼的精神。然而，"礼"的意义何在？约言之，礼的意义非常丰富，包含上文所说祭祀的仪典、社会的制度，甚至行为的规范等。《礼记·哀公问》曰："丘闻之：民之所由生，礼为大。非礼无以节事天地之神也（按，即祭祀），非礼无以辨君臣上下长幼之位也（按，即社会秩序、制度），非礼无以别男女父子兄弟之亲、昏姻疏数之交也（按，即行为规范）。"由这段引文可知，对于礼的这三层意义，孔子皆予以重视。

然而，对于孔子而言，礼并不仅止于这三层意义。此外，礼也是一种文化理想，小至每个人的生活细节，大到国家的重大仪典，以及整体社会生活，因着礼而都充满了秩序与美感。"礼"的概念虽可详细讨论，但简而言之，也可归约为"秩序之美"。用现代的话予以诠释，就是在秩序中的美感，或是有美感的秩序。

对孔子而言，礼不只是每一个人私底下的行为规范，而且是一个文化理想，期望整体社会文化在秩序中有美感。所以孔子的弟子有子对此意义进一步地说明："礼之用，和为贵，先王之道斯为美。"（《论语·学而》）礼就是在秩序里能协调各方不同的力量，因而能展现出和谐与美感。这一定是由于孔子的教导，使得有子能掌握到礼的精神。原则上，礼就是在秩序和美感中达至和谐。

总之，孔子面对礼坏乐崩，旧秩序正在解构而新秩序尚未形成的时代，思有以恢复周礼，赋给它以生命力，就哲学上来讲，就是从人的内在本性赋给礼一个先验的基础。孔子的哲学是一套先验的哲学，孔子要以一套先验的哲学来奠定周礼，认为唯有如此，整个社会秩序才有基础，否则社会秩序的基础会空洞化，最后还是强者得之，那时强者的意志就是正义。所以，首先一定要有一个出自人内心的真正基础，来为社会秩序奠基，而此一基础的建立要在回归到人内心的真诚感受，人见到人、见到物所有的一种亲切的感动、一种真诚的感通——仁就是这种真诚的感通。其次，由仁生义，从仁的感通产生一种对他人、他物的尊重与分寸。再次，由义生礼，从尊重与分寸进而产生出秩序与美感。由仁生义、由义生礼，这是孔子伦理思想用以奠立整个社会秩序的主要精神所在。倒过来说，则是摄礼归义、摄义归仁，就是把外在的礼统摄到义里，把义统摄到仁，也就是从越来越内在的精神，奠定起外在的秩序与美感的基础。如果没有内在的尊重与分寸，就不可能有外在的秩序与美感；可是如果没有内心里的真诚感动与感通，也不可能有尊重与分寸。如果说由仁生义、由义生礼是一个开显与奠基的历程，则摄礼归义、摄义归仁便是一个溯源与回归的历程。

透过由仁生义、由义生礼，以及摄礼归义、摄义归仁的双重步骤，孔子针对周文疲弊、礼坏乐崩的状况，期盼能重新恢复一个有美感、有秩序的社会。在一个社会日趋混乱、秩序渐行解构的时代，大部分的人内心仍然企求有秩序、有美感的生活。而孔子希望从这先验基础出发，来重新予以奠立。

2.能力的卓越化与关系的和谐化

就儒家的伦理思想而言，和谐必须表现为个人和群体的德行。儒家的伦理思想是一种德行论的伦理学，而德行论的伦理学可以分个人和群体两部分来看。首先，对于每个人而言，德行就是个人所拥有的好的能力的卓越化，可以称为能力型的美德。其次，对于群体而言，人群中良好关系的满全，也是德行，可以称为关系性的美德。

关于个人能力的卓越化，孔子曾谈到有许多不同种类的德行，其中最重要的就是智、仁、勇三达德，也就是三项卓越的美德。首先，"知（智）者不惑，仁者不忧，勇者不惧"（《论语·子罕》）。"智"原是认知上的能力，是人的一个好的能力，这一能力发挥到卓越化的地步，就是智德。其次，人的情感发挥到卓越化的地步，就是仁，亦即爱人。就此而言，仁也是德行的一种。仁、义、礼的仁，是全部儒家思想的总纲，是儒家思想最高与最基本的观念；而智、仁、勇三达德里的仁，则是"仁者爱人"之情感的卓越化。最后，"勇者不惧"则是意志力的卓越化，达到精神坚忍、无所畏惧的地步，就是勇敢。所以"知（智）者不惑，仁者不忧，勇者不惧"就是认知的能力、情感的能力以及意志能力卓越化的结果，成为一种德行。

总的来看，德行最重要的是要能中庸，中庸也是美德。为此孔子叹曰："中庸之为德也，其至矣乎！"（《论语·雍也》）这点十分接近亚里士多德。亚里士多德也认为德行是中庸，例如勇敢是鲁莽与胆怯的中庸，慷慨则是浪费与吝啬的中庸。可见，卓越并不是在走过度与不及的两个极端，而是兼顾不同的能力在适中的程度上发挥到优越的地步。不过，孔子所谓的中庸，有切中真实本身而又不离日常生活之意，不像亚里士多德仅得居中之道的意思，可是居中又不一定卓越。如果切中真实本身而又不离日常生活表现，一定是卓越的。

就孔子而言，卓越化的德行大部分都不是孤立或以自我为中心的，而是与别人、与社会有密切的关系。智、仁、勇虽是个人的认知能力、情感能力，意志能力的卓越化，不过孔子又说："能行五者于天下，为仁矣。……恭、宽、信、敏、惠。恭则不侮，宽则得众，信则人任焉，敏则有功，惠则足以使人。"（《论语·阳货》）"恭"是行为上的恭敬，"宽"是心胸宽厚，"信"是守信，"敏"是行事敏捷，"惠"是善待别人。所以说"恭则不侮"，若为人有礼貌、恭敬，就不会被人侮辱；"宽则得众"，人的心胸宽广就会得到多人的支持；"信则人任"，若为人守信用，那么别人也会信任你；"敏则有功"，行事敏捷、敏锐，事情就会做得成、有功于世；"惠则足以使人"，能善待别人则别人亦乐于服务你。所以"恭、宽、信、敏、惠"五种德行，都与别人有关，并达至良好关系的满全。

首先，就个人言，德行是指个人本有善性获至发展、达至卓越的状态。孟子对此也言之甚详，他以恻隐之心、羞恶之心、辞让之心、是非之心四者为四端，认为若能加以扩充发展，善尽其性，则可以成就仁、义、礼、智四种德行。孟子说：

> 所以谓人皆有不忍人之心者，今人乍见孺子将入于井，皆有怵惕恻隐之心。非所以内交于孺子之父母也，非所以要誉于乡党朋友也，非恶其声而然也。由是观之，无恻隐之心，非人也；无羞恶之心，非人也；无辞让之心，非人也；无是非之心，非人也。恻隐之心，仁之端也；羞恶之心，义之端也；辞让之心，礼之端也；是非之心，智之端也。（《孟子·公孙丑上》）

孟子在文中指出，恻隐之心、羞恶之心、辞让之心、是非之心四者，都是人之所以为人之内在本有善性，称之为四端。这种内在本有的善性，是自然而然地发用的，无论遇上任何相关事件，都可以深切感到。只要能把这些自然本有的善性加以扩充，便可以达至实现，表现卓越，成为德行。可见不忍人之心是我本有，若能加以扩充发展，便能成就仁德；人若能把羞恶之心加以扩充，便能成就义德，等等。四种本性一一加以扩充，就能成就仁、义、礼、智四种美德。

其次，德行的另一层意义是良好关系的满全。孔子尤其重视这点，认为人群中良好的关系满全，才是真正的美德。孔子说："弟子入则孝，出则悌，谨而信，泛爱众而亲仁。"（《论语·学而》）在家中，孝顺是子女与父母间的良好关系的满全；个人出外，言行须能谨慎守信，广博地爱众，并且亲近有仁德的人，如此一来，社会关系亦会良好。从在家到在外，从内在到外在的关系都达到良好，这是人的关系性美德之所在。

在儒家看来，人与人的关系可综摄为五伦关系。所谓五伦，是指君臣、父子、夫妇、兄弟、朋友五种人伦关系。孟子最清楚地表述了五伦关系的要旨，他说："父子有亲，君臣有义，夫妇有别，长幼有序，朋友有信。"（《孟子·滕文公上》）从今天的角度来看，自从封建时代结束，进入民国之后，再也没有君臣的关系，但仍有长上、属下的关系，以及个人与社会的关系。在传统社会中以男性为主，所以仅提及父子关系，但今日已经男女平等，父子关系其实就是父母与子女的关系。可见这两伦在进入民国时期之后，在意义上有较大的变化。就今日而言，五伦关系可以诠释为父母子女、丈夫妻子、亲戚朋友、兄弟姐妹、长上属下与个人社会等关系。

然而，儒家伦理思想的特色，就在于不只讲纯粹的社会关系，而要进一步讲有意义的、良好的人际关系。换言之，要在以上各种关系中，遵守规范，实现美德。关于这些规范和美德，虽然随着时代的不同可有不同的诠释，但其意义大体上是要体现良好人际关系的满全。

从以上的阐释看来，儒家的伦理思想是以德行论为主的伦理学，而德行的真义就在于个人本有能力的卓越化与良好关系的满全。儒家以德行为主，亦能兼及义务论与效益论的优点。个人本有能力卓越化，良好关系得到满全，群体始能达至和谐；而群体得到关系和谐，或者虽有竞争而仍协调不已，个人在其中才有可能卓越。

3.由相互性迈向可普性

所谓良好关系的满全，基本上是由相互性往更高可普性的发展。人与人之间相互尊重，有相互性就会有良好的关系。所以当宰我问孔子三年之丧，认为只要守丧一年即可，理由有二：第一，"君子三年不为礼，礼必坏；三年不为乐，乐必崩"，这是就君子本身的社会功能——规范的维持——而言，为了不使礼坏乐崩，君子应该早早加入社会的行列，不应离开社会太久，所以守丧一年就好。第二，"旧谷既没，新谷既升，钻燧改火，期可已矣"，宰我认为旧谷没，新谷升，钻燧改火，又是新的一年，按照自然律则，一年更换周期，所以守丧一年，这是按照自然周期的论据来说。

但孔子并不接受宰我上述二个论证，他的看法是"于女（汝）安乎？"——你安心吗？"子生三年，然后免于父母之怀。……予也有三年之爱于其父母乎？"（以上均见《论语·阳货》）人在初生下来最脆弱的三年，都是由父母抱着我们长大的，在我们生命最脆弱时父母给我们爱，人才能成长，所以孔子问宰我有无"三年之爱于父母"。可见，孔子讲的"安心"是立基于人与人之间的相互性，合乎如此相互的关系，才会心安。所以问题不在于是否守三年之丧，而在于内心之安，同时强调了人跟人之间关系的相互性。相互性的形式可以变换，但人与人之间的相互性则是恒常不变的。

进一步，人与人之间的相互性逐渐地扩充至更高的普遍性之时，良好关系就得以逐渐满全。为此，子路问君子，孔子的回答首先是"修己以敬"，进一步则是"修己以安人"，最后则是"修己以安百姓"。（《论语·宪问》）可见是由内在的德行不断地扩充到全体，使全体社会都能同享安乐，关系良好。换言之，由特殊关系发展为普遍关系。德行的意义在于逐渐推动良好的关系，使由你我的相互性推展到放诸四海而皆准的普遍性，所以人际关系的相互性并不仅止于同一家庭、公司、事业，也可推及普世，达至"四海之内皆兄弟"（《论语·颜渊》）的境界。人与人不分种族，不分国籍，只要是人，都可以以仁相待，建立良好的关系。当良好关系达至满全时，就是美德。就儒家而言，和谐的人生完成于德行，而不仅止于将义务绝对化而予以遵行。

三、人与自然的和谐

人的存在立基于自然。人与人的关系要和谐，要达到如此，人与自然的关系、自然物中的秩序，亦需达至和谐。尤其在今天，由于工业发达、科技滥用，造成环境污染、生态失衡，人与自然关系的和谐、自然内部关系的和谐，更为急切。在此，现代人可从道家思想得到启发。

道家的社会批判非常深刻。《老子》的文本中清楚显示当时的社会冲突殃及自然。深入言之，是由于人遗忘大道，违失自然，自我封限，自私竞力，因而造成人际关系恶化，社会问题丛生。

1.道的遗忘是人、社会、自然关系恶化之源

就社会问题言，《老子》文本中提及如盗贼、饥饿、暴乱、战事频仍等问题。如："法令滋彰，盗贼多有"（《老子》第五十七章）[1]，显示层出不穷的盗贼问题。"民之饥，以其上取食税之多，是以饥；民之难治，以其上之有为，是以难治；民之轻死，以其求生之厚，是以轻死。"（《老子》第七十五

---

[1]郭店竹简作"法勿（物）慈（滋）章（彰）盗贼多又（有）"。（荆门市博物馆编：《郭店楚墓竹简》，文物出版社1998年版，第113页）

章）①此外，人民暴乱激烈："民恒且不畏死，奈何以死惧之也。"（《老子》第七十四章）可见老百姓的动乱已到了不怕死的地步。关于战争的叙述，形诸文字，如"师之所处，荆棘生焉；大军之后，必有凶年"（《老子》第三十章）、"天下有道，却走马以粪；天下无道，戎马生于郊"（《老子》第四十六章）等。由以上的文字可见当时众多严重的社会问题，国内统治者与被统治者的冲突，国与国之间的战争等种种问题，而且人间关系的恶化也会带来自然历程的破坏。

整体说来，老子所处的是一个旧有社会秩序正在解构的年代。《老子》原典所呈现的时代应该是一个规范解组，或所谓"失序"的状态。在老子当时，所谓"失序"主要是指原有的社会规范——周礼——正在解组，在这一层意义上尚没有涂尔干（Émile Durkheim，1858—1917）所谓"anomie"所包含的个人与社会的有机连带关系的解除，以及都市文明的兴起，使得自杀率、犯罪率提高，个人主义抬头，自我毁灭的现象充斥等意涵b，只是简单表示这是一个传统规范——周礼——解组的状况，其失序之弊，已远烈于孔子时代的周礼式微之弊。

为什么原先维持社会秩序、社会规范力量之所在的周礼，转变为社会动乱的根源呢？依据《老子》的分析，认为主要是因为失去了"道"和"德"的基础，造成逐层堕落的现象：

> 上德不德，是以有德；下德不失德，是以无德。上德无为而无以为也，上仁为之而无以为也，上义为之而有以为也，上礼为之而莫之应，则攘臂而扔之。故失道而后德，失德而后仁，失仁而后义，失义而后礼。夫礼者，忠信之薄，而乱之首也。前识者，道之华也，而愚之始也。是以大丈夫居其厚而不居其薄，处其实不居其华。故去彼取此。（《老子》第三十八章）

可见，是因为时人失去了更深刻、深沉的存有学的基础——"道"，和宇宙论的基础——"德"，进一步失去了先验的基础——仁与义，在这种逐层堕落的情况之下，礼变成肤浅的表面，甚至已经变成了宰制的工具。老子所谓"上礼为

---

①本书所引《老子》，注今本章数，但多有据帛书而改动。
②Emile Durkheim, *De la division du travail social*, 7th ed. (Paris: Presses Universitaires de France, 1960), 343—356.

之而莫之应，则攘臂而扔之"，意即我崇尚我的礼、你崇尚你的礼，当彼此要强加意志于对方，欲使对方遵循行己方的规范时，对方没有善意地响应，又因彼此的坚持，转向暴力与宰制，强迫对方遵守与自己所订立的规范，因此暴力与宰制就转而成为社会动乱的根源。换言之，在历经了失道、失德、失仁、失义的逐层堕落过程之后，礼转变成为权力宰制的工具，出现暴力的现象，成为社会冲突的根本原因。

老子不再像孔子一样向往周礼，也不再想如孔子一般以仁、义、礼的先验哲学来加以重建。相反，他认为礼已成为宰制的工具，因而使周礼反而变成社会动乱的根源，可以说是旧的规范彻底解组，甚至解构，冲突遍起的最严重的情况了。老子认为这些弊端的核心，就在于儒家思想以人为中心的倾向和以人为主体的哲学，所以他说：

> 故大道废，安有仁义；智慧出，安有大伪；六亲不和，安有孝慈；国家昏乱，安有贞臣。（《老子》第十八章）①

以上文字明显是针对儒家的仁义礼思想体系而发。基本上，老子认为儒家的价值体系是来自"大道废""失道""失德"的后果。大道本身既是大道，不可能"自废"，所谓"大道废"至多只能是出自人的主体、人主观上的遗忘，以致荒废了大道，因此只剩下封闭的人文价值。"大道废"其实就是所谓"道的遗忘"，可以比拟海德格尔所讲的"存有的遗忘"（*Seinsvergessenheit*）。海德格尔在其《形上学导论》一书中说："显然地，存有本身已被形上学所隐埋，而且仍然被遗忘着，并且遗忘得这么彻底，以至于连遗忘存有的这个事件本身亦被遗忘了。"②

针对存有的遗忘，海德格尔提倡存有的揭露："由于遗忘存有而来的封闭和遮隐加以开启，并且在透过询问之后，使得一线曙光首度照临那至今仍被掩埋着的形上学的本质。"③类似于此，老子也批评道的遗忘，主要是针对人自我封闭，成为封闭的人文主义，以封闭的人作为主体，因此老子针对道的遗忘提出

---

①郭店竹简作"古（故）大道废，安有仁义？六新（亲）不和，安有孝慈？邦家昏，安又（有）正臣？"（荆门市博物馆编：《郭店楚墓竹简》，第121页）

②Martin Heidegger, *Einführung in die Metaphysik* (Tübingen: Max Niemeyer, 1976), 14–15.

③Heidegger, *Einführung in die Metaphysik*, 16.

"道的揭露"，希望透过"致虚极，守静笃"（第十六章）、"万物并作，吾以观复"（第十六章）和"载营魄抱一、专气至柔、涤除玄览"（第十章）等步骤来逐步加以揭露。

此外，老子也清楚地看出当时的新兴的社会秩序，正是由私欲和工具理性所推动，这样的一个新兴秩序无法经由儒家恢复周礼的努力而重上轨道，因为在这种动乱和人人争利的社会中，人心真正渴求的是自由的解放和创造力的发挥，而不是仁义的规范。然而，呈现在主体哲学之中，以人为主体的思想，并不能使人获得真正的自由解放，人只有返回于道，以及由道而出的慷慨给予和自动自发的创造力，才能够得到真正的自由和解放以及关系的重建。

老子对于人类中心主义和主体哲学的批判，其后由庄子所继承，这在《庄子》书中随处可见，例如《齐物论》有谓：

> 民湿寝则腰疾偏死，鳅然乎哉？木处则惴栗恂惧，猿猴然乎哉？三者孰知正处？民食刍豢，麋鹿食荐，蝍蛆甘带，鸱鸦耆鼠，四者孰知正味？猿猵狙以为雌，麋与鹿交，鳅与鱼游；毛嫱丽姬，人之所美也，鱼见之深入，鸟见之高飞，麋鹿见之决骤，四者孰知天下之正色哉？自我观之，仁义之端，是非之涂，樊然殽乱，吾恶能知其辩。

这段话很明显是在批判人类中心主义，及根据人类中心主义所设立的标准。如果我们认为宇宙万物有共同标准，就会进一步认为：我所设立的标准才是标准，并进一步要求别人按照我的标准去做，强制他人，也因此就产生宰制的现象。所以，如果以人所设立的标准为万物的共同标准，就会忘怀万物各有其德，各有其标准，而且都是源自道，甚至人会以自己所设立的标准，强迫所有人及一切万物照着遵循，因此人会紧缩内心，不使之开放，进一步显示以自我为中心的排他性，就如庄子所说的：

> 故昔者尧问于舜曰："我欲伐宗、脍、胥敖，南面而不释然，其故何也？"舜曰："夫三子者，犹存乎蓬艾之间，若不释然，何哉？昔者十日并出，万物皆照，而况德之进乎日者乎！"（《庄子·齐物论》）

在庄子看来，尧虽是儒家的圣人典范，但还容不下托身小处的宗、脍、胥敖三小国，缺乏"十日并出，万物皆照"的开放心胸，显示其以自我为中心的排他性。

　　由以上可见，道家的批判主要是针对以人为中心、人为主体的哲学作为核心的观念系统，以及这种观念系统对于人生实践和政治社会效果上的可能弊病。然而，之所以主体会封限于一己之内，最重要的理由，按照老子的看法，主要是道的遗忘，以致断绝其存有学的根源；其次则是忘怀自己本有之德，忽视对宇宙的关怀和人在自然中生命的根源，以至于最后封限在人的主体之内，甚至成为以自我为中心，产生排他性，甚至倾向于宰制他人。

　　所以，批判的最后依据和目的是返回道，重建人与人、人与自然、人与道的和谐关系。老子对于人和自然关系的看法是："人法地，地法天，天法道，道法自然。"（《老子》第二十五章）这段话可诠释为：人以大地环境为法，而大地环境遵守宇宙法则，宇宙法则是出自道，道的法则则是出自其本然。

2.身体的稀少性与"无"的丰富性

　　人不但要与他人和谐，而且应该与自然和谐。与自然和谐应自身体始。正如同梅洛-庞蒂所言，身体是自我与自然相逢之处，甚至在身体之中有时分不清身体与自然，也因此，人与自然的和谐必须从身体开始。身体也因而成为人向自然甚至向实在本身开放的起点。此一开放是有其必要的，因为无论如何，人的语言和社会的交往所成就的有意义的生活，至多也只是一种"建构的实在"（constructed reality），无法摆脱某种"建构性"，因而仍不是实在本身（reality itself）。但是，人不但要建构有意义的生活，还必须向实在本身开放，借以进入一个生命的发展过程，其中一方面有意义的建构，另一方面还要有无限制的开放性。生命的开放必须到达足以解构任何人为建构的程度，以便常使自己自由，常向实在本身开放。大部分的哲学体系都如此教示，不过我们可以特别从道家哲学得到一些深刻的启发。

　　从道家的哲学看来，人必须按照"道"本身来看待生命与万物。从字源上看，"道"这一字意味着一条人可以走出方向的道路。"道"的原初意义是可以走出方向和出路的道路，但是"道"同时也不只是道路而已，"道"也还是自然的法则、能生的根源，甚至是存在活动本身。①海德格尔曾经指出，我们不应当把道视为是一条物质性的道路，仅只是连结两个地方的距离，相反，道应该是使万物上路的道本身。②道是实在本身，是自然的法则、能生的根源，甚至是存在

---

①沈清松：《老子的形上思想》，《哲学与文化》1988年12期。
②Martin Heidegger, *Unterwegs zur Sprache* (Tübingen: Neske, 1959), 198.

活动本身。我们必须说出"道"这一语词，才能表达道本身，然而一旦说出了之后，所说者就变成了一个建构的实在，而不再是实在本身了。为了要能够使我们的心灵常向实在本身开放，一切的人为的建构都还必须加以解构，也因此老子才会说："道可道，非常道。"（《老子》第一章）

要了解道自行开显的方式，就必须明白道是如何成为身体的。对于老子而言，"道"首先开显为可能性、为"无"；然后，在一切的可能性之中，有某些可能性被实现了。而所谓实现，也就是取得某种形式的身体。"道"自我开显为身体，因而展开了一个存有的领域，也因此我们可以说，可能性要比真实性更无限地丰富；"无"要比"有"更为宽广无垠。在存有学的层面而言，"有"针对"无"具有某种程度的稀少性。换言之，"无"和"可能性"是丰盈的，然而"有"或"实在"则是稀少的。就道家而言，所谓的创造首先在于"道"自行开显为可能性，在其中有某些可能性被实现为现实。而成为现实就是使可能性具体实现，在某种形式的身体中自我体现。换言之，存有就是由"可能性"取得身体。如果说"可能性"是"无"，是从一切束缚当中的解脱，"有"则一定是取得某种形式的身体。也因此道家存在意义的创造，是在"有"和"无"，自由和约束之间的一种辩证过程。

不过，如果成为有、成为身体是创造过程中一个重要的面向，则身体的稀少性对于掌握道的真理是非常重要的。正因为有身体的稀少性，人才会去寻找其他的身体，才会在知觉、性生活、和社会的生活当中寻找其他的身体。甚至像生与死这类终极的关怀的问题，也必须从道实现为身体的宇宙历程来看。一方面，"生"就是取得身体。就道家而言，生是气聚而生，而死则是气散而亡。如果说生是一种喜悦，那么死也不足悲伤，也因为如此，庄子才会说："夫大块载我以形，劳我以生，佚我以老，息我以死。故善吾生者，乃所以善吾死者也。"（《庄子·大宗师》）如果能够体会到气聚而生、气散而亡的道理，则会了解到《养生主》中庄子所言："适来夫子时也，适去夫子顺也，安时而处顺，哀乐不能入也，古者谓是帝之县解。"换言之，也就是得到解脱，从对生和死的忧惧当中得到解脱。而这样的一种解脱的自由，对于健全的生命而言也是具有本质的重要性的。也因此，庄子在《大宗师》中也说："且夫得者时也，失者顺也，安时而处顺，哀乐不能入也。"只有超越生死，才能真正面对生死。超越生死与哀乐，对于一个健全的生命态度而言是非常重要的。

由于超越生死，超越哀乐，呈现一种心灵的开放，能够导向一终极的、健全的生命，并不仅限于从生死的区别当中解脱而已。对于道家而言，人应当追随宇宙的生生不息的创造韵律，而不应该执着于某种特殊的存在形式。在整个宇宙的生生不息的创造过程当中，人不必强加自己的主观意志于万物，甚至不必区别自己的身体与其他身体。这就表示身体的稀少性并不意味着人的身体的优越性。对于庄子而言，所有一切有生命的身体在存有学上都是齐平的，也因此在道家看来，人不应该偏好人的身体。庄子甚至愿意接受成为虫臂或鼠肝。这种在存有学层面对于生命的开放性，超越了任何以人类为中心的偏好，庄子在《大宗师》里也述及了子舆和子祀之间的谈话。由于子舆有病，子祀去加以探望，子祀问子舆是不是惧恶死亡，子舆的回答是：

> 予何恶，浸假而化予之左臂以为鸡，予因以求时夜。浸假而化予之右臂以为弹，予因以求鸮炙。浸假而化予之尻以为轮，以神为马，予因以乘之，岂更驾之。（《庄子·大宗师》）

道家所提出来的一种对生命的看法是无惧于死亡，甚至用欣喜的态度接受。因而产生了一种终极性的心灵自由，摆脱了对疾病和死亡的恐惧。当然，道家这种态度是由其对于身体的稀少性的论题所支持的，而身体的稀少性又辅以身体的平等性。因为身体是道呈现的场所，万物都由道所生，因此万物都是道之子，道和万物之间的关系就如同母和子的关系，而一切的子与子的关系皆是平等的。在庄子看来，既然万物皆是道的体现，也就不必区分尊贵与卑贱、真与假、理性与感性。只有一套存有论，也就是道的存有论。道穿透了一切万物并且遍在于其中，一切身体皆是道的体现，这种身体的存有论将我们带领到一种彻底开放的心境，将足以支持一个和谐的生活。

3.人天和谐与生命实践

不过，即使庄子怀有上述"道通为一"的存有学视野，不再区分尊贵与卑微、真与假、理性与感性，他甚至可以成为虫臂或鼠肝。然而在庄子的心灵最深处，他仍有一个美丽的梦，那就是成为一只蝴蝶。对他而言，蝴蝶是最美丽、最自由的存在，逍遥游戏于自然之中。在《齐物论》里庄子说道：

> 昔者庄周梦为蝴蝶，栩栩然蝴蝶也，自喻适志与，不知周也。俄然觉，则遽遽然周也。不知周之梦为蝴蝶欤？蝴蝶之梦为周欤？周与蝴蝶，则必有分矣，此之谓物化。

　　成为一只蝴蝶，既美丽又自由，逍遥于自然之中，这象征着人的存在与自然相结合，道通为一、纯然和谐的黄金时代。虽然庄子也可成为虫臂或鼠肝，但庄子更愿成为一只蝴蝶。在存有学的观点而言，无须区分庄周和蝴蝶，然而在形器的层面而言，两者或许也有区分。然而自由而美丽的存有模态超越了一切的区分，返回到与道原初的结合、达至道通为一的境界。而这一点，是经由深刻的生命的实践功夫而达成的。比起卡夫卡（Franz Kafka，1883—1924）在小说《变形记》中所说人的异化，变成一个非人的昆虫，无法与别人沟通，庄子的蝴蝶之梦更象征着美丽与自由，要更积极多了。

　　在道家而言，此一生命实践，始自守神练气，以物观物，终而能融入于道，随道流转。如老子所言：

　　　　载营魄抱一，能无离乎？专气致柔，能婴儿乎？涤除玄览，能无疵乎？爱民治国，能无知乎？天门开阖，能为雌乎？明白四达，能无为乎？（《老子》第十章）

　　由这文本看来，人首先要"守神"。所谓"载营魄抱一"，"载"者，便是"持守"之义。"营"即"魂"也，是指人心灵性、精神性的活动的统一原理；至于"魄"则是人形体性的活动之统一原理。①两者的功能有别，甚至时相对立，因此必须运用守神的工夫，持守为一，不致分离。进而"练气"，所谓"专气致柔，能婴儿乎"表示练气到极为柔弱、精纯的地步，有如婴儿一般。这是透过呼吸的控制，借以澄清意识，集中生命力。老子虽言练气，并不沉溺于练气之说，反而赋予练气过程以哲学意义。换言之，在以最自然、柔顺的方式的练气过程中，摒弃一切伪意识，返回生命力的根源，柔顺宛如婴儿。在老子的眼光中，"如婴儿"正是替代儒家"圣人"形象作为人的理想状态。

　　进一步，所谓"涤除玄览，能无疵乎"是将吾人的心灵视为一玄镜，能照见万物本质。"涤除"的功夫就有如现象学还原法，将意识内涵予以纯化，使其洁净无疵，犹如玄览。此一明亮如镜的状态，在老子言，即吾人意识的原始状态。涤除玄览的作用即在于观照万物的本质，达至"万物并作，吾以观复""复命曰

---

① 《内观经》谓："动以营身之谓魂，静以镇形之谓魄。"（陈鼓应：《老子注译及评介》，中华书局2009年版，第94页）

常，知常曰明"（《老子》第十六章）的境界。然而，老子观物，在于观其复命，即在于其返回"道"的根源，任物存有，以物观物。因而，老子所谓的本质直观与胡塞尔所谓的本质直观亦有差别。①

随后，应以"无为"的原则"爱民治国"，进而"顺从天道"，所谓"天门开阖，能为雌乎"，表示进入众妙之门，顺从天道的根本原则，在于采取一种阴性的、被动的、柔弱的原则。人须以被动的方式遵循天道，按照天道的要求而作为，不坚持个人意志，不强调宰制的欲望，为道之过站，随道流转。在此，我们可以看出道家哲学所隐含的最深刻的密契经验，以最高的被动性接受道，任道的超越力量贯注个人心灵，成为人存在的指导。此一对被动性的强调，在中、西密契家都有相似之处。②

就庄子言，此一生命的实践也有一定的步骤，其开始也同样是经由自发地对呼吸进行控制，以便减少欲望，使得潜意识的欲望无须经由梦而表白，及其至也，则能达到"道通为一"的状态。庄子说：

> 古之真人，其寝不梦，其觉无忧，其食不甘。其息深深。真人之息以踵，众人之息以喉。屈服者，其嗌言若哇。其耆欲深者，其天机浅。（《庄子·大宗师》）

从弗洛伊德的观点来看，梦是一种表白潜意识欲望的伪装机制，然而对于庄子而言，沉浸在欲望和情欲当中会造成天机，也就是对天运作的敏感度转为肤浅。不过，人仍然有一个出路，那就是透过深刻而自然的呼吸，甚至能呼吸到脚踵，也就是循环大周天的呼吸方式，借此，人可以不断减除欲望，甚至达到夜间无须经由梦来表达欲望，而日间无所忧虑的境界。

不过，在庄子而言，整个生命的过程是一个生命实践的过程。生命实践过程的最高境界，是经由庄子关于庖丁的故事的叙事所表达。庖丁为文惠君解牛，已

---

① 关于老子的"观"与胡塞尔"本质直观"之比较，参见沈清松：《老子的知识论》，《哲学与文化》1993年年1期。该文亦对本文所论各步骤做较详细的分析。
② 最后，关于"明白四达，能无知乎"，所谓"四达"即"四大"，亦即《老子》二十五章所言："故道大、天大、地大，人亦大。域中有四大，而人居其一焉。"由事天而随道流转，"道"既然遍在万物、穿透万物，人自然可以明白"四大"，亦即明白存在的四大范畴——道、天、地、人。不过，"明白四大，能无知乎?"表示其并非理智性的推理和表象性的认知。

然到达艺术的境界："手之所触，肩之所倚，足之所履，膝之所踦，砉然向然，奏刀騞然。莫不中音，合于桑林之舞，乃中经首之会。"（《庄子·养生主》）

　　在我看起来，此处所谓"牛"是比喻一个复杂的生命体，指称着生命的复杂性，无论是个人的生命还是政治社会的生活，都是曲折复杂的。然而，经由一种生命的实践，达至艺术的境界，人可以掌握生命的复杂性。所谓艺术，便是一种"技进于道"的精神境界。在此，人度一个合乎自然韵律的生活，赢得自由之路，就如同庖丁所言：

　　　　方今之时，臣以神遇，而不以目视。官知止而神欲行。依乎天理，批大却，导大窾，因其固然。……彼节者有闲，而刀刃者无厚。以无厚入有闲，恢恢乎，其于游刃，必有余地矣。（《庄子·养生主》）

　　庖丁解牛的叙述文，阐述生命的实践是由技术的层面转向道的层面，因而成为艺术。事实上，这种生命的实践是在身体的运动和韵律当中体现的，也因此，身体正是生命实践的场域，是发挥生命实践的艺术的场域。由于身体有稀少性，也因此人必须善于维系、保存其身体，免得在种种事件的变幻当中自我迷失。当代哲学虽然已从实体的形上学摆脱，换言之，用事件的形上学替代了实体的形上学，更将由事件的存有论转向关系的存有论。然而，就事件与关系的变幻莫测而言，虽然变化之意获得强调，然而变化之中的无常也会导致人的迷失。就道家而言，人由于能够凝神敛虑，"用志不分，乃凝于神"（《庄子·达生》），凝聚自我，跟随自然的生命之道，人将能够完成一个自由而新颖的生命方式，真正地体现人与自然的和谐。

四、人与神的和谐

　　除了人与人、人与自然的关系之外，最终还有人与神的关系。是否也需要人神和谐？对于这个问题，我们可以参考基督宗教①的看法。基督宗教认为，人神关系的和谐，是其他关系的根源。这看法是立基于其以天主或上帝为万物之造物主和对人类的痛苦和罪恶的关怀与同情。②从《圣经》看来，这包含忌妒、仇杀、战争、病痛、死亡、奴隶、流离失所、天灾人祸……种种痛苦和罪恶，其本质皆在于人与人、人与自然的和谐关系的破灭和冲突，而这些都是来自人和神原初关系的破裂。基督宗教对于痛苦和罪恶的源起的解释，也是诉诸人性的构成，并以神人关系为人性结构的基本要素。

1.人神关系为其他一切关系之本

当我们讨论到基督宗教对于神人关系破裂的看法时，马上会想到原罪的学说。对于有些神学家而言，原罪代表人性中的幽暗面，是继承自人类的原祖。原罪的起源是亚当和夏娃违反了上帝颁布的不准吃知善恶树果实的一条禁令。然而，当我们把原罪的故事放进《圣经》的文本中加以解读，便可以看出，所谓的原罪其实是原初上帝创造为善的人性的堕落和玷污，使得人神关系破裂，更由此原初关系破裂导致人从与自然的和谐状态中分离，进而造成人与人关系的冲突。

在我看来，在《圣经·旧约·创世记》当中，关于亚当和夏娃的堕落的整个叙事文本，恰好显示人性原初是被造为善的，但由于在人性发展过程当中的一些倾向，使得人的主体性趋向于自我封闭，因而断绝了与上帝的和谐关系，成为痛苦和罪恶的起源。人性的原初是善的，整个《创世记》所提出来的是一个善的存有论和神的肖像（*imago Dei*）的神学，两者都支持人性的原初之善。

第一，人的存在的环境是由万物所构成的。这些万物，按照《创世记》的文本，先于人而受造，且当上帝创造它们之后，都宣称它们是"善的"。这一点奠定了人得以兴起的一个存有论基础，人是从善的存有论的基础上兴起的。

第二，人是上帝随后按照他的形象所创造的，正如《创世记》上所谓："天主于是按照自己的肖像造了人，就是照天主的肖像造了人；造了一男一女。"③既然天主本身是至高的善，他的肖像本身也应该是善的，而不是恶。所以人性的被造本然也是善的。

第三，人性天生就具有认知的能力和自由意志，其本身也是善的，也因此人

---

①在此"基督宗教"（Christianity）一词泛指天主教、基督教、东正教和英国圣公会。
②在本文中，"神""天主""上帝"通用，不另作区分。
③《创世记》，《圣经》，思高圣经学会1992年版，第10页。

必须为自己行为的善负责。这些认知的能力和自由意志就奠定了所有道德的善的先验基础。

至于恶的来临，是由于人滥用他的自由意志，并且割裂了他与上帝之间互为主体的关系。这个关系，原先是由一个行动的盟约所表现的：乐园中的一切都可以享用，唯独不可食知善恶树的果实。人打破了这个盟约，于是断绝了人和上帝之间的关系，使得人开始知道有善有恶，而且由于自我封闭在自己的主体的薄幸和武断之中，把自己从与上帝的和谐关系之中割裂开来，也就是在这和谐关系中断之后，人开始有痛苦、罪恶和死亡。痛苦、罪恶和死亡，是由于原为神的肖像的人性自我封闭，因而堕落的结果，也是人拒绝了与上帝之间的关系之后的结果。

换言之，在基督宗教看来，人性既是按照上帝的肖像而造，原初即是善的。然而人在经验领域中，在运用其自由意志的时候，就有可能、而且实际上会选择自我封闭，甚至否定了与上帝的和谐系，因此出现了堕落的情况。

从《圣经》上的叙述看来，人在堕落之后，必须经由劳动才能生存，经由努力才能行善避恶，维系良好关系。不像从前在乐园里，可以自由地享有其存在，无邪地活在良好关系之中。更可悲的是，从此开始发生像加音忌妒、谋杀其亲弟埃布尔之罪恶，以及尔后无穷的痛苦。

在中国哲学里，这种人性会堕落的情况是经由道家对于儒家的反省显示出来的。儒家肯定人性在先验方面是本善的，然而老子的批评却指出这个本善的人性，在现实的社会当中，会逐步地变质和堕落。"失道而后德，失德而后仁，失仁而后义，失义而后礼。夫礼者，忠信之薄而乱之首。"（《老子》第三十八章）换言之，人性在现实界当中的堕落与变质，是对道的遗忘和迷失的结果。经由道家的反省，显示出本善的人性也有堕落的倾向和可能。而在基督宗教《创世记》的人性论中，一方面既指出存有学上和先验上人性的本善，另一方面又指出其堕落和变质的倾向。

比较起儒家与道家来，基督宗教肯定每一个个人有其自由意志，也因此必须对其行为负更多的责任。在这种情况下，基督宗教承认了人主体性的自律性。但也指出，人对主体的自律性的不妥善运用，甚至会导致与他者关系的断裂，把自己从多元他者，更且与绝对的他者——上帝相割离，甚至拒斥了与上帝的和谐关系。[①]

不过，如果人可能自我封闭于上帝之外，上帝的爱是无限宽广，甚至如此自我封闭的状态，也不可能阻止他的爱的穿透。圣奥古斯丁如是说："即使我在地狱里面，你也会在地狱中。因为即便我下到地狱，你也在地狱中。"[②]这就表示天主的爱也会穿透地狱。而且如果人不断地拒绝天主，天主也不会拒绝任何的存在。由于他无限的爱，他会救援任何一个存在。而所谓的救恩，就是神的恩宠和人性自我提升、自我转化，朝向无穷的完美的历程，相互合作的结果。在这个过程当中，人性总有堕落的机会，甚至会步入纯粹的主体自我封闭、自我膨胀的情境，这正是"原罪"观念所要提防的。

对于基督徒而言，人除非在绝对的他者之中达至终极的完美，否则人的存在的焦虑是会与时俱增的，正如同圣奥古斯丁所说的："我们的心灵除非安息在您的怀中，不会感到平安。"[③]换言之，除非人在天主的临在和恩宠的怀抱之中，否则人的心灵不会真正彻底平安。这样的思想在哲学上的意义，在于对人性潜能的实现，设定了一个超越的原则。基督教义的重点就在于体察出人的主体性终有自我封闭的倾向，也因此这一超越的原则是必要的。然而，人的心灵在其最深刻的内在当中，仍然与上帝有着某种关系。就这点而言，基督宗教也认为必须肯定内在的原则。

2.由内在而超越与终极实在

人实际上是处在这样一个对比处境中：一方面，人性本身的动力对于迈向成全而言是必要的，因为人本身的完美需要人的自由意志的决断和德行的养成；但就另一方面言，人性本有的这一个内在动力，却不能只是封闭在自己之内，而不向多元他者开放，且人性唯有在绝对的他者之中始能达至终极的完美。否则，人性是无法全盘自我实现的，也因此谈不上救恩。所谓"救恩"，就是人性在绝对的他者之中达到的全面实现。

就这一层意义而言，基督宗教也体现了一种对比的智慧，深刻地把握到人性的动力以及神人关系之中的动态张力。耶稣清楚地表达了这一点。他说：

[①]在基督宗教的要理中，"地狱"所代表的就是一种个人拒绝上帝，完全切断与他者的关系，排斥他自己完美的可能性的一种存在的状态，而以之为人性最大的痛苦所在。
[②]Saint Augustine, *Confessions*, trans. R. S. Pine-Coffin (London: Penguin Books, 1961), 4. Italics in the text.
[③]Saint Augustine, *Confessions*, 1.

到时候你们将不在这座山，也不在耶路撒冷朝拜天父。……然而时候要到，且现在就是，那些真正朝拜他的将以精神、以真理朝拜天父。因为父就是这样寻找朝拜他的人。天主是神，朝拜他的人应当以精神、以真理去朝拜他。[①]

在以上这段话当中，耶稣宣示了一个普遍的救恩史，透过耶稣这一段话所揭露的，是用心灵和真理来朝拜天主。那些用心灵和真理来朝拜天主的人，并不被限制于朝拜的地点、种族、文化族群等外在因素。他们是运用内在的原则，以心神和真理来朝拜天主。就这一层意义来讲，所谓的朝拜、信仰，其实是一种将自己内在精神当中最真诚的部分揭露出来的方式，是一种体验在人性的主体中所开显的真理的方式。这就是基督宗教的内在原则。它肯定在人和天主的关系当中，需要人以最深切的内在、最真诚的精神性动力的参与。

就基督宗教而言，所谓的内在原则是奠基在所有的人都是上帝的肖像而言的。正如儒家以人人可为尧舜，佛教以众生皆可以成佛，对于基督徒而言，在每一个人的心灵当中都有某些神性，也因此人可以不断发展，以至于完美，甚至如同天父那样完美。耶稣肯定人性当中的神性，他在《若望福音》中说："在你们的法律中不是记载着：'我说过，你们是神'吗？如果那些承受天主尚且称他们是神，而经书是不能被废弃的。"[②]耶稣在《新约》当中所说的这些话，本身就指向了《旧约》法律书。而且我们也可以在《圣咏》当中看到类似的话。在《圣咏》第82首上面说："我亲自说过，你们都是神，众人都是至高者的子民。"[③]可见，人本身就具有神性，也因此可以趋向于完美。这是在犹太和基督宗教、旧约和新约传统当中的共同肯定。人是按照天主的肖像而造的，都是至高者的儿女，就在这一层意义之下，可以被视为神。人性当中的这一层神性，在存有学上就是与神本身相互有关系的，犹如父子的关系一般。这个关系可以视为是人内在的光明，是一切开悟、启明的内在根源，是人性自觉了悟、观照真相的场所。

不过，就基督宗教而言，此一内在的原则本身就要求于一个超越的原则，好使得人不会自我圈限、封闭在自己的主体性当中。当代新儒家学者唐君毅在论及

---

① 《若望福音》，《圣经》，第1645页。
② 《若望福音》，《圣经》，第1660页。
③ 《圣咏》，《圣经》，第929页。

"归向一神境"时，对此一超越自我圈限的需要深有体会。他说："使人我各自超越其限制封闭者，而后有此一心灵之呈现与存在……见其超越在上，而又不离人我。……而由此以透视其'无一切天地万物与人及我之一切存在上德性上之任何限制、任何封闭'。"①

　　人和天主的动态关系，使得人不会封闭在自我的主体性当中。而人的真理和心灵都是朝向天主而开放的。人精神上的光照、开悟与启明从不会限制在自身之内，也不会只是借自身的自力而来，因为就在人性的光明当中，就有神性光照的参与。我就是在这层意义之下，来解读圣奥古斯丁的话。他说：

> 天主创造人类心灵，使其成为理性和智性的，借之人可以参与神的光明。而天主如此地从神自身来光照了人的心灵，好使得人的心灵之眼不但可以觉察到真理所展示的一切万物，而且可以觉识到真理本身。②

　　人的心灵和精神若能朝向天主开放，因着来自天主的光明，决不会自我封闭，尤其不会封闭在太过人性化的人文主义当中。就这一层意义来讲，信仰天主、朝拜天主的意义，是提升自我的心灵，直升到天主的精神和真理，发挥并穷尽自己最深沉的内在，在其中迎接天主的光明。这就表示在基督宗教中，内在的原则一定是与超越的原则相关，也经由超越原则而提升。内在原则不离超越原则，正如同超越原则不离内在原则。

　　对于基督徒而言，上帝是位格性的终极真实，是最完美的精神性的存有，他是整个宇宙的创造者，人类和其他一切有生之物以及其他无生之物皆来自他。上帝本身是不能够用一切人为的论述，包括哲学、科学和神学来解释和言喻的。即便是现存的任何对于宇宙的源起的科学或哲学或宗教的论述，都还不能满足人在这方面的好奇。就基督宗教而言，最后的说明就是上帝作为整个宇宙的第一因和终极目的。上帝创造了在宇宙中的一切万物，在万物之中又兴起了人。而人类在成长过程中，达到某个阶段之后，会倾向于自私、自我中心，甚至沉溺在武断的自我当中，排除与天主的任何关系，这就是痛苦与恶的开端。为了使人类从这种

---

①唐君毅：《生命存在与心灵境界》，台湾学生书局1977年版，第742页。不过需注意，唐君毅以我法二空、众生普度境（佛教）和天德流行、尽性立命境（儒家）为更高境。
②In *Ps.* 118, *Serm.*, 18, 4, quoted in Frederick C. Copleston, *A History of Philosophy*, vol. II (Westminster: Newman Press, 1959), 63.

状态中获得解脱，基督宗教相信上帝之子本身来到世界，取得人形，以便以人的形象将人从其自我封限和自我武断当中拯救出来。基督宗教认为，神是用在十字架上的苦难和死亡，这一普世的利他性，来承担人的苦难，并拯救人，使其从自我封现的状态当中破壳而出。人的生命以及世界发展的终极目的，都是在于成为完美的，以便回归上帝。到时将有新天新地的来临。

不过，就哲学上言，上帝就是一切万物的创造者和完美实现的目的所在，并不是把上帝与存有相等同。有些士林哲学家，像吉尔松（Étienne Gilson，1884—1978）、马里坦等人，倾向于把"神"与"存有"等同，而且认为其神学依据在于圣托马斯。其实，圣托马斯区别了"存有"与"上帝"。托马斯认为存有（esse）或存有本身（ipsum esse）是一切存有者的存在活动（actus existentiae）。而存有者是一切存在活动的主体。上帝则是独立自存的存在活动本身（ipsum esse subsistens）[1]。存有并不是独立自存的实体，而上帝则是独立自存的存在活动。除此以外，在这样的独立自存的存在活动当中，有无可穷尽、无可言喻的理想、可能性，它们都可能存在，但尚未存在。就这一点而言，正如"否定神学"（negative theology）所言，只能用负面和否定的方式加以了解。我们很难找出其他的语词，只能把这些无可言喻的可能性称为"无"。如果没有这些"无"充斥于存有者的领域当中，存有就不可能有进一步的实现了。也因为神不可言喻的丰富性，使我们不能把上帝和存有等同，因为上帝既是存在活动，但是同时上帝也超越了存有、超越了存在活动。因此，上帝超越了有、无的区分，而且上帝是从无中创造（creatio ex nihilo）了万物。

我们可以说，上帝是位格的，其意义在于上帝是有意识的、精神的，他既能够认识，也能够爱。但我们也可以说上帝不是位格的，其意义是说，天主并不是像我们人类的意识和精神那样的位格之意。上帝认知一切，但他的认知并不像我们的认知；上帝爱一切生命，但他的爱并不像我们的爱这般。因此根据肯定之路（via positiva），我们可以说，上帝是存有、是位格。然而，按照否定之路（via negativa），我们也应该说，他不像我们所设想的那般地存有或位格。上帝既是位格，而且也超越位格。在这里面或许可以使用德日进（Pierre Teilhard de Chardin，1881—1955）的"超越位格"（hyperpersonal）一词来加以表达。

在道家和佛教中，都有超越位格神之倾向，而把空和无当作最深刻的经

---

[1]Thomas Aquinas, *Summa theologica*, I, q. 29, a. 2; Aquinas, *Summa contra Gentiles*, book 1, 25.

验。①佛教强调空的经验，作为开悟、解脱的本质。在道家中，道本身是"象帝之先"（《老子》第四章），且"无"的经验比"有"更为深刻。无的意义，就其存有论而言，是指潜能；就人学的意义言是指人的心灵的空灵与自由。"无"并不是完全的空无，什么都没有，但也不是可以等同于任何的存有。在无的经验中，"无之以为用"（《老子》第十一章），"常无，欲以观其妙；常有，欲以观其徼"（《老子》第一章）。在有当中才能够观见实现的痕迹与界限，在无当中才能够体会可能性的奥妙。两者重玄辨证，才能够达至众妙之门，不断地从现存的有及其界限当中超越。

这点十分类似海德格尔所讲的"*Abgrund*"，意即离本、离开根据。从任何基础当中不断地再出发、再离去。从海德格尔的眼光看来，基督宗教的想法所体现的形上学是一种所谓的"存有—神—学"（onto-theo-logy），一方面肯定有作为一切万物、一切存有者的存有学基础。另一方面，又肯定神和上帝作为存有的神学基础。对于道家而言，上帝最多也只是有界的主宰，但除了有以外还有无，而无正是从任何有界的基础中不断离去，揭露更奥妙的可能性，好使得人心灵常葆自由。

3.无的智慧与神我交融

不过，我们可以说，无的体验虽然说是非常的深刻，足以展露可能性的奥妙，但这并不代表并没有存有的全盘实现。即便我们要使人类常保心灵的自由，使人的自由彻底到没有任何人的言说——无论是哲学的、科学的还是神学的学说——可以作为人的自由的基础。但没有一个现成的学说或教义，可以成为人自由的基础，并不代表整体存在是无根的、无基础的。就基督宗教而言，一定要有存有和进一步发展的可能性，即便是无，也还是有其基础，虽然这个基础本身是无可言喻，也因此人对于所有的哲学、神学和科学的学说，终究皆须加以解构，使得人的心灵及其基础常保自由。

另一方面，对道家而言，道生发万物，且居住在万物当中，成为天道，成为自然法则，而自然法则基本上是由三方面构成的。第一，就结构的法则而言，所有万物在结构上都是由相反和互补的因素构成的。第二，就动态的法则而言，一

---

①道教较近于基督宗教，也有位格化的神——天帝。佛教中也有某种将佛位格化倾向，例如大众部有以佛为全能、全在、无穷者："如来色身实无边际，如来威力亦无边际、诸佛寿量亦无边际。"见《异部宗轮论》，《大正新修大藏经》（第49册），第15页中—下。

个状态的穷尽就会步入它的对立状态。第三，就目的论法则而言，是指对立状态的消长循环终究要回归于道。这三者所构成的法则是不以人的意志为转移的。也因此，整个宇宙法则的进行是有其非位格性的。就某种意义而言，非位格性似乎要比位格更为丰富、更为绝对。

就基督宗教而言，上帝既然创造了宇宙，宇宙也自有其法则，而上帝也在宇宙当中，就这一点而言，上帝的非位格性不但是表现在否定神学，表现在神的不可言喻性上面，同时也表现在上帝所订定的宇宙的创造性与法则性当中。上帝创造了宇宙又遍在于宇宙，而宇宙的创造与法则是不以人的意志为转移的。可见，在上帝当中应有某种的非位格性。上帝的非位格性和他的位格性并不相矛盾，两者虽然有别，但却也是互补的。

当然，就基督宗教而言，与其说上帝是非位格的，不如说上帝是超位格的。对人本身来讲，设想一个能够认知一切、能够爱万物、而且人能够向他祈祷的有位格的神，更是合乎人性。虽然就哲学言，认为上帝有其非位格性，有其更深切的理由。然而，如果毫无弹性的、僵硬的在哲学上坚持上帝的非位格性，也会导向一种无情和冷漠的思想，在其中，没有位格的交谈、互动和往来，太过主张对于"道"或"天"只作非位格的解释，若非将之等同于自然、宇宙而已，就有危险掉入严峻和冷漠的纯理之中。这种心态就如耶稣在《玛窦福音》中所说的：

> 我可把这一代比作什么呢？他像坐在大街上的儿童，向其他的孩童喊叫说："我给你们吹了笛，你们却不跳舞；我给你们唱了哀歌，你们却不槌胸。"[1]

对于哀号欢乐皆无反应，这是一个非位格的概念所可能带来的冷漠与悲惨的世界。从基督宗教看来，对于人而言，说上帝是位格的，意义是在说，上帝的确能够认知万物、爱万物，而且我们可以在心灵中向他祈祷，与他交谈。但这一点并不表示说他的爱、他的认知和倾听我们的祈祷，是以我们人所设想、太过人性的方式来进行的。就这一重意义来讲，上帝并不是位格的，而是超位格的。这并不是说天主或上帝无能力认知、无能力爱，而只是说他的认知和爱是以超越的、卓越的方式来进行的。

---

[1]《玛窦福音》，《圣经》，第1524页。

对于这一点，在基督宗教中可以分两方面来考虑：一方面，上帝创造了宇宙的法则。神的意志虽是爱的意志，但其表现于宇宙中则为宇宙的法则，在人性当中则表现为正义。这些都是不以个人的意志为转移的。另一方面，在基督宗教的密契主义、神秘主义中，上帝是一切万物的奥秘。在圣十字若望和圣女大德兰的神秘经验当中显示，在人与上帝最深层的关系中，在某一个阶段人会进入到空虚自己，进入所谓"灵魂的黑暗"（darkness of the soul），甚至被动地被一个不知名的韵律带走，在这余波荡漾的韵律当中，上帝并不展现为位格般的亲切。此一经验宛如前述道家密契经验中的阴性、受动状态，被道带走，随道流转一般。不同的是，在基督宗教的密契经验中，除此以外还有与上帝亲密的交谈和爱的共融。总之，神既是位格的也是非位格的。就在这样的一个对比的情况当中，人和神的关系才会愈趋于深刻，终抵于与神的交融。

在基督宗教中，人与神的交融可透过人神盟约、人间交融、祈祷、默想、各种礼仪、圣体圣事、神秘经验等多元形式而达成，显示人在日常生活、宗教礼仪、密契恩宠之中，皆无时无处不可返回人与上帝的和谐关系。人神交融的多样性，显示基督宗教与文化的丰富内涵，而其要旨则在于重建人与上帝的原初和谐，且由于此一原初和谐，此一与终极真实的交融状态，人的三层存在关系将可达至充量和谐，人将可全面展现其全部存在可能性。

五、结语：迈向充量和谐

追求和谐，必须从人间开始。在一切关系之上，人必须做人，不但要努力使自己本有的善性卓越化，并且要致力于使关系和谐化。这是儒家思想的本意。因此，做人应不失儒家本意。德行论伦理应是使人与人和谐之道。

就德行论伦理言，基督宗教与儒家是一致的。在《圣经》上，亚当和夏娃在乐园中所遵守的规定，是为了表示尊重神人关系，因而有了约定。其后，"十诫"中的伦理戒律实乃维系人神关系、人人关系之盟约，尊崇上帝的正义与关系的和谐是遵守义务的目的所在，因此不宜以他律视之。"自律"与"他律"的区分仍是义务论的概念。但基督宗教与儒家一样，皆是以关系和谐化为目的，以德行优先于义务。这在《新约》中耶稣所言"如果你们爱我就遵守我的命令"，更清楚显示：爱的关系优先于义务的遵守。在基督宗教中，信、望、爱、正义、仁爱、智慧、勇敢、节制……皆是关涉到人善性的卓越化、关系的和谐化之德行。在面对当前规范解构、虚无主义横行，效益论与义务论无法赋予人生命以意义之时，儒家和基督宗教的德行论伦理学，既能有益人的能力卓越，又能使关系和谐，有恢宏的儒家精神，虽一定不会自我封限，但儒家毕竟太关心人事。因而，道家指出，人应避免自我封限，且不宜只关心人事，否则人之道德动力亦会逐层堕落。为此，道家指点人应放眼自然，在自然中重新定位人，进而要能追溯本源，复归于道。如此一来，既能得无穷活力之本源，复能使人更合乎人情，更合乎人之本然。在与自然和谐的智慧上，基督宗教与儒家都有可向道家学习之处。

不过，与道密契，终究不能止于匿名之纯理，不能仅止于自然之自发活力，亦不能止于不思不爱之存在活动。反而，在无的体验与非位格性之上，必须进一步透显精神位格之可贵，以与人达成互为主体的交流，形成位格际的共融。在这一点上，基督宗教揭露了合情合理的真理。

总之，经由儒家德行论伦理学的实践，达至人与人之和谐；经由道家的养生练气与生命实践，人可达至与自然之和谐，度合乎自然之生活；经由基督宗教在人神盟约、人间交融、祈祷、默想、各种礼仪、圣体圣事、神秘经验等多元形式，达成人与神的交融，返回人与上帝的原初和谐关系。人性的复杂与深度，会要求人以多重形式、多重面相，建立和谐的存在关系。就此而言，人应在不断深化的基础上，重立人与人、人与自然之和谐，使这三层存在关系，各自既能保持适，亦能展现充量和谐。

第三部分 天命：终极的生命意义

第十章 生命成长与宗教信仰

一、引言

　　人生的终极意义既然不离身命与群命，因此我们有必要回返身命，先从发展心理学与个人生命的成长的角度，观察人的心理成长与人格发展究竟与宗教信仰有何关系？这一个过程及其所蕴含的问题，无论在个人修养上或生命教育上，皆有必要加以留意。

　　由于当前社会急速变迁，价值日趋混乱，人际冲突日剧，外在压力增高，个人心理抗压力相形减弱，导致人们轻生、自杀与伤害他人等悲剧频传，因而在教育界普遍有重视生命教育的趋势，希望想借着生命教育，鼓舞受教者爱惜生命，其着眼点在于生命之保存。至于在生命教育中，之所以会要求于宗教教育，主要是因为各宗教传统皆有肯定生命、爱护生命的主张和实践之道，希望借宗教教育的外援，促进受教者爱生、惜生，甚至养生。在本文中，我希望指出，生命的保存固然重要，生命的成长、发展与完成更是重要，而这些都应成为生命教育的内涵。人生要有希望，生命才值得保存，而人生的希望就在于生命的成长、发展与完成。我同时要指出，宗教信仰本是内在于此一生命的成长与实现的历程之中，而不仅只是一可资利用的外援而已。

　　在我看来，生命是一不断自我走出，迈向多元他者，同时又不断返回自身，形成自我的历程，在自我与多元他者的互动中，构成有意义的世界。人的生命始自身体的孕育，在身体之中，已经活跃着指向他者以追求意义的动力。然而，人之所以能开启一个有意义的生命，则是始于对父母或其他爱心养育自己的重要他人的信任（trust），使自己的生命获得方向，更重要的是由于他人慷慨向我们说话，使我们在牙牙学语的过程中，学会听话、说话并接受一个生活的传统，逐渐在小小心灵里形成了有意义的世界。其后，由于逐渐成长，生命日趋成熟，多样而丰富的人际互动，使我们在多元微世界的交流中拓展出更丰富的意义世界。最后，在迈向老年之时，由于生命朝向终极真实的向往，甚或得以亲证，而获得生命意义的圆满之感。总而言之，生命是因着不断朝向多元他者甚至绝对他者开放而成长，乃至完成。

可见，生命并非在孤立的状态中成长；相反，生命是在一个继承了文化传统的环境中成长，并在社会关系之中发展，而且在与超越者的关系中达成圆满而深刻的人生意义。在这三个环节中，宗教均扮演着重要的角色。首先，人是存活在由文化传统传承下来的象征体系之中，基于对自己所在的传统与传承该传统的亲人的信任，使得个人生活的世界变成是可理解的。从文化人类学的角度来看，能够学习并信任自己所传承的象征系统，是人生存的必要条件之一，因为没有人能够独自生存于文化的象征系统之外。文化人类学者格尔茨（Clifford Geertz，1926—2006）指出："在宗教信仰和实践中，一个社群的风土人情在理智上显得是合理的，它指出一种生活方式在理想上合乎其世界观所描绘的真实状态，而该世界观也由于被呈显得特别适合这种生活方式，因而在情感上显得颇具说服力。……宗教象征在某特别的生活方式和某特别的形上学之间，形成一种基本的相合性，而且在如此进行之时，使两者都从自对方借来的权威中获得支持。"[1] 对于格尔茨而言，宗教构成了对人生意义至为重要的一个象征系统，经由它的中介，使人得以真实感存活于世上。为此，格尔茨将宗教定义如下：

> 宗教是一种象征系统，它借着形成一套有关存在的普遍概念，并披覆以一真实的光环，能在人的内心激起有力、遍在、恒久的情感和动机，而且使这些情感和动机似乎显得特别真实。[2]

进一步说，宗教信仰也是社会生活的重要因素。人在社会中成长，是自我与他人在不断的沟通互动中，也就是在无止的社会化过程中，经由外化、客化与内化的过程，不断地建构一有意义的世界并加以维系的过程。在此过程中，正如社会学者伯格（Peter L. Berger，1929—2017）所言，宗教"透过人的活动去建立包容一切的神圣秩序，也就是一个一再面对混沌仍能自我保存的神圣宇宙"[3]。换言之，宗教是人的活动所建构的一个"神圣华盖"（sacred canopy），借此人得

---

①Clifford Geertz, *The Interpretation of Cultures* (New York: Basic Books, 1973), 89–90.
②Geertz, *The Interpretation of Cultures*, 90–123。在这几页中，格尔茨并逐段解释此一定义，在此不赘述。
③Peter L. Berger, *The Sacred Canopy: Elements of a Sociological Theory of Religion* (New York: Anchor Books, 1990), 51.

以在混乱的社会中仍有一参照指标，以作为安身立命的依据。

我从哲学上，将"信仰"定义为个人或群体对于生命的意义最后基础所在的一种心灵投注，其中大略包含了人文信仰和宗教信仰。所谓"人文信仰"，是将心灵投注于像真、善、美、和谐、正义等这些出自人性要求，而且人性可予实现的价值，并以之为生命意义的基础所在；"宗教信仰"则是将心灵投注在一超越者身上，并以之为生命意义的最后基础。为此，宗教信仰有其"超越性"，并因此使得所信奉的价值具有"神圣性"。为了让人们能接近"超越性"，体会"神圣性"，宗教信仰往往有"制度性"机制，包括教会组织及其教义、教规、礼仪等。关于这些，我们将在另文中进一步讨论。在此，我们可以指出，在此一哲学观念架构下，我们也可以接受宗教心理学家福勒（James W. Fowler，1940—2015）所言："信仰对所有的人都是一种导向，它给人希望和努力、思想和行动的目的和目标。"[1]由此可见，信仰在人生过程中的重要性。

二、当代思潮中的自我与他者

人的生命成长是在迈向多元他者与形成自我的动态辩证中不断进行的，也因此不能像近、现代文明那样，过度偏重个人的主体性而忽视他者，也不能像后现代思潮那样，过度否认主体性而偏重他者。我认为，自我的发现与主体性的挺立，是近代和现代文明不容抛弃的宝贵遗产。须注意的是，自我虽有朝向多元他者开放的内在动力，但也有占取对象，自私地封限在满足与享用之中，形成自我封闭的倾向。由于自我的自私倾向与主体的封闭，加上强力意志的过度膨胀，造成集体与个体之间伦理关系的破坏，使得现代社会中宰制与暴力之风猖獗。[2]因此，在后现代思潮中，作为现代性基础之一的主体哲学遭到不断的拆解和攻击。

---

[1]James W. Fowler, *Stages of Faith: The Psychology of Human Development and Quest for Meaning* (San Francisco: Harper & Row, 1981), 14.
[2]我认为尼采所谓will to power应译为"强力意志"而非权力意志，盖"强力"一词要比"权力"一词更能表示原初的力量之意，至于所谓权力已是较为狭义的力量，往往属于政治性、制度化的遂行己意的力量之运用。

首先是海德格尔在《存有与时间》一书中，将人理解为"此有"，阐述人的存有学向度，借以批判并超克近代哲学自笛卡尔以降的主体哲学；其后，结构主义将作者视为只是符号系统中的一个因素，并宣告"作者死亡"；到了后现代主义，更对主体性猛烈批判、质疑和否定，自此以后，笛卡尔所建立的主体哲学城堡，已然形同废墟。

　　然而，就在这重重炮火、层层否定的波浪之下，也激发了当代思想家重新思索人的自我或主体此一近代哲学重要遗产。加拿大哲学家泰勒在《自我的泉源》以及《本真的伦理》等书中企图指出：对自我的探索是近代哲学最重要的资产，对于自我的重视旨在强调每个人皆有度"本真生活"的权利。泰勒说："对我的自我真实，正意味着对我的原创性真实，而这点只有我能予以明说和发现。在明说这点的同时我也在界定我自己。我正实现一个专属我自己的潜能，这是近代的本真理想的背景了解，也是本真概念所常用以表达的自我完成或自我实现目标的背景了解。"①不过，维护本真，并不表示可以脱离他人，因此泰勒在《互认的政治》（"The Politics of Recognition"）一文中，言及"尊重差异"的同时，也特别指出，自我是在与他人交谈之中成为自我的。

　　法哲列维纳斯，这位以伦理学为第一哲学的犹太思想家，比较倾向于强调他者。他认为，他者在互为主体的关系中扮演主动的角色。他者的面容禁止我去加以谋害，并要求正义地对待。自我也因此被召唤去对他者负起责任。换言之，有他者的召唤，才有自我的责任。一个伦理的自我是根据自我与他者的关系而界定的。②

　　泰勒重视自我的本真，仍兼顾自我与他人的交谈；列维纳斯虽特别强调他者的面容，也仍倡言自我的责任。如此一来，两人皆在侧重一端之时，仍不免兼顾"自我"与"他者"的关系。较为平衡的是法国哲学家吕格尔，他在《自我宛如他者》一书中，正视近代以来"确立自我"与"解构自我"的两大传统，经由反省与分析、自性与认同、自性与他性的三重辩证，重建一个"自我的诠释学"（herméneutique du soi），其最重要的主旨在于阐明："他性并非自外强加予自性，一如自我论者所宣示的那样，而是隶属于自性的意义和存有学的构成。"③

①Taylor, *The Ethics of Authenticity*, 29.
②Lévinas, *Totalité et Infini: Essai sur l'éxtériorité*, 37–38.
③Ricoeur, *Soi-même comme un autre*, 367.

以"他者"替代近代、现代的"主体"概念，主张人应向他者开放并关怀他者，这是后现代思潮的正面贡献。后现代的"他者"概念由法国哲学家列维纳斯、德勒兹、德里达等人所奠立。列维纳斯认为，唯有承认他者，才有伦理可言，也唯有诉诸绝对他者，才使伦理有了最后依据，而伦理学才是第一哲学。①德勒兹指出，"他者"包含了其他的可能世界、他人的面容以及他人的言语。②晚期的德里达，承接了列维纳斯，也认为伦理的本质，在于对他者慷慨的、不求回报的"赠予"。③

在我看来，列维纳斯所言的"他者"，其实不应仅限于"他人"，而应包含繁复缤纷的自然、一个个的他人以及理想与神明所在的超越界。也因此，我提议，以"多元他者"替代后现代的他者。首先，丰富而多样的自然是人的原初他者，人本来是自然的一部分，人始于自然生命，从自然中兴起，而且一直向往着与自然的亲密关系。然而，近代、现代文明以人为主体，用科学与技术去控制自然、开发自然，造成环境污染严重，自然生态惨遭破坏。所幸自二十世纪下半叶，环保运动兴起，宣示的不只是人的生存空间的保卫战，而且还是人与自然关系的重建。天文物理学和宇宙论晚近的发展，使人类重新注意到宇宙的浩瀚及其与人类生活息息相关，也引导人类思考大宇长宙，并在自然或宇宙中重新定位人类自己。然而，人若要与自然和谐相处，首先要以自然为人的多元他者之一，不但不可将之化约为人的客体，而且要常心存奥秘之感，愿意以伦理的态度待之，关怀自然，也就是关怀一棵棵花草树木、一只只虎豹猫狗，一座山、一片湖、一湾流水。总之，人理应妥适回应自然，并承担责任。

其次，就"他人"的层面而言，"多元他者"包含了每一位他人的面容，而每一个面容都是我应予以伦理地对待的；"多元他者"包含了他人的言语，各不相同的母语，各种不同的论述，都是我应该予以倾听的；"多元他者"也包含了他人的面容和言语向我揭露的不同的可能世界。"多元他者"包含了每位他人的不可化约性、不可替代性，甚至其存在的奥秘性。一如德希达所认为，几时我们在他人中发现他的不可化约性、不可替代性、奥秘性，就宛如有上帝在其中

---

①Lévinas, *Totalité et Infini: Essai sur l'éxtériorité*, 37–38.

②Gilles Deleuze and Félix Guattari, *Qu'est-ce que la philosophie?* (Paris: Éditions de Minuit, 1991), 23.

③Jacques Derrida, *Donner la mort*, in *L'éthique du don: Jacque Derrida et la pensée du don: Colloque de Royaumont décembre 1990*, ed. Jean-Michel Rabaté and Michael Wetzel (Paris: Métailié-Transition, 1992), 79–108.

一般。他人独一无二的特性，是我与他的伦理关系的依据，甚至有时为此必须打破一般义务规定，以独一无二的方式相待，以无私、不求回报的慷慨相待。也就是因为每个个体的不可化约性、不可替代性、奥秘性，所以我认为必须称之为多元他者，而不仅只是他者。可以说，我们对于多元他者的原初慷慨，使得"相互性"或"互为主体性"得以成立；若缺乏此一原初慷慨，至多只有相互尊重或相互交换而已，不会有真正诚心诚意的相互性或互为主体性。

最后，"超越界"也是人的他者，其中包含理想和神明。所谓理想，是指生命意义所指向的，像真、善、美、和谐、正义等这些价值，其所以是超越的，是因为它们在世间的实现总是局部而微小，终究没有完全的实现。所谓神明，或超越者，或谓"绝对的他者"，是指像上帝、佛、安拉、老天爷等，或"不知名的神"，或最后说来，在遥远的远方，一切心灵的虔诚终会相遇。然而，所有的呈现仍不足以穷尽神的美善与奥妙。换言之，他仍是"隐藏的上帝"（*Deus absconditus*, hidden God），仍是一位"绝对的他者"。

不过，平心而论，"主体"仍是近代、现代文明给人类文明带来的最重要遗产之一；然在重视主体的同时，万不可忽略他者。按照我的对比哲学，主体与他者之间有一种对比张力，既有差异，又有互补；既有断裂，又有连续，不可因为有此转移而弃彼取此。唯有走向他者才能完成主体，也唯有主体渐趋成熟，始会致力于他者之善。两者的对比张力是双方趋向完成的基本动力。其实，人若没有朝向他者的开放与来自他者的慷慨，如何能有主体可言？我并不轻忽主体性与自我，但我主张人的自我或主体性仍在形成之中，而人向他者无私地开放正是此一形成过程最重要的动力和要素。整体看来，今天人类的课题在于平衡综摄现代的自觉、自省、自主的"主体"，与后现代慷慨、无私、赠予的"他者"的对比张力。人应不断以慷慨无私的精神朝向自然、他人与超越界开放和接近，并且不断透过自觉与自省，返回自我，使主体日趋卓越，创造自我与他者的动态和谐关系，建构意义充盈的世间。

整体说来，人的生命始自身体，也就是始自人的自然生命。身体正是人与作为他者的自然原初相逢之处。然而，即便在身体层面，人已有内在动力指向他者以获取意义，而此一初始动力往往是在传承传统象征系统中获得明确化。及至稍长，人的生命往往是在社会中，也就是在与他人的互动中形成的。此时人所需者，是透过共同理想以灌溉人的社会生命。最后，经历世间历练的心灵，更会指向超越者，以寻求精神生命的提升，此时人的心灵感受与宗教信仰的关系更为密切。在本文中，我们不像福勒那样，从心理学的角度将人的宗教信仰区分阶段来辨识其发展。[1]人格心理学将人格结构视为是由前理性的人或躯体我、理性的人或我（ego）、超越理性的人或自我（self）等三个阶段所构成。[2]我们将从哲学的角度，对此加以修正，主要是根据人与他者的关系，在概念上区分人的自然生命、社会生命与精神生命三大形态；由于这些形态在生命成长历程中的出现顺序，也可大略视为生命成长的三大阶段。以下逐一讨论。

三、从自然生命到意义世界：对他者的信任 与象征体系的传承

　　人的生命成长始于自然生命，并在自然生命中迈向有意义的世界的形成。一般说来，人的情意与认知的萌芽始于童年，构成了人原初的存在模态。人的情意根源于身体中的欲望，并从身体开始发展；人的认知则是始于语言的获取，经由语言的学习而认识周遭之物及其与自我的关系。情意作为人的原初存在模态，是扎根于身体中的欲望及其在与他人他物的关系中的发展。[3]我们必须区别机体的身体与体验的身体。一般所谓情绪智能说只见到人的机体身体，而无视于人的体验的身体。然而，若欲讨论人的情意发展，则不能不以人的体验的身体为出发点。机体的身体是由大脑四肢五官百骸所构成的生理整体，至于体验的身体则是人在日常生活中实存地体验到的自己的身体；两者虽相系而有别。就此而言，人的主体性，正如梅洛-庞蒂所言，是一"身体—主体"。身体是人的欲望所在的现象学场域，也是人迈向

---

[1]Fowler, *Stages of Faith: The Psychology of Human Development and Quest for Meaning.*
[2]在此，身躯我可由梅洛-庞蒂的身体主体来了解。此外，弗洛伊德、马斯洛、罗杰士（Carl Rogers，1902—1987）等人都讨论过人的身体层面。就社会生命而言，我们虽也重视其中的理性生活，但并不赞成像皮亚杰、科尔伯格（L. Kohlberg，1927—1987）和怀特（C. B. White）等人那样，将这一层次的人仅视为理性的人。至于我所谓精神生命，较为接近傅欧乐所谓信仰发展的第六阶段或柯尔伯格所谓道德发展的第七阶段，此外詹姆士（W. James）、容格（C. G. Jung）、马斯洛、福兰克（V. Frankl）、罗杰士等人也都有相近而不相同的论述，兹不一一比较。
[3]沈清松：《外推、理性与讲理——试论心理治疗的哲学基础》，《台湾政治大学哲学学报》1997年。

有意义生命的原始动力所在。欲望是人迈向意义的原初动力，可谓吾人最原初的意义企划。简言之，人的身体主体在欲望中指向他者，以寻求意义。至于性的欲望、权力的欲望或金钱的欲望等，都只是对这更原初意义动力的某种规定，不可执泥其中。值得注意的是，这类执着往往会演变成为心理疾病的来源。

人之获取语言，是其认知活动的开端。然而，语言的获取始自亲人慷慨地、富于爱心地率先向我们说话，耐心教导我们，情智交织，呵护再三，使我们在牙牙学语的过程中知道事物的名字，也知道如何表达自己的意思，从此进入周遭生活世界，并开始建构一个既属己而又能与人分享的意义世界。稍长后，人所获取的语言更为精密，人际互动也愈形复杂，所建构的意义世界也愈形丰富。直到进入学校，人开始学习各种学科的语言，借此学习进入各种学科所建构的微世界之中。

儿童期的生命成长，既是情意与认知的齐头并进，也是身与心的交织发展。在此阶段，自我与他者的关系，可以明显地从身体内在的意义动力中看到。一方面，我的身体就是我，或至少可以说，我的身体是亲密地与自我相连接的，而且也真正是自我的一部分。可是，我的身体也有别于自我。因为我的身体经常向着世界开放，而且在我身体内的欲望，经常指向他人或他物，也因此拉康称之为"他者的语言"。我的身体，作为我的欲望实现的场域而言，经常朝向他人、他物开放，因而启动了一个指向有意义的生命的企划。身体的运动综摄了身体的亲密性和他异性之间的对比。身体的运动含藏着意义建构的源起，而欲望作为人的意义建构的最原初企划，最先正兴起于身体的动力之中，进而浮现于身体的动作之上。

当吾人的欲望在身体的运动中指向意义，并经由各种的表象形式来加以处理的时候，比如透过姿态、声音、图像、语言、动作等来表达，此时吾人身体中欲望的意义企划，便获取了可理解性。成为表象、取得表象，进而获取语言，就是获取一个对于吾人的意识可理解的表白方式，而此一可理解的表白，就担任将无意识的欲望翻译为有意识的语言的中介。透过各种不同形式的声音、图像、姿态和日愈丰富的语言，吾人有意义的生活的企划，获得各种方式的特定化，而这一切往往是在信任的状态下，袭取自日常生活和学校教育所传承的文化传统。

从宗教社会学看来，儿童所学习到的宗教象征系统，也是其自我概念形成的重要因素。章思洞（Ronald L. Johnstone，1934—2013）认为，宗教所传达的另一世界的讯息，是儿童拓展自我形象的重要机缘。换言之，儿童对于宗教象征的学习，与对语言、自我、性别等的学习是齐头并进的。章思洞说："事实上，在任何社会中，大部分的儿童都从宗教的资源中引申出他们的自我概念，即便是他们出生在没有正式宗教团体隶属的家庭中。因为任何人至少都会由于与别人和别的制度的接触，间接受到宗教的影响。"[1]

的确，各宗教传统的象征系统，通常都传达了对于生命的肯定、尊重与爱护，并强调生命意义之重要。这种讯息更由于宗教信仰而具有更大的说服力，不至流于抽象。对于那些由于环境影响或人格形成致使生命力不够强韧甚或脆弱，或那些被心理分析所谓"死亡冲动"所困惑的人，这些讯息往往有鼓舞其生命活力、追求生命意义的作用，约束其自我伤（杀）害或伤（杀）害他人的冲动。

童年时代的人们，除了家庭的日常语言学习与生活中学习到的象征系统之外，往往在参与住家邻近教堂或寺庙的宗教活动或具有宗教意义的文化活动中，整合地经验到这些象征表现，例如家里拜拜或去邻近庙会、教堂礼拜等。一方面，当人的情意与理解力荡漾在那些象征符号之间，因而获得愉悦之感时，便有美感兴起。另一方面，这些活动往往也因其宗教显圣的特质，使人油然升起崇高之感。美感并非情意发展的究竟义。一方面，情意还需进一步向他人、向世界开放，并借此而发展，也因而有伦理实践与生命实践之必要；另一方面，即使年幼的心灵，也会模糊地感受到一种超越现实的理想意境，这正是"崇高"之感所显示者。正如康德所指出的，崇高是感性与概念的差距，是人面对无限而兴起的自觉渺小与敬畏之感。[2]在后现代主义中，李欧塔继承并发挥康德的说法，认为后现代的艺术精神就是"崇高"，其要义就在于感性与概念，或呈现与不可呈现者（真实本身）之间的差距，使得人在其中感受到某种单纯的热切。[3]

那些能够传达对于意义世界某种整体感受的代理者，对于幼小的心灵而言，往往成为英雄。也因此，父母、教师，或其他活动中的主角、历史中的英雄人物、当前社会中了不起的人物，皆可能成为儿童心目中的英雄。对于这些意义传达者的信任，便成为儿童接受某一意义系统的输送带。儿童心中还有许多想象的英雄，那些童话故事或神话中的主角，往往扮演了想象英雄的角色而传达了不同的人格范型、其他的象征系统与可能的意义的世界。其实，儿童心目中的英雄也就是体现某些象征意义而能获取个体或群体内心景仰与信任的典型人物。

基本上，对于儿童时期意义世界的形成，爱心的照料、基本的信任、语言的获

---

[1]Ronald L. Johnstone, *Religion in Society: A Sociology of Religion*, 3rd ed. (Englewood Cliffs, Prentice Hall, 1988), 46.

[2]Kant, *Kritik der Urteilskraft*, 171–172.

[3]Jean-François Lyotard, *Leçons sur l'analytique du sublime* (Paris: Édition Galilée, 1991), 189–190, 192–193；另见Lyotard, *Le postmoderne expliqué aux enfants: correspondance, 1982-1985*, 26.

取、身心的发展等，至为重要。在其中，人接受生活中的语言、礼仪与象征系统，这些往往是个人情意与认知发展的重要内涵。此外，童话故事、神话故事与其他各种想象的情节，往往是传达人格典型的重要渠道，宗教象征、人格典范的故事，无条件的信任是维系这一意义世界的核心所在。总之，人的自然生命是由于爱心与信任而成长，由于承接文化传统中的象征系统，因而进入有意义的世界。

四、社会生命的成长

人之成长，由儿童时期逐步踏入成年阶段，其意义的核心逐渐由理想的典型转为社会的实践，由传承前人的意义世界转到与他人共建有意义的世界，在其中，价值理想或人文信仰成为意义的核心。人们由于奉献于价值理想而使其生命获致意义，也由于价值理想而同类相聚，相知相惜。社会对于一个人的生命成长甚为重要，也难怪社会现象学家舒茨（Alfred Schütz，1899—1959）要将胡塞尔的"生活世界"（life world）概念诠释为"社会世界"（social world）。依我看，无论是胡塞尔所谓的生活世界还是舒茨所谓的社会世界，其中最为重要的是人对于意义的互为主体的、社会的共同建构。①所谓生活世界，就意义的共同建构面而言，就是经由人的主体性，配合互为主体性，一同建构中的意义世界。

主体的建构和互为主体的共同建构，都是在时间的历程中进行的。生活世界在时间中的构成既是"自我的综合"，也是"我们的综合"，并借此促成有意义的共同生活的共同建构。生活世界正是自我与我们共同建构的有意义生活的场域，而且其中互为主体的因素，必然会介入主体对于意义的建构。正如胡塞尔在《欧洲学术危机与先验现象学》一书中清楚说的："在与他人共同生活的共同经验当中，每个人都参与别人的生活。也因此，一般说来，世界的存在……是为人类的群体而存在，而这是因为以下的事实：即使在我们最直截了当认为是知觉

---

①关于胡塞尔"生活世界"概念的意义，参见本人著Shen Vincent, "Life-World and Reason in Husserl's Philosophy of Life," in *Phenomenology of Life in Dialogue between Chinese and Occidental Philosophy*, Analecta Husserliana XVII (Dordrecht: D. Reidel, 1984), 105–116。

的层面都已经是被共同化的了。"①此处所谓"知觉的层面都已经是被共同化的了"，其意义在于当我们了解自己的知觉时，已经是透过一共同可懂的语言去了解的。例如，当我感觉到痛时，如果没有"痛"这个语词，那我所感受到的只是身体某一部分受到撞击的尖锐知觉，但由于"痛"这个语词——已经是互为主体的语言——的介入，使我们明白了在身体中某个部分所发生的现象。语言介入了我们的知觉的过程，正表示互为主体的意义建构介入了个体的知觉。胡塞尔在《观念Ⅱ》明确讨论人对于意义的社会建构，亦即意义的共同建构。社会的世界，是在人周遭环境世界中最有意义的一环，一个人必须与其他人沟通，尤其是要与对自己重要的他人沟通，以便达成意义的共同建构。

早在哈贝马斯的《一个沟通行动理论》（*The Theory of Communicative Act*）之前，胡塞尔在《观念Ⅱ》中就已经使用"沟通行动"（communicative act）一词。对胡塞尔来讲，如果我们将人设想为一个单纯孤立的主体，或把人设想为生活在一个纯粹自我中心的世界，这种想法是完全抽离了人与人之间的相互了解和沟通行动之外的。②胡塞尔把沟通行动定位在一个人与其他人透过沟通行动进行人的存在的社会意义的共同建构，这一点对我们而言比哈柏玛斯的沟通行动概念来得重要。哈柏玛斯认为，人与自然的关系是一种技术控制的关系，至于人与其他人之间的关系则是沟通的关系。不过对哈柏玛斯而言，沟通是一种论辩的方式，其中一方提出论题，另一方提出反对论题，然后双方彼此透过事实和论证寻找论据，以便在更高层、共同可接受的命题中寻求共识。然而，对胡塞尔而言，沟通并不只是智性或语言性的沟通，它还包含某种评价和实践的历程，比如爱和还爱、恨和对恨、信任和相互信任。胡塞尔说：

> 隶属于社会集结的人对彼此而言都是同伴，他们并不是相对立的物体，而是相对的主体，彼此生活在一起，无论是现实地或是潜在地，透过爱和还爱的行动、恨和对恨的行动、信任和相互不信任的行动等等。③

---

①Edmund Husserl, *The Crisis of European Sciences and Transcendental Phenomenology: An Introduction to Phenomenological Philosophy*, trans. David Carr (Evanston: Northwestern University Press, 1970), 163.
②Husserl, *The Crisis of European Sciences and Transcendental Phenomenology: An Introduction to Phenomenological Philosophy*, 193.
③Husserl, *The Crisis of European Sciences and Transcendental Phenomenology: An Introduction to Phenomenological Philosophy*, 193.

　　胡塞尔这些话清楚地说明了沟通的行动中存在着一种伦理的向度，也因而沟通行动并不仅限于智性的、论辩的关系。比较起来，哈柏玛斯所言的沟通是一种论辩性的沟通，而胡塞尔所使用的"沟通行动"，主要是在表达一种社会性的存在意义透过伦理的共同建构。[①]正如同主体的相互了解必须诉诸共同可理解的语言，社会生活中共同意义的建构也必须诉诸共同的理想或价值，才可能透过伦理实践予以达成。

　　社会生活中意义的共同建构是一种伦理的实践历程。就此而言，亚里士多德的"实践智慧"概念特别受到当今伦理学界和政治学界的重视。亚里士多德说："所谓实践智慧，也就是善于审决对自己是善和有益之事，但不是局部的，如对于健康、强壮有益之事，而是导向普遍的善的生活的事物。"[②]亚里士多德在此言及"普遍的善"，是由其所主张之"形式"的普遍性所保障。然而，依本人看来，在今天本质主义已深受质疑，难以再主张"普遍的善"，但是至少可以主张"可普化的善"，也就是可以经由外推而与别人分享的善，换言之，是一个我认为善，别人也可以接受、可以分享的善。亚里士多德又说："实践理性是关于对人是善或恶的事物采取行动的真实而理性的能力。"[③]综合起来，我们可以将"实践智能"视为针对导向可普化的"善的生活"的事物进行判断与行动的能力，换言之，就是达至圆熟的判断，能在具体情境中知道该说什么、该做什么，而且能成就共同的善。"实践智慧"必须在变动不居的情境中判断并实践整体之善。

　　正如前述，就生活的体验而言，社会生活的本质在于意义的共同建构，其中，共同的理想扮演十分重要的角色。如果没有共同的理想，只有共同的利害关系，往往会造成公共领域中互为主体关系的恶质化。没有理想，只有利益，甚至只有私人利益，将使个人陷落在自私的自我当中。社会生活成为自私的个人或占有式的个人彼此的杀戮战场。由于封闭主体性的自我膨胀，使得政治、教育、学术论坛，甚至公共的游乐场所中，人际关系恶化，到处有安全的顾虑，到处需要

---

①因此胡塞尔在《观念Ⅱ》中说："社会性是经由一种特属社会性的沟通行动所构成的，在这种沟通行动当中，自我转向他人，在其中自我也意识到他人正是自己所转向，且了解到自己这种转向，并且或许会针对此而调整其行为，且相互对应，透过同意和不同意的行动来转向另一自我。"（Husserl, *The Crisis of European Sciences and Transcendental Phenomenology: An Introduction to Phenomenological Philosophy*, 194.）
②Aristotle, *Nicomachean Ethics* 1140a25–30.
③Aristotle, *Nicomachean Ethics* 1140b5–10.

监视录像。缺乏共同理想的隶属感不但使社会生活变质，更造成世人基本信任的消失，使个人和群体皆失去建构足堪安身立命的意义世界的能力。

在现代性的过度发展下，出现种种弊端，甚至造成现代性本身崩解的情况下，使得全世界都正在走进虚无主义的幽谷。在此情况下，有关生活意义的追寻，生命的终极意义究竟何在的问题，更值得加以探索。所谓"信仰"正是个人或群体对于生命意义最后基础所在的一种心灵上的投注。一如前述，我区分人文信仰和宗教信仰。对于社会生活共同意义的建构而言，人文信仰也就是共同的价值理想，其所提供的理想是凝聚人心、促成人们互信的心灵泉源之一。理想价值是也属于超越的他者，由于其抽象性、理想性与可普性而吸引人们共同携手，朝它竞奔，一起建构有意义的生活世界。质言之，人文的信仰是将生命的意义投注在像真、善、美、和谐、正义等这些出自人性的要求，而且人性可予以实现的价值。对于人的社会生命的意义而言，这些都是非常重要的。

只要生而为人，便应该有人文信仰。每一个人皆应选择适合自己兴趣和个性的一个或多个价值，作为奉献生命的理由。这虽可以"尝试—错误"的方式为之，但总得有值得奉献的理想，并也因此而可凝聚志同道合的社群。"德不孤，必有邻。"（《论语·里仁》）这是社会共同意义建构的源泉。在择定之后，则应日日实践，并透过沟通，解决人文信仰的差异。因为别人的人文信仰与我不同，并不证明彼此冲突的必要性，而只证明世间有偌多值得生命奉献的价值理想，人们应透过沟通，分享世间价值的丰富性。其中尤其以仁爱和正义最为根本，最与人格结构密切相关。①

值得注意的是，人文价值与理想往往有其宗教根源。西方的人文价值许多是来自基督宗教传统，而华人的人文价值往往来自道教、佛教、儒家的情怀乃至民间信仰传统的俗世化与内在化价值。关于这些，学者的研究甚多，在此不赘述。质言之，人文信仰确能使人们的生命有意义，然而，对于成年人而言，十分容易遗忘了人文信仰的超越性，因而自我封限于社会的内在性之中。不过，随着生命的成长，世事日趋复杂，人会发现：每个人都是有限而且脆弱的，最后说来，每个人，包含我自己，都可能背叛我的理想，使我所追求的仁爱、正义、真理、和

---

①关于正义与仁爱和人格结构的关系，参见沈清松：《对应快速科技发展的道德教育之人类学基础》，《中国伦理教育基础国际学术研讨会论文集》，辅仁大学出版社1985年版，第137—148页；又见沈清松：《科技与文化》，空中大学2003年版，第104—113页。

谐……变成一场空，于是觉察到人本身并不是人文信仰的最后保障。人文理想中的超越向度往往是来自更为深远的基础，如此一来就需要向宗教信仰延伸。如果不知道基础与根源，人往往停留于内在性，转而封闭在社会之中。成年人总面对着朝向宗教开放与封闭于内在性的抉择之中。理论上，人们终究就可以追问："到底理想从何而来？"如果说，我这有限而脆弱的人性不会是人文理想的最终基础，深加反省便足以将我们带向宗教的层面。

五、精神生命的成长：人与超越者的关系

人的生命成长的第三大阶段，是在与超越界的关系中形成精神生命。一般而言，这往往发生在人的老年，虽然作为一种生命形态，也有可能出现在其他阶段。经验告诉我们，有些禀性纯真的儿童、青年或本应忙于社会生活的中年人，对于宗教或超越界的事理具有特别的敏感度，甚或特殊的才华。大体说来，人的生命成长到了成熟阶段，转趋晚年，已然经历了五味杂陈、曲折复杂的人生，阅历广博，体验甚深，心中更是期盼去妄返真，向往终极真实。如果在成年时期没有一去不返地自我封闭在个人的主体性或社会的内在性之中，则无可避免地会将生命意义投注在超越者身上。此时，在其对生命意义的探索与意义世界的建构中，宗教信仰将扮演日益重要的角色，前此所获取的宗教知识与宗教经验将在拥有者的心灵中，发挥最大的效用。

虽然人文信仰是人们在社会中凝聚、团结，共建有意义世界的触媒与黏剂；然而，人文理想的超越性往往会被个人主体或社会自我封闭的内在性所遗忘。人的脆弱与有限无法赋予价值理想以终极基础。也因此，宗教信仰不把价值的最后基础只放在人身上，而是投注在一具有超越性和神圣性的超越者的基础上。简单地说，所谓"超越者"，一如第八章所言，是上帝，是佛，是安拉，是老天爷等，或一"不知名的神"，或最后说来，在遥远的远方，一切虔诚的心灵终会相遇，不论如何，对于超越者的投注是宗教信仰最根本的基础。宗教信仰的"超越性"是对比于"内在性"来了解的，所谓"内在性"是指存在与意义的根源及其证成是内在于人的主体、社会和世界之中；至于"超越性"则指存在与意义的根源与证成，不能仅仅由诉诸人的主体、社会和世界而获得，却必须在他们之外甚

或之上，在一个完美的存在者身上，才能获得终极的解释。

由于超越性，人所相信的终极价值，包含宗教价值与真、善、美、正义等人文价值，才能成为神圣的，具有神圣性，因而有别于世俗价值。在此"神圣性"是相对于"世俗性"而言。所谓世俗性是特指封限于社会日常生活内在运作之中，至于神圣性则由于其与人的日常生活的距离或与人力的操作有某种深邃难言的精神性距离，因而使得人心向往，甚或自觉渺小。

总之，"超越性"和"神圣性"，正是宗教信仰的本质特性，使人的情意生活有了终极的归宿与提升，不停留于"内在性"和"世俗性"之中，因而不会自囿于有限的人性，也不致引发人的主体性的骄狂。此外，宗教信仰有其"制度性"，让人们能够接近"超越性"，体会"神圣性"。随着生命的成熟，人越发能了解制度性宗教的必要，同时其心灵的自由与超越也不会自限其中，而能在精神上出入无间。制度性包含教会组织、教义、教规、礼仪。"教义"用道理和观念来说明超越者及其与人和世界的关系，使人能借此而接近该宗教传达的"超越性"与"神圣性"。"教规"则是教会有关僧团和教友行善避恶的规定，因为人唯有行善避恶，才会有适当的心灵来接近超越者和神圣者，而不是倒因为果，以为宗教仅在宣扬行善避恶。此外，宗教礼仪透过身体的动作，配合辅助性的措施，使得个人或团体得以接近神圣性与超越性，甚至与之进行沟通，其方法有如祈求、感谢、忏悔、许愿、还愿等。譬如，透过听觉以接近神圣，例如，宗教音乐虽简单而重复，可是人总会因着梵唱或圣乐而感受到神圣的临在，也可以透过宗教音乐的唱调，像听到某一修道院的葛雷哥利声乐（Gregorian chant），感受其虔诚的程度。此外，透过点香、合十、跪拜等，人也可以表达内心的虔诚。总之，宗教礼仪之美，使得朝向超越和神圣的情意生活有了象征的托付。如此说来，人之接近并承受象征的传统，是从身体及其内在的意义动力开始，一如我们在第三节中所述。然而，宗教意义的完成，最后仍需返回身体，完成于身体的实践动作，实现于具有美感与秩序的礼仪动作之中。

六、结语：宗教教育与生命成长

从上述的论述看来，人的一生作为寻求意义、建构意义的历程，是始自传承传统的象征系统，从自然生命中兴起，借以表现并界定自己内在的意义动力。无论个人或群体，其意义世界的形成，皆受之于传统的馈赠，其中来自宗教的成分甚多，这往往也是最能凝聚人心、获取信任的内涵。对于人所承继的传统，人既无法对称地还报，只能继续创造意义，赠予下一代。这也是随后在社会生活中意义的共同建构的宗旨所在。成年时期的意义创造，主要是在社会生活中的共同建构，其对象往往指向人文信仰，也就是指向种种多彩多姿的人文价值与理想。然而，人若不能保持人文信仰的理想性与超越性，往往会导致人格的陷落、群体的离心离德甚或更严重的人际冲突。

教育的主要目的之一应在于促进人的个体与群体生命的成长与完成。教育的历程应该提供受教育者生存、发展，乃至安身立命所需的知识与演练机会。显然，面对生命成长之所需，在宗教教育方面，应该提供受教者认知生活周遭的宗教传统及其象征系统、人文理想的宗教根源，以及在比较的视野下更深入地认识一些与己相关的宗教传统与宗教现象，甚至有能力在宗教中撷取可以安身立命的心灵资源。这些教育内容也可以随着教育阶段而有重点不同的配置。例如在初等、中等教育阶段，让学生对于自己周遭的宗教象征有一般的认识之外，还需让其认识可选择的典型，强化信任的基础，尤其认识各宗教传统中对于生命本身的肯定、爱护与尊重，使得学生的身心成长坚韧，得以抵抗死亡冲动的诱惑。在高等教育中，主要应提供各宗教关于人文信仰的超越基础的知识，以及比较宗教的视野，使其有能力向不同的宗教传统开放，如此不但可以避免人因自我封闭而陷落于封闭的人本价值中，而且可以减少冲突，增进和谐。在社会教育与终身学习的机制当中，应配合各种年龄、性别、教育、社会阶层等的需要，提供各种认识宗教的教育措施，尤其针对老年人，应能综合前此的宗教经验与知识，使其能接近超越者与神圣者，与之密切交往，常保心灵的安宁与喜悦。宗教应能陪伴生命的成长、发展与完成，成为人安身立命的重要凭借。

且容我最后指出，人的自然生命是在爱心与信任中成长，而人的社会生命是在对人文信仰中的奉献与互动中成长，其中联系的力量主要来自人的慷慨与仁爱，至于人的精神生命则活跃于体验无穷的价值根源、无条件的慷慨、无私的爱与慈悲，甚至进入"与造物者游"（《庄子·天下》）或与终极他者交融之境。今天，人的生命之所以变得脆弱，会轻易自杀，伤害自己与他人，主要是因为社会已失去可以奉献的理由，做事的效率虽然提高了，但人的爱心却减少了。宗教信仰指向他者，以无私的慷慨为要求，也是无穷爱心的泉源与中介，也因此而能促进人的生命的成长与完成。如果失去他者、慷慨与仁爱，封限于主体之中，即使拥有其他一切，宗教信仰也终将失去意义。为此，各宗教传统应存异求同，携手合作，共同致力于生命教育，发挥各教的教义、灵修与社会资源，为各年龄层的生命的保存、发展与完成，指引积极可循的道路，使人们不仅知道爱惜自己与别人的生命，而且懂得促进生命的成长，迈向个人与群体生命的完成。

第十一章 佛教与基督宗教的交谈：
聚焦于觉悟与救恩

一、引言

　　以下我将进入比较宗教学的领域，讨论世界上的两大宗教，也就是基督宗教与佛教的比较与交谈，特别关注觉悟与救恩两者的对比，作为两大宗教虽然各自有不同的终极关怀，佛教关心觉悟，而基督宗教则关心救恩，然两者皆有其所向往的终极真实，不至于在虚无主义威胁下，让生命意义失落，任心灵探索落空。

　　其实，当前世局，在新世纪初的氛围下，整个世界可谓正踏入虚无主义的幽谷。从此一人类的窘境看来，佛教和基督宗教两大宗教应致力于开发它们共同的灵修资源，通过交流，一起贡献他们的理念、价值和实践方法，来使人类的生活恢复意义。我个人认为，由于现代化的冲击，尤其加上后现代解构趋势的挑战，人类的存在，虽然各有文化表现上的不同，大体说来，率皆承受着宰制、异化以及生命无意义的威胁和扭曲，而翻腾于焦虑与苦恼之中。在今日，所谓的"虚无主义"（nihilism）一词早已失去其原先在19世纪末20世纪初所谓"重估一切价值"的深刻意义。在今天，虚无主义的概念已然肤浅化、轻佻化、无意义化。人们不再有值得生命奉献的理想，却沉溺在对眼前可见的利益和快乐的追求之中。从这个角度看来，无论是基督宗教，还是佛教，都可以相互合作，甚至相互滋润，为人类再度型构一个有意义的存在。一方面可以提炼它们各自灵修传统中的精华，另一方面也可以共同面对人类的未来命运，以便摸索出一条走出虚无主义幽谷的大道。

　　在此一考虑之下，所谓佛教和基督宗教的交谈，诚然必须面对一些基本的概念，像"上帝"与"涅槃"、"救恩"与"觉悟"、"存有"与"空无"等等。这些基本概念的辨明，对于澄清彼此教义上的立场是十分有必要的。不过，也必须注意到，只沉溺在概念的讨论以及教义的分辨当中，也会使得所谓宗教的交谈变质、退化，成为只是宗教彼此之间口头上的比较而已。作为一个哲学的学者，我认为，在当代世界当中，意向性、生活世界和实践行动等层面，对于宗教的交谈可以说是十分必要的。此一想法是胡塞尔的现象学和实用主义的启发的结果。按照胡塞尔的想法，真理必须透过我们的体验向我们揭露，借此，我们才能够经由意向性指向意义的行动来构成意义。此外，也必须注意到意义在生活世界中形成的历程。①按照实用主义的想法，真理必须透过行动来验证其自身。诚如史密斯（John E. Smith, 1921—2009）所说："我们所相信的与我们行动的方式是相互依赖的。"②

宗教交谈今天是处在一个对比的情境当中。一方面为了厘清彼此教义的立场，必须进行概念的分析和比较。另一方面，各种宗教对于人类在现实世界的共同处境，对于生活世界的现况，有必要共同予以关怀。在基本的宗教学、哲学概念方面的厘清，可以有助于澄清不同宗教的立场。但是，单单厘清不同宗教在概念层次的兼容或不兼容，仍然不能够说出宗教交谈的真正意义。换言之，体验与行动若没有概念的厘清，会是盲目的；然而，只有概念而无体验和行动，也会是空洞的。从此一对比观点看来，基督宗教和佛教的交谈也必须把它们放在现代与后现代的生活世界脉络与人类的共同处境之中，一方面能够厘清、分析并对比各自教义的立场，另一方面也必须共同关怀并且投入共同生活世界的建设。

在本文中，我处理基督宗教和佛教的交谈方式，是诉诸本人所谓的"对比哲学"。对比哲学是一种思维与实践的基本途径，必须在表面的差异或对立的情境中发现互补性，一方面尊重差异，一方面寻找互补。我所谓的"对比"是在差异和互补、连续与断裂、采取距离和共同隶属间的辩证游戏，构成了我们所研究的对象的结构及其动态的发展。因此，所谓"对比"包含了"结构对比"和"动态对比"，两者构成了经验、历史和存有的内在结构与辩证动力。③我之所以提倡对比哲学，是用它来代替一切二元对立的思考，像结构主义（structuralism）就太过强调对立元彼此的差异性，而且化约历史性于结构之中；至于黑格尔的辩证法虽能兼顾历史性，但却太过强调否定性（negativity），因此就忽视了存有的创

---

①Edmund Husserl, *Ideas Pertaining to a Pure Phenomenology and to a Phenomenological Philosophy I: General Introduction to a Pure Phenomenology*, trans. F. Kerstein (Hague: Martinis Nijhoff, 1982), 199–201; Shen, "Life-World and Reason in Husserl's Philosophy of Life," 105–116.

②John E. Smith, *The Spirit of American Philosophy* (Albany: State University of New York Press, 1983), 44.

③参见沈清松：《方法、历史与存有——对比哲学概观》，《现代哲学论衡》，黎明文化事业公司1986年版，第1—28页。

造的积极性。

对比的智慧在中国哲学传统中有其根源。《易经·系辞上》有谓："一阴一阳之谓道。"老子在《道德经》中也说："万物负阴而抱阳，冲气以为和。"（第四十二章）这些都显示出一种对比的思考，一方面有结构性的对比，如"万物负阴而抱阳"便显示结构性的对比。另一方面又有动态性的对比，如"一阴一阳之谓道""阴长则阳消，阳长则阴消"都显示出动态的对比。简言之，对比的哲学要求我们去看出所研究的对象的另一面，无论是就其结构而言，或是就其历史而言，都必须能兼顾其他面向与其他可能性。

带着这样一种对比的视野和思维方式，本人倾向于把基督宗教和佛教视为两种虽然不同但仍可互补，虽相互采取距离但仍可共同隶属的宗教。在本文当中，我将处理以下的教义问题：主要是集中在佛教所谓的"觉悟"和基督宗教所谓的"救恩"，并且把两者视为有助于人类走过现代/后现代的虚无主义的幽谷的宗教思想。我所探讨的问题包含以下四点：

1.基督宗教和佛教对于人类痛苦的共同关心，无论是身体的痛苦，或是心灵的痛苦，及其在人性上的根源。

2.基督宗教所言的"救恩"，与佛教所谓的"觉悟"之间的对比，主要涉及所谓"超越原则"与"内在原则"的对比。

3.基督宗教所论存有的圆满和佛教所谓的空性，或"无所住于空"的对比。

4.德行伦理学对于基督宗教和佛教都是共法，并且可以视为是一种克服虚无主义、宰制与异化的实践道路。

二、人类的痛苦与人性的构成

我所提供的宗教会通的起点，是基督宗教和佛教对于人类的痛苦的共同关怀。它们是在世界上最为关心人类的痛苦和罪恶，甚至关心一切众生所面对的痛苦和罪恶的两个宗教。事实上，基督宗教之所以讨论"救恩"，其最恳切的理由，是为了拯救人类于痛苦和罪恶之中。而佛教所言的"觉悟"，则是透过一种自觉的方式，来从痛苦和罪恶之中解放人类。而且，无论是基督宗教或佛教的教义，都解释痛苦和罪恶的源起，并且是参照人性的构成问题来加以讨论。

基督宗教认为，人神关系是人与一切他者关系的本源，而救恩的根源在于上帝是创生万有的造物主，以及上帝对人类痛苦和罪恶的关怀与同情。按照《圣经》所载，人类历史中的种种痛苦和罪恶，包含忌妒、仇杀、战争、病痛、死亡、奴隶、流离失所、天灾人祸……等，基本上皆在于人与人、人与自然之间和谐关系的破灭和冲突，而其根本则出自于人与神原初关系的破裂。基督宗教对于痛苦和罪恶的源起的解释，主要诉诸人性的构成，并以神人关系作为人性结构的基本要素。

基督宗教的人性论的苦与恶，首先涉及的是关于原罪的论述。尽管对某些神学家而言，原罪代表人性中的幽暗面，是继承自人类的原祖；认为原罪的源起是亚当和夏娃违反了上帝颁布的一条禁令。但我认为，如果把原罪的故事放回《圣经》的文本语境，重新加以解读，便会发现，所谓的"原罪"其实是原初上帝创造为善的人性的堕落和玷污，使得人、神关系破裂，更由此原初关系破裂导致人从与自然的和谐状态分离，进而造成人与人、人与万物关系的冲突。

在《圣经·旧约·创世记》中，有关亚当和夏娃堕落的整个叙事文本，恰好显示人性原初是被造为善的，但由于在人性发展过程当中的一些倾向，使得人的主体性趋向于自我封闭，因而断绝了与上帝的和谐关系，成为痛苦和罪恶的源起。诚如吕格尔所言，原罪的神话区分了罪的根源（*origine radicale*）和万物与人性之善的源起（*origine originale*）。他说："该神话以人为罪之根源，这是发生在创造之后，而创造在上帝的创造行动中有其绝对源起。"[①]

按照圣经所言，人性的原初是善的，是整个《创世记》所提出来的一种"善的存有论"，以及一种肖似于"神的肖象的神学思想"。两者的思维都于根源于人性的原初之善。

首先，按照《创世记》的文本，人的生存环境是由上帝创造的万物所构成的。上帝创造天地万物之后，看了之后都称之为"善"。这一点奠定了人得以从中兴起的一个存有论基础，亦即，人是从善的存有论的基础上兴起的。

其次，人是按照肖似于神的形象所被创造的，正如《创世记》所言："天主于是按照自己的肖像造了人，就是照天主的肖像造了人；造了一男一女。"[②]既然天主/上帝本身是至高的善，神的肖像本身也必然是善的、而不是恶的。因

---

①Paul Ricoeur, *La symbolique du mal*, vol. II of *Finitude et Culpabilité* (Paris: Aubier éditions Montaigne, 1960), 219.
②《创世记》，《圣经》，第10页。

此，肖似于神之象的人性，其受造的本然必也是善的。

此外，受造为善的人性，先天地具有认知能力的理智和行动能力的自由的意志。人的认知理智和自由意志便是奠定人性道德善的先验基础，人也因此必须承担起自己的行为的责任。

从基督宗教的人性论来看，所谓罪与恶的来临，其实是由于人滥用他的自由意志，并且割裂了他与上帝之间互为主体的肖似关系。这个关系，原先是由一个行动的盟约所表现的。但由于人打破了这个盟约，于是断绝了人和上帝之间的关系，使得人封闭在自己主体的薄幸和武断之中，把自己从与上帝的和谐关系之中割裂开来，也就是在这神人和谐关系中断之后，人开始遭遇痛苦、罪恶和死亡。换句话说，人本是按照上帝的肖像而造，人性原初本是善的。然而，人在经验领域中，以其自由意志，选择自我封闭，甚至否定了肖似与神的和谐关系，因此堕入罪与苦的深渊。简言之，痛苦、罪恶和死亡，是由于原本肖似于神的人性自我封闭、因而堕落的结果，也是人拒绝了与上帝之间的肖似关系之后的结果。

按照《圣经》文本的叙述，人在堕落之后，必须经由劳动、苦作，才能生存；必须经由辛勤努力，才能维系良好关系。人不再像从前在乐园里，可以任意享有自由的存在，无邪地生活在良好关系之中。更可悲的是，人从此开始遭逢无穷无尽的灾难、罪过、哀痛、杀戮与死亡，像加音因忌妒而谋杀亲弟埃布尔之类的罪恶，不断发生。从此，人的苦难，饥荒、瘟疫、天灾、人祸，就像《依撒依亚先知书》预言的那样，接连不断。

这种对人性会堕落的反思，也呈现在中国古典道家对儒家伦理的批判中。针对儒家肯定人性先天本善的思维，老子提出批评、并指出这个本善的人性，在现实的社会当中，是会逐步变质和堕落的："失道而后德，失德而后仁，失仁而后义，失义而后礼。夫礼者，忠信之薄而乱之首。"（《老子》第三十八章）简言之，就道家而言，人性在现实世界当中的堕落与变质，是对道的遗忘和迷失的结果。老子的话意味着儒家所谓的本善的人性也有堕落的倾向和可能。

对比之下，基督宗教《创世记》的人性论，则是一方面既指出存有学上和先验上人性的本善，另一方面又指出其堕落和变质的倾向。相较于儒家、道家的人性论，基督宗教的特点更在于肯定每个人具有更多的自由意志，因此必须对其行为负起更多的责任。就此而言，基督宗教承认了人主体性的自律性。但也指出，人对主体的自律性的不妥善运用，终究会导致与他者的断裂，把自己从他者、甚至是绝对的他者——上帝——相割离，以至拒斥了与上帝的和谐关系，因而堕入

"地狱"[1]

不过，即使人可能自我封闭于上帝之外，但上帝的爱无限宽广、甚至在人这样自我封闭的状态中，也不可能阻止上帝之爱的穿透。圣奥古斯丁如是说："我不在地狱，祢也会在那里。因为'我若下到地狱，祢仍然还会在那里'。"[2]此言意味，上帝的爱也会穿透地狱。即使人不断地拒绝上帝，但上帝从不拒绝任何的存在。由于神的无限之爱，救恩遍在于万有之中。基督宗教所谓的"救恩"，就是神的恩宠，和人性自我提升、自我转化、朝向无穷的完美之历程，交互往来共在、合作的结果。在这个过程当中，人性总有堕落的机会，甚至会步入纯粹的主体自我封闭、自我膨胀的情境，而这正是"原罪"观念所针对提防之处。

当我们转向佛教时，也可以看出，事实上佛教的兴起，是为了唤醒人们觉悟，以使人从一切痛苦中解脱。释迦牟尼由于体验了人的生、老、病、死，因而觉悟，他也以此觉悟来自渡渡人。这是所谓"苦、集、灭、道"四圣谛的原初意义之所在。所谓的"苦""集"前两谛解释人类的痛苦以及世界的形成，人的出生及其后一生的条件，是由生、老、病、死种种痛苦构成的。除此之外，还有怨憎会、爱别离、求不得，以及忧、悲、哀伤等种种身心苦楚，皆是无常或是因缘所造成的痛苦。

至于世界之所以形成，是由于种种因素的集结或分离，它们彼此皆是因缘相依的，即所谓"此有故彼有，此生故彼生，此无故彼无，此灭则彼灭"[3]。佛说十二因缘，由无明而行，由行而识，由识而生名色，由名色而生六入，由六入而生触，由触而生爱，由爱而取，由取而有，由有而生，而有老死，无明又起，循环无已。可见，由最原初无明兴起的十二因缘，无论是经由同时的联系，或是在时间中的因果，都决定了生命和世界的形成。简而言之，痛苦是来自因缘生灭，因缘生灭起自因缘互依，而因缘的互依是由原初无明所启动的。面对由此所生种种痛苦，只有透过缘觉、自觉与他觉，觉悟一切皆属因缘生灭，才能够使人从痛苦当中解脱，出离世间，永断烦恼惑业。

若要从痛苦中解脱，则必透过另外两谛之实践而达成——即"灭""道"两谛。所谓"灭"谛是从原初的无明中解脱，灭除因缘之决定，从痛苦中解放，而

---

[1]在基督宗教的要理中，"地狱"所代表的就是一种个人拒绝上帝，完全切断与他者的关系，排斥他自己完美的可能性的一种存在的状态，而以之为人性最大的痛苦所在。

[2]Saint Augustine, *Confessions*, 4.

[3]《杂阿含经》，《大正新修大藏经》（第2册），第67页上。

达至涅槃的境界。至于所谓的道谛，则是实践"八正道"，也就是"正见、正思、正语、正业、正命、正精进、正念、正定"，实现为一个有德行的人，并达成无上正等正觉。

不过，从哲学上说，人求得解脱的可能性以及达成自觉的可能性，都假定了人性在其原本的内在本性应是纯粹而善的，如此才能使自觉成为可能，盖自觉实乃人内在善性之展现。也因此，一个纯粹而善的人性，或所谓"佛性"的概念，随后便在大乘佛学，尤其在中国大乘佛学中发展出来。所谓"众生皆有佛性"，肯定了人与众生自觉和解脱的先验条件，也就是说，在人的主体性或是众生的本性当中，早已经存在能达成觉悟与解脱的先验条件。

就如同在基督宗教中的情形一样，我们可以从上述对"四圣谛"的讨论中，辨析出一种对比的张力。一方面，佛教认为在人性中有一种原初的"无明"，是造成一切痛苦的根源。但另外一方面，又发展出"佛性"的概念。佛性纯然是善的，如此一来，解脱和自觉才会成为可能。人性中原初的无明与本然的佛性，两者的对比所形成的一种紧张关系，给佛教带来更为均衡而动态的视野，以便面对人的痛苦。一方面，佛教认为人必须面对痛苦，解除无明，得大解脱；另一方面，佛教也鼓励人应自觉本有善性，并加以全面展开。

我们可以简单归结如下：在佛教里面，所谓的"觉悟"就是佛性本身的自觉和展开。然而，在基督宗教里面，所谓的"救恩"则是神性的恩宠与人的精神提升相互合作的过程，以便摆脱并克服根源于人的有限性和自私的自我封限，最终达至神性的完美。

三、超越的救恩对比内在的觉悟

在基督宗教的"救恩"思想与行动中，同时涉及超越的原则与内在的原则的交互作用。对基督徒而言，人除非在绝对的他者之中与终极真实相遇，否则人的存在焦虑是会与时俱增的，正如圣奥古斯丁所言："我们的心灵不得安宁，除非安息在祢怀中。"①也就是说，除非在天主的临在和恩宠之中，人的心灵不会真正彻底安宁。这种思想的哲学意义在于，对人性潜在能力的实现，设定了一个超越的原则。基督教义的重点便在于体察出，一方面，以人为中心的主体性终究有自我封闭的倾向，因此这超越的原则是必要的。另一方面，在人心灵最深处，仍然与上帝有着某种内在肖似的关系，因此也有必要肯定一个内在原则。

　　实际上，人是处在这样一个对比处境中：一方面，人性本身的动力，对于迈向成全而言，是必要的，因为人本身的完美需要人的自由意志的决断和德性的养成；但另一方，人性本有的这个内在动力，却不能只封闭在自己之内，而不朝向他者、多元他者而开放，并且，人性唯有在绝对的他者之中始能达至终极真实的完美。否则，人性是无法全盘自我实现的，也因此就谈不上救恩。而所谓"救恩"，就是人性在绝对的他者之中达到的全面实现。

　　就这一层意义而言，基督宗教也体现了一种对比的智慧，深刻地把握到人性的动力以及神、人关系之中的动态张力。耶稣清楚地表达了这一点。他说：

　　　　到时候你们将不在这座山，也不在耶路撒冷朝拜天父。……然而时候要到，且现在就是，那些真正朝拜的人，将以精神、以真理朝拜天父。因为父就是寻找这样朝拜他的人。天主是神，朝拜他的人，应当以精神以真理去朝拜他。②

　　在以上这段话当中，耶稣宣示了一个普遍的救恩史，其所揭示的救赎之路在于，以心灵和真理来朝拜天主的行动与精神。耶稣的话点化出，用心灵和真理来朝拜天主的人，并不被限制于朝拜的地点、种族、文化族群等外在因素。他们运用"内在的原则"，以心神和真理来朝拜天主。以这层意义而言，所谓的朝拜、信仰，其实是显露自己内在精神最真诚部分的一种方式，是一种体验在人性主体中开显真理的方式。这就是基督宗教的救恩历程所谓的内在原则。它所肯定的是，在人和天主的关系当中，需要人以最深切的内在、最真诚的精神动力参与。

　　以基督宗教而论，所谓"内在原则"乃是建立在人肖似于神的形象、亦即上帝的肖像的观念基础上的思维与行动。正如儒家以人人可为尧舜，佛教以众生皆可

①Saint Augustine, *Confessions*, 1.
②《若望福音》，《圣经》，第1645页。

以成佛，对基督徒而言，人肖似于神，每个人的心灵都有某些神性，因此人性可以不断加以发展、以至于完美，甚至如同天父那样完美。耶稣肯定人性当中的神性，他在《若望福音》中说："在你们的法律中不是记载着：'我说过，你们是神'吗？如果那些承受天主话的，天主尚且称他们是神，而经书是不能被废弃的。"①

耶稣在《新约》当中所说的这些话，本身就指向了《旧约》法律书。且在《圣咏》中也可以看到类似的话。例如《圣咏》第82首："我亲自说过，你们都是神，众人都是至高者的子民。"②这些文本显示出，人本身就具有神性，也因此可以趋向于完美，这是在犹太教经书和基督宗教《旧约》和《新约》传统当中的共同肯定。人是按照神的肖像而造的、肖似于神、都是至高者的儿女，就在这一层意义之下，可以被视为是神。人性当中的这一层神性，就存有学而言，是与神本身相互有关系的，犹如父子的关系一般。这个关系，在佛教而言，可以视为是人内在的光明，是一切开悟、启明的内在根源，是人性自觉了悟、观照真相的场所。

不过，从基督宗教来看，此一"内在的原则"本身更要求一个"超越的原则"，好使得人不会自我圈限、封闭在以自己为中心的主体性当中。当代新儒家唐君毅在论及"归向一神境"时，对此一超越自我圈限的需要，甚有体会。他说："使人我各自超越其限制封闭者，而后有此一心灵之呈现与存在……见其超越在上，而又不离人我。……而由此以透视其'无一切天地万物与人及我之一切存在上德性上之任何限制、任何封闭'。"③

因着人神的动态关系，人的心灵不会封闭在以自我为中心的主体性之内，而是不断朝向神的终极真实存在而开放。人精神上的光照、开悟与启明，从不局限在自身之内，也不只是凭借自身己力而为，因为在人性的光明中，自有神性光照的参与。我就是在这层意义之下，解读圣奥古斯丁话语中的思维。奥古斯丁说：

> 天主创造人类心灵，使其成为理性和智性的，借之人可以参与神的光明。而天主如此地从神自身来光照了人的心灵，好使得人的心灵之眼不但可以觉察到真理所展示的一切万物，而且可以觉识到真理本身。④

①《若望福音》，《圣经》，第1660页。
②《圣咏》，《圣经》，第929页。
③唐君毅：《生命存在与心灵境界》，台湾学生书局1977年版，第742页。不过需注意，唐君毅以我法二空、众生普度境（佛教）和天德流行、尽性立命境（儒家）为更高境。
④In *Ps.* 118, *Serm.*, 18, 4, quoted in Copleston, *A History of Philosophy*, vol. II, 63.

简言之，人的心灵和精神若能向着天主而开放，因着来自天主的光明，决不会自我封闭，尤其不会封闭在以人类学为中心的人文主义中。就此而言，信仰天主、朝拜天主的意义，在于自我心灵的提升、以达至高天主的精神和真理，发挥并穷尽自己最深沉的内在，迎向至圣天主无限的光明。这点表示，在基督宗教的救恩历程中，内在的原则必定与超越的原则相关，自我内在经由超越原则而提升。内在原则不离超越原则，正如同超越原则不离内在原则。总之，所谓救恩，其实是在既有限却朝向无限的人性内在中，尽一己最深沉的内在，在其中迎接天主的恩宠，以致天主的恩宠满盈，再无二分、但却有别的、融入式的互动状态。

当我们转向佛教的时候，则可以看出，对佛教而言，内在的原则可以说是占极大的优势。佛教认为，众生和人皆寻求觉悟，也透过觉悟与光照，才能够从一切的痛苦和人的有限性当中获得解脱。然而，觉悟与解脱只有透过人或众生内在所拥有的佛性，自我省觉，才成为可能。虽然这种自我省觉也应可以超越任何感性的经验，超越经验的世界，并超越任何自私的自我，以便为利他的、为普世的理由而奉献。然而，这种自我超越的资源基本上是内在于每个人的自我之中，而其体现也是人的内在佛性的全盘展开。也因此，似乎没有必要去承认任何超越的上帝，更无须以上帝的恩宠来介入人的觉悟。就此意义而言，在佛教中似乎没有必要成立或设置任何的超越原则。总之，所谓觉悟，是圆满发挥内在佛性，证得菩提，达至般若，全无其他外在依赖的状态。

不过，即使在内在原则的优势当中，佛教信徒也仍然有某种倾向去崇拜佛或佛的某种形象，将其视为是神圣而超越的，而且有必要去要求他的恩宠。我们可以在佛教的发展当中找到这样一个对比的情境。

例如，在净土宗里面敬礼阿弥陀佛，而阿弥陀佛就有一点类似位格神的意味。人们可以向他唱歌和祈祷，甚至只是经由敲打木鱼和不断重复他的圣名，颂念"阿弥陀佛、阿弥陀佛、阿弥陀佛……"，就在佛教徒的每日生活当中，尤其是在紧急危难状况出现的时候，如此地要求于阿弥陀佛，可以获取他的恩宠和协助。也因此，要求于阿弥陀佛的名号，就类似于向他祈祷，求取恩宠。其最后的结果，就是达至净土。在此所谓"净土"，就有如基督宗教所言的"天堂"一般。除此以外，无论是僧侣还是佛教徒，也都每日祈求佛祖保佑、菩萨保佑。其中所隐含的心理意义，绝不只是内心的自觉而已，也有要求某种超越的神明，与之交谈的意思。

不过，即使在这种情况之下，向一个类似于位格神的祈祷，或是要求于他的名号，也都可以仅仅视为是一种灵修的技巧，而无须视为要求于超越界的位格神。也就是透过不断颂念阿弥陀佛，化万念为一念，将纷然杂沓的思想，简化成一个虔诚的重复颂念阿弥陀佛神圣之名的动作。如此地要求阿弥陀佛的圣名，因此也可以视为是一种简单的灵修作为，是以极单纯的方式来觉省内在于个人心中的佛性。也因此，所谓的"净土"其实就是"净心"，并非土净，而是心净。透过这种简单的方式，化心念之杂，为心念之净，这是最容易达到觉悟的途径。其所达至的，仍然是觉悟，而非基督宗教所谓的天堂。这就是净土宗之所以被视为简便之门的意义所在。换言之，即使在这里似乎有一种祈祷的性质，然而其目标仍然在于觉悟，而非在于恩宠。这表示，即使在佛教中类似净土宗这样有神论的倾向，仍然可以用内在原则的方式来加以诠释。

事实上，将佛予以神性化的趋势，并不仅限于净土宗。早在佛教发展的最初阶段，就已经出现这种拜佛如拜神的倾向，而且一直持续发展到今天，仍然有之。例如，在台湾今天的佛教界里面，也出现对于将佛予以神性化的现象的批判，因为在今天的佛教运动当中就存在这种现象。像印顺法师和杨惠南教授，都大力批判佛教里面这种以佛的神性化作为在现实世界中扩充佛教的策略。而且他们都追溯这种神化倾向到佛教第二次集结，当时形成了上座部和大众部的分裂，而大众部就采取了这种将佛神性化的策略，以便扩张佛教在广大信众中的影响力。

印顺法师指出，上座部和大众部首次分裂的主要原因，是他们对于佛的本性的诠释。对于上座部而言，佛教是一种人性化、人间的宗教，比较关怀现世，较属实在论的倾向。印顺指出，在上座部的立场，"佛是现实人间的，与一般人相同，要饮食、衣着、睡眠、便利，病了也要服药。佛的生身是有漏的，佛之所以为佛，是佛的无漏功德法身"[①]。另一方面，印顺也指出，大众部倾向于认为"佛身无漏，是不会生病的，当然也就不需要服药。所以说佛有病服药那是方便，为世人作榜样，如比丘有病，就应该服药。大众系的说大空宗以为，佛示现身相，其实佛在兜率天上，所以也不说法。……佛是无所不在的，无所不能的，无所不知的，而寿命是永远无边际的"[②]。由此可知，大众部也有以佛为全知、全能、无所不在，而且是永恒之神的想法。这点显示与基督宗教所信仰的上帝的特性有某些类似。

---

① 印顺：《印度佛教思想史》，正闻出版社1988年版，第62页。
② 印顺：《印度佛教思想史》，第62页。印顺此言正如《异部宗轮论》所说："如来色身实无边际，如来威力亦无边际，诸佛寿量亦无边际。""一刹那心相应般若知一切法。"见《大正新修大藏经》（第49册），第15页。

杨惠南教授也跟随印顺的解释，追溯"佛的神性化"现象至印度佛教大众部的传教策略，主张佛是全能，在一切场所，一切刹那，以便使佛教能够为更多数的信徒所接纳。杨教授将它称为一种返回婆罗门教的趋势，并且认为这是佛教衰败的主要原因。[①]

佛教也有这种将佛神性化，视佛为某种全知、全能、无所不在的神明的趋势，也构成了在佛教中一个对比的情境。一方面主张内在的原则，所谓觉悟就是自证其内在佛性。另外一方面，则又设置了一个超越的佛，宛如神明一般。这点也显示，从宗教心理学看来，人内心终究有与超越的神交谈的倾向。当一个佛教徒进入佛殿，礼敬佛像，其本意应在于以佛之光明，映照我内本有佛性之光明，而不在于礼敬一超越的神明。然而，在佛教徒内心，应仍存在着与一超越的神明的关系，以及与之交谈的倾向。

不过，我们必须指出，无论如何，佛教最主要还是一个觉悟的宗教，它更倾向于从内在原则来理解觉悟和解脱。为了这个理由，中国的大乘佛学才不会发展所谓"佛的神性"概念，却进而将它转化成众生皆有的"佛性"概念。如此一来，就转向强调内在原则。此种想法一旦引进中国哲学之中，就逐渐地影响中国哲学，发展成各种的内在哲学。其后无论是中国各宗佛教，以及后来的宋明理学，都是属于内在的哲学。

四、展现存有和无住于空的对比

对于基督徒而言，上帝是位格性的终极实在，是最完美的精神性的存有，他是整个宇宙的创造者，人类其他一切有生之物以及其他无生之物皆来自他。上帝本身是不能够用一切人为的论述，包含哲学、科学和神学来解释和言喻的。即便是现存的任何对于宇宙的源起的科学或哲学或宗教的论述，都还不能满足人在这方面的好奇。就基督宗教而言，最后的说明，就在于以上帝作为整个宇宙的第一因和终极目的。上帝创造了在宇宙中的一切万物，在万物之中又兴起了人。而人

---

① 杨惠南：《佛教思想发展史论》，东大书局1993年版，第6—9页。

类在成长过程中，达到某个阶段之后，会倾向于自私、自我中心，甚至沉溺在武断的自我当中，排除与天主的任何关系，这就是痛苦与恶的开端。为了使人类从这种状态中获得解脱，基督宗教相信上帝本身来到世界，取得人形，以便以人的形象将人从他的自我封限和自我武断当中拯救出来。基督宗教认为，神是用在十字架上的苦难和死亡这一普世的利他性，来承担人的苦难，并拯救世人，使其从自我封限的状态当中破壳而出。人的生命及世界发展的终极目的，都是在于成为完美的，以便回归上帝。到时将有新天新地的来临。

不过，就哲学上言，说上帝就是一切万物的创造者和完美实现的目的所在，并不是把上帝与存有相等同。有些士林哲学家，像吉尔松、马里坦等人，倾向于把"神"与"存有"相互等同，而且认为其神学依据是在于圣托马斯。其实，圣托马斯本人区别了"存有"与"上帝"。托马斯认为存有或存有本身是一切存有者的存在活动。而存有者则是一切存在活动的主体。至于上帝则是独立自存的存在活动本身①。存有并不是独立自存的实体，而上帝则是独立自存的存在活动。除此以外，在这样的独立自存的存在活动当中，有无可穷尽、无可言喻的理想、可能性，它们都可能存在，但尚未存在。就这一点而言，正如"否定神学"所言，只能用负面和否定的方式加以了解。我们很难找出其他的语词，只能把这些无可言喻的可能性称之为"无"。如果没有这些"无"充斥于存有者的领域当中，存有就不可能再进一步的实现了。也因为神不可言喻的丰富性，使我们不能把上帝和存有等同，因为上帝既是存在活动，也超越了存有、超越了存在活动。也因此，上帝超越了有、无的区分，而且上帝是从无中创造了万物。

我们可以说，上帝是位格的，这个意义在于上帝是有意识的、精神的，他既能够认识，也能够爱。但我们也可以说上帝不是位格的，这个意义是说，天主并不是像我们人类的意识和精神那样的位格之意。上帝认知一切，但他的认知并不像我们的认知。上帝爱一切生命，但他的爱并不像我们的爱这般。因此根据肯定之路，我们可以说，上帝是存有、是位格。然而按照否定之路，我们也应该说，他不像我们所设想的那般地存有或位格。上帝既是位格，而且也超越位格。在这里，或许可以使用德日进的"超越位格"一词来加以表达。

就佛教而言，虽然在佛教的传统里面也有一种将佛神性化的趋向，视佛宛如上帝一般，但是，更深刻地说，佛教宣称它自己免除于任何上帝或神明的观念。

---

①Aquinas, *Summa theologica*, I, q. 29, a. 2; Aquinas, *Summa contra Gentiles*, book 1, 25.

换言之，它所宣称的觉悟和解脱如此彻底，以至于须从信奉位格神明的必要性当中解脱。这点构成了佛教觉悟和解脱的经验中非常重要的一部分。即使在净土宗的佛教当中也有要求于阿弥陀佛，求佛保佑，甚至能够接引西天，往生西方极乐世界，宛如基督宗教的天堂一般。然而，即使如此，阿弥陀佛也仍然不像基督宗教的上帝，阿弥陀佛也不是世界的创造主。阿弥陀佛虽能实现净土，但他本身并不介入世界的历史当中。总之，他既不无中生有，创造世界，也不介入世界的历史当中。即使是从"净土"的观念，也不能逻辑地推衍出任何如基督宗教所谓"新天新地"的观念。正如前面所论，要求于阿弥陀佛的名字，其实是一种化万念为一念的灵修技术。它的真正意义在于获得一种纯净的心灵状态，而不在向一超越的、位格的神明祷告。

佛教的禅定可以达至一种纯粹的空的经验，一种绝对的空的境界。"空"似乎是佛教中最深刻的经验，甚至超越任何对于位格神的崇拜的经验，换言之，连此位格神亦须加以空之。因此，佛教不同于基督宗教的重要一点，在于基督宗教强调上帝是最高善（summum bonum），万物的善皆可在上帝的存在当中得到实现，并借此体现万物的命运。然而，佛教比较强调空的经验，作为一切觉悟和解脱的本质所在。

对佛教而言，空并不能等同于存有，也不等同于虚无。为了达至解脱，必须彻底到能将觉悟的经验中所隐含的自由加以扩大，甚至不执着于空，无住于空。《金刚般若波罗蜜经》所谓"应无所住，而生其心"，其意在阐明"缘起性空"之义。按吾人的诠释，心之自由应彻底至毫无执着，是为心无所住，甚至应无住于空。换言之，连空也必须加以空之。这体验十分接近海德格尔所讲的"离本"[1]，是不断地从一切基础离去的体验。就海德格尔而言，基督宗教的上帝观是其所谓的"存有一神一学"[2]。一方面肯定存有作为一切万物的存有学基础，另外一方面肯定神作为存有的第一因，也因此成为一切万物的神学基础。相反地，佛教比较接近一种"反基础主义"（anti-foundationalism），不执着于任何存有学基础或神学基础，甚至不以"空"为基础。应无所住，亦无住于空，没有任何基础，而且要不断地离开一切基础，以便人的心灵尽可能地自由，再无任何

---

①Martin Heidegger, "Wozu Dichter?," in *Holzwege* (Frankfurt am Main: Vittorio Klostermann, 1938), 248.

②Martin Heidegger, *Identität und Differenz* (Pfullingen: Günther Neske Verlag, 1957), 60–63.

执着。

不过，空的体验虽然非常深刻，足以展露人心灵的自由。但这并不代表存有的全盘实现是不可能的。即便要使人常保心灵的自由，使人的自由彻底到没有任何言说——无论是哲学的、科学的或神学的学说——可以作为人的自由的基础。即使没有一个现成的学说或教义可以视为人自由的基础，这并不代表整体存在是无根的、无基础的。就基督宗教而言，一定要有存有和进一步发展的可能性。即便是无，也还是有其基础。虽然这个基础本身无可言喻，也因此人对于所有的哲学、神学和科学的学说，终究须加以解构，使得人的心灵与终极真实常保自由。

不过，由于佛教强调觉悟和解脱，因此不会将佛性的实现和存有等同，而且也不承认佛是一个位格的神。似乎对于佛教而言，神的位格化是一个存在上较为低级的表示。换言之，比较起一种无位格的空的丰富经验而言，将神位格化却是一种执着。就如同甘易逢神父（Yves Raguin，1912—1998）所说的，对于佛教而言，"非位格"是比"位格"更为丰富，更为伟大，更为绝对的。[1]我认为在甘易逢的说法里面，有一个值得重视的论点。他说："如果基督宗教要和佛教交谈的话，不能够只向他们说：'不可能和你们交谈，因为你们不相信一个位格神。'相反地，在交谈当中，必须能够使佛教了解到，在基督宗教的信理当中，也有对于天主的非位格性的信仰。'非位格'和'位格'并不是相反的。它们却是互补的。"[2]

我想，甘易逢在此强调的"非位格性"是十分重要的。但是，我比较喜欢德日进所使用的"超位格"的概念，远胜所谓"非位格"的概念。不过我仍然认为，把神视为是位格的，更合乎人性。神是位格的，表示他能够认识，能够爱，而且我们也能够向他祈祷。虽然神的非位格性也有一种深刻的意义，但是如果太坚持非位格性的论题，也会掉入一种无对应的崇拜，没有交谈和互动。我认为人性最深刻的内在，除了自觉与自由，还需要和超越界的交谈，才能够超脱自我封限。如果太过崇拜非位格性，将神作非位格的解释，将佛作非位格的解释，都会沉溺于对这种交谈的需要的冷漠当中。

就基督宗教而言，上帝有其非位格性。首先，上帝既然创造了宇宙，宇宙也自有其法则，而上帝也在宇宙当中，就这一点而言，上帝的非位格性不但是表现

---

①Y. Raguin, "Evangélisation, Dialogue et Reflexion Théologique" (unpublished manuscript), 6.
②Raguin, "Evangélisation, Dialogue et Reflexion Théologique," 6.

在否定神学，表现在神的不可言喻性上，同时也表现在上帝所订定的宇宙的创造性与法则性当中。上帝创造了宇宙又遍在于宇宙，而宇宙的创造与法则是不以人的意志为转移的。可见，在上帝当中应有某种非位格性。上帝的非位格性和他的位格性并不矛盾，两者虽然有别，但却也是互补的。

当然，就基督宗教而言，与其说上帝是非位格的，不如说上帝是超位格的。对人本身来讲，设想一个能够认知一切、能够爱万物且人能够向他祈祷的有位格的神，更合乎人性。如果毫无弹性地、僵硬地在哲学上坚持上帝的非位格性，也会导向一种无情和冷漠的思想。这种心态就如耶稣在《玛窦福音》中所说的：

> 我可把这一代比作什么呢？他像坐在大街上的儿童，向其他的孩童喊叫说："我给你们吹了笛，你们却不跳舞；我给你们唱了哀歌，你们却不槌胸。"[1]

对于哀号欢乐皆无反应，这是一个非位格的概念可能带来的冷漠与悲惨的世界。从基督宗教看来，对于人而言，说上帝是位格的，其意义是在说，上帝的确能够认知万物、爱万物，而且我们可以在心灵中向他祈祷、与他交谈。但这一点并不表示说他的爱、他的认知和倾听我们的祈祷，是以我们人所设想、太过人性的方式来进行的。就这一重意义来讲，上帝并不是位格的，而是超位格的。这并不是说天主或上帝无能力认知、无能力爱，而只是说他的认知和爱是以超越的、卓越的方式来进行的。

对于这一点，在基督宗教中可以分两方面来考虑：一方面上帝创造了宇宙的法则。神的意志虽是爱的意志，但其表现于宇宙中则为宇宙的法则，在人性当中则展现为正义。这些都是不以个人的意志为转移的。另一方面，在基督宗教的密契主义、神秘经验中，上帝是一切万物的奥秘。在圣十字若望和圣女大德兰的神秘经验当中显示，在人与上帝最深层的关系中，在某一个阶段人会进入到空虚自己，进入所谓"灵魂的黑暗"，甚至被动地被一个不知名的韵律带走，在这余波荡漾的韵律当中，上帝并不展现为位格般的亲切。此经验宛如道家密契经验中的阴性、受动状态，被道带走，随道流转一般。道家说"无"，佛教说"空"，而在基督宗教中，也有圣保罗（Saint Paul，5—67）所谓"空虚自己"，笔名

---

[1]《玛窦福音》，《圣经》，第1524页。

（伪）狄奥尼修斯（Pseudo-Dionysius the Areopagite，约500）所谓"否定神学"，爱留根纳（John Scotus Eriugena，800—877）与爱克哈特大师（Meister Eckhart，1260—1327）所谓"上帝是无"等。不同的是，在基督宗教的密契经验中，除此以外还有与上帝亲密的交谈和爱的共融。总之，对于基督宗教而言，神既是位格的，也是非位格的。就在这样的一个对比的情况当中，人和神的关系才会愈趋于深刻，终抵于与神的交融。

五、德行伦理作为克服虚无主义与宰制的实践之道

最后，但也是最重要的，面对当前世界正步入虚无主义幽谷，各地充满着政治、社会的冲突与宰制，而非人性之科技与制度正造成各种异化现象之时，佛教与基督宗教，以及其他精神文明传统，皆可发挥其德行伦理的胜义与实践，予以克服。这是其他伦理思想，诸如效益论与义务论，所无法达成的。

面对虚无主义的苦恼，追求最大效益的效益论无济于事①。效益论最大的问题在于：往往最大的效益很可能是违反正义的。此外，为了追求最大的效益，心中就要不断地算计，才可能在政策或投资上达到最大的效益。效益论既然以追求效益为唯一的目的，心中又常在盘算效益，这样一来只会加强虚无主义的倾向，解决不了问题。因为人所追求的若只是效益，仍无法提供人们心灵上值得奉献的理由。虽然企业获益了，业务推展了，但没有理想，没有卓越感，伦理关系搞不好，也没做过什么好事，所以心灵上还是不满意。因此效益论无助于人类走出虚无主义的黑暗，反而助长了虚无主义的风气。

其次，义务论也无益于克服宰制与异化。现在是重新思考德行论对于义务论的优先性的时候了。今日世界亦正承受过度强调道德与法律义务之苦。这可追溯到近代世界形成时，康德义务论思想的提出。康德认为道德就是人自律地按照道德义务的无上命令而行动。所谓德行，只是克服、否定个人的欲望，以服从道德

---

①Utilitarianism一词旧译为"功利主义"，但如今中文"功利主义"一词已有贬义，用来骂人。既然追求效益，似以改译为"效益论"为佳。

义务的要求。①

康德在个人道德领域重视义务，而在国家的领域则提出"法治"的概念，即"法治国"（*Rechtstaat*）。"法治国"这概念是康德最先提出来的。他认为人在个人领域应该遵守道德义务，而在国家的领域则应该遵守法治。所以义务论包含两个层面：一是道德的义务，一是法律的义务。由于现代化的加深，义务论一直在现代社会中延伸、发展，因为它颇能配合现代化的宰制与规范建立的需要。

在比较世界的伦理学时，有些学者认为儒家的思想是一种强调意志"自律"的伦理学②，并认为西方的基督宗教，是"他律"的伦理思想，因为他们认为像"十诫"的颁布是由外在于人意志的上帝来颁定律则的。但是，无论是讲"自律"或是"他律"，都只见规范与义务，都是从义务论的伦理学出发的见解。然而，这种义务论至多只能成为政治社会宰制的意识形态帮闲甚或帮凶，无力克服宰制与虚无主义。

其实，在我看来，无论是儒家、佛教或基督宗教的伦理学，都是德行论的伦理学。儒家重视人本有善性的卓越化，也重视人良好关系的满全。基督宗教也是，其戒律是在神人的关系中成为可能，例如"十诫"的颁布是神与人盟约的结果，而《新约》中耶稣也说："你们如果爱我，就遵守我的命令。"可见爱的关系优先于义务（命令）的遵守。若只从自律、他律的观点比较儒家与基督宗教的伦理学，不但是自陷于义务论的窠臼，而且会失去儒家与基督宗教伦理学的真实本意。

就德行论伦理学言，基督宗教与儒家、佛教是一致的。在《圣经》上，亚当和夏娃在乐园中所遵守的规定，目的是表示尊重神人关系，因而有了约定；其

---

①然而，正如麦金泰尔所指出，"有德的行动并非如以后的康德所想，否定本性倾向而行动；而是根据经由德行教养过的本性倾向而行动。"Alasdair Macintyre, *After Virtue: A Study in Moral Theory*, 2nd ed. (Notre Dame: University of Notre Dame Press, 1984), 149.

②例如当代新儒家从义务论的角度解释孔孟，把儒家思想解释为义务论的伦理学，比如将孔子所说"三军可夺帅也，匹夫不可夺志也"（《论语·子罕》），解释为重视意志的自律；又将所谓"杀身成仁，舍生取义"，解释为人可以为道德命令失去生命，因此认为儒家的道德义务是一种无上命令。其实，儒家虽然讲究道德义务，但它的目的是为让人本有善性展开，并使良好的关系能得到实现与满全。换言之，守义务是为了德行，而不是以德性就在于克制欲望，以便服从义务。而"德行"的意义，基本上可以归纳为：一、本有善性的实现。如仁、义、礼、智之德行是恻隐之心、羞恶之心、辞让之心、是非之心等本有能力的卓越化。二、良好关系的满全。夫妇和顺、父慈子孝、兄友弟恭、朋友有信、君臣有义，皆是关系和谐化的结果，也是德行。

后，"十诫"中的伦理戒律实乃维系人神关系、人人关系之盟约。尊崇上帝的正义与关系的和谐是遵守义务的目的所在，因此不宜以他律视之。"自律"与"他律"的区分仍是义务论的概念。但基督宗教与儒家一样，皆是以关系和谐化为目的，以德行优先于义务。这在《新约》中耶稣所言"如果你们爱我就遵守我的命令"，更清楚显示：爱的关系优先于义务的遵守。在基督宗教中，信、望、爱、正义、仁爱、智慧、勇敢、节制等，皆是关涉善性卓越化，关系和谐化之德行。在面对当前规范解构、虚无主义横行，效益论与义务论无法赋予人生命以意义之时，儒家和基督宗教的德行论伦理学，既能有益人的能力卓越，又能使关系和谐。

同样，佛教也强调德行伦理。所谓的"八正道"，就是迈向觉悟和解脱之道，以便从一切的痛苦、因果当中解脱。实践"八正道"的结果，应该是一种德行的生活，而不只是在行为上服从义务而已。在"八正道"中，正语、正业、正命，都是与戒律或道德规范有关。但是，所谓"五戒"——不杀生、不偷盗、不邪淫、不妄语、不饮酒——这些并不只是一些消极的戒律或义务，因为服从它们的，正是为了能够积极展开人的智慧和对万物的慈悲，以便达至利他的品行，以至于完美。换言之，服从义务基本上是为了陶成德行，为了达至能力的卓越化和与万物关系的和谐化，而不是说培养德行只是为了服从义务。至于"八正道"的其他各正道，例如正精进、正念、正定，三者是为了实现一种高度的禅定生活。而正见、正思则是为了达至智慧。

戒、定、慧是佛教生活中三项基本的要素。其主要的目的是利他的能力的卓越化，和与众生关系的和谐化。这两点应为佛教的德行伦理的核心。不同的是在佛教中没有与上帝或是位格神关系的和谐化。

在佛教中，觉悟的生活是一种德行的生活。在基督宗教中，也是透过德行的生活导向属灵的救恩。两者都同意德行是人本有能力的卓越化和关系的和谐化。佛教的觉悟更多是与自我的关系，就是与自己本有佛性的关系，以及与万物的关系的和谐化，但其中并不包含与上帝的关系。在基督宗教中，并不只有人与自我的关系，人与自然的关系，人与其他人和万物的关系，此外还必须加上与上帝的关系的和谐化，而且这点是作为所有其他一切关系的基础。

六、结语

我认为，佛教强调觉悟，应可有益于人类在今日世界有自觉地开展出人性中最好的一部分（即所谓佛性）。这对于基督宗教亦颇为重要，因为如果没有觉悟的体验，也不会有对上帝的深切经验。就如同海德格尔所言，有存有之开显，始知神圣之本质；知神圣之本质，始知神之本质。同样的，只有在对本性的自觉之基础上，吾人始能在真理与善的光照中与上帝合作。就此而言，佛教所提倡的佛性与觉悟，实为一切宗教心灵奠下了人学基础。不过，就另一方面言，佛教所言"觉悟"亦需由基督宗教所言的"救恩"来提升和完成。在此，所谓救恩是由无限的上帝来转化并完成人的有限存在，而上帝本身是超越存有与虚无，超越位格与非位格的分别的。若无此一无穷奥秘之神，开悟与解脱之经验将缺乏存有学基础。[①]"设若"缺乏存有学基础，"众生皆可成佛"一语将成为只是宗教性的励志话头而已。

当然，在此我只用"设若……"的条件句。我想从佛教的缘起论应可发展出某种宇宙论和存有学解释。[②]须知佛教中"信、解、行、证"四者，仍以"解"为最重要，然而宇宙论和存有学解释亦应视为"解"的重要因素。若后者仍付阙如，亦应视为人的无明的一部分。也因此，宇宙论和存有学解释，不能仅以"戏言"视之，却要用创造性的诠释予以开展。佛陀自己将这类问题视为"戏言"，亦可诠释为他承认人的理性的有限性。就基督宗教言，人的理性既然有限，就需要其他资源以补其知（例如神的启示）。

无论如何，面对今日人性处境之艰难，加上非人性的科技正在制造种种人性异化之苦境，佛教与基督宗教应发挥其整全而开放的人文关怀，致力于救世救人。尤其值此黑暗的虚无主义幽谷，佛教与基督宗教更应灵活其价值创造动力。此一动力首先是深植于两者对人性之善的肯定上，此即佛教所谓"众生皆有佛性"，基督宗教所谓"人是上帝的肖像"。

---

①在此，所谓"存有学基础"指一切存在者的终极根，而非限于如海德格尔所谓人的存有理解。人不宜将"存有学基础"人学化。"存有学基础"是一切无根基者终极而自由的根基，其意甚至要比海德格尔所谓*Abgrund*更为深刻。

②觉悟之时，虽可在主观上自缘起论所揭示的因果锁链中跳出，由于自觉而不再受其决定，但并不表示因此就可否认或取消因果锁链之客观存在。

　　此外，面对当前社会各种宰制现象严重，佛教与基督宗教不宜主张效益论与义务论，以免成为为政治与商业宰制推波助澜的意识形态。相反，它们应透过对于本有的德行伦理思想的发扬与实践，超克效益论伦理学与义务论伦理学之不足，致力于人性的卓越化与关系的和谐化。

　　总之，在此第三个千禧年之际，佛教与基督宗教以及其他各大正派宗教，在各自发挥特色尊重差异之时，仍可相互济补，共同为人类的觉悟与救恩而奋斗。

第十二章　身体、隐喻与对话：《庄子》与《老子中经》的比较

一、引言

　　中国哲学与中国宗教有许多的共通点，它们都重视身体，也都喜欢使用隐喻与对话来表述，然其哲学性与宗教性仍有所不同。本文旨在借着比较《庄子》与《老子中经》中有关身体、隐喻与对话的观念，以突出道家与道教的科学、哲学与宗教中的一个重要议题。本篇可以说是道家内部哲学与宗教的比较与会通之作。

　　道家智能通常以隐喻、叙事和对话的形式来发表，而避免使用显态、直接、抽象的概念、论证与描述。例如，庄子使用三种论述方式：寓言、重言、卮言。其中重言往往以道家先哲先贤之间的对话作为表述方式，而其与身体的奥秘的开展之关系，将构成本文第一部分之工作。其次，讨论《老子中经》，其中对于身体的存思往往采取与内、外于身体及其各部分的神明间之对话。最后一部分，将对两种道家论述进行比较，借以凸显中国哲学与中国宗教同中有异、异中有同的对比情境，借以说明两者所论身命的内在性与超越性。

　　在道家经典中，基本上《老子》虽属独白类型，然亦常使用隐喻，例如王弼本第八章曰："上善若水。水善利万物而不争，处众人之所恶，故几于道。"是以水比喻"上善"，取其善利万物、不争、处下之意。又如第五十五章曰："含德之厚比于赤子。毒虫虺蛇不螫，猛兽不据，攫鸟不抟。骨弱筋柔而握固。未知牝牡之合而全作，精之至也。终日号而不嗄，和之至也。"以赤子比喻德厚之人，取其无邪、无对立、至精至和之意。《老子》全文皆属独白，可谓谆谆训示，没有任何对话，但其中如"吾何以知天下然哉？"（第五十四章）这类问句，也多少隐含着某询问者和被询问者的隐藏式对话关系；至于其中有关身体的论述，则属开放性而非封闭性，换言之，从身体开始进行的守神、练气等功夫，可以一直往上、往深处进展，一如第十章"载营魄抱一，能无离乎。专气致柔，

能婴儿乎。涤除玄览，能无疵乎。爱国治民，能无知乎？天门开阖，能无雌乎？明白四达，能无为乎？"所说。这种种灵修步骤显示一开放向上、不断超越的过程：从身体上致力于身心合一，直到本质直观，直到外王，进而事天，最后合于道体。

到了《庄子》，则随处使用对话形式，包含于其所谓"重言"之中；然其对话并非基于事实上或历史上实际发生的谈话，而是作为一种寓言的形式出现。因此，其对话基本上是以寓言为本，经过寓言对经验的转化与推广，使得重言成为可能，所以说"寓言十九，重言十七"，并不表示庄子数学不好，而是说重言本属寓言的一种。重言多以道家前辈彼此的对话，如女偊与南伯子葵关于如何学道的对话；或是道家前辈与儒家圣贤，如尧与许由关于让位的对话，以显示重言之真。而卮言亦多为庄子与惠施的对话，以显示卮言的批判与随说随扫之意。且其中多论及与身体相关的言论，如说真人"其容寂，其颡頯"（《庄子·大宗师》），是从身体的相貌来描写，述说真人容貌寂静，额头宽广。而且真人的修行，是从身体的呼吸开始："古之真人，其寝不梦，其觉无忧，其食不甘，其息深深。真人之息以踵，众人之息以喉。屈服者，其嗌言若哇；其耆欲深者，其天机浅。"（《庄子·大宗师》）可见呼吸可以减少欲望，乃至于无梦无忧之境，可体见天机，不会因嗜欲深而致天机浅。

至于《老子中经》，则更从老庄的练气、冥想与事天，转变成对于身体内外众神仙的存思，可谓以实指性的神明体系，达至隐喻或象征"以此指彼"的效果。而且，此一存思过程极为重视对于身体内外众神仙的祷、祝、呼等对话形式。老子既无对话可言，这很可能是继承庄子此一对话传统而发展出来的。

总之，道家文本或采对话（如庄子）或不采（如老子），但都偏好使用隐喻或寓言来表达，而且其中身体都是属于开放性的，从来没有成为封闭于自身的孤立单位。为此，以下先论隐喻或寓言的论述形式。

二、道家之知识与智能多用隐喻与寓言表达

道家的知识与智能，多用寓言、隐喻与象征来表达。从道家的奠基者老子开始使用隐喻，到了庄子尤然，且更发展出寓言的理论，随即被尔后的道教思想家

所继承。是以此一论断，大可适用于所有道家，包含哲学道家与宗教道家。换言之，"道家"一词，不但用以指称老、庄、黄老，而且可以指称道教术士，而道士们也是用"道家"一词来自称。是以冯友兰强行区分道家与道教，实属不必。①

老子善用隐喻，如说"上善若水"意指上善如水一般，善利万物而不害，处下而不争；又说"含德之厚比于赤子。毒虫虺蛇不螫，猛兽不据，攫鸟不抟"指丰厚于德者，宛如婴孩，天真无邪，与世无对，是以无物害之。这些"若""如"的说法，并非属于描述性语句，而是属于隐喻性的用法。

庄子的论述，多使用对话来进行。然其对话假定了寓言的使用。庄子的语言风格，其要可约为寓言、重言、卮言三者。《寓言篇》曰："寓言十九，重言十七，卮言，日出。"可见，寓言占其所用语言十分之九，其中重言又占十分之七，卮言则随时随机而提出，然此三者不能从感性经验的描述和逻辑的定义与推理来判定其意义，是以《天下篇》称之为"谬悠之说，荒唐之言，无端崖之辞"，又谓："以卮言为曼衍，以重言为真，以寓言为广。"按吾人之诠释，寓言即"荒唐之言"，其意在求广；重言即"谬悠之说"，其意在求真；卮言即"无端崖之辞"，其意在求曼衍。三者以寓言最为基本，盖先有寓言对偏重理性逻辑与感性经验者的语言使用进行转化，拓广经验，才使得重言之求真与卮言之曼衍，进一步成为可能。

首先，寓言者，设言于此，寓意于彼。寓言之所以能借此以言彼，盖因为此与彼之间有某种相似性（similitude）。西方的隐喻理论便是立基于相似性以言隐喻（metaphor）；然而，相似并非相同，同中有不同，不同中有同，而寓言乃借着既相似又不相似所造成的紧张关系，达成转化思想，驰骋想象的作用。《寓言篇》曰："寓言十九，借外论之，亲父不为其子媒，亲父誉之，不若非其父者也。非吾罪也，人之罪也。与己同则应，不与己同则反；同于己为是之，异于己为非之。"庄子在此所谓"借外论之"即吾人所谓"借此以言彼"。庄子亦深明一般描述性或推论性的语言使用，会造成党同伐异之困境，同则应则是，异则反则非。因而提出以相似和不相似之互动和游戏而构成的寓言来替换之。一般重视逻辑与感性经验的语言，倾向于使用单义的语词，以求精确。但文学与哲学则多使用模拟的语词，以求丰富。所谓模拟（analogy）就是建立在既相似又不相似的互动和游戏上的。

---

①See Fung Yu-lan, *A Short History of Chinese Philosophy* (New York: Free Press, 1948), 3.

由此可见，庄子的寓言，近似吕格尔所谓的隐喻。隐喻就是透过相似与不相似的紧张关系，使吾人能从"俨若"（comme）的角度来看待世界及其中的人和物。[1]不同的是，在吕格尔，以及一般而言的西方隐喻理论，隐喻只限于语词的层面；然在庄子，则扩及整个段落与论述。例如，在《逍遥游》中，借鲲鱼、大鹏以言生命之大者，借蜩与学鸠以言生命力之小者，借朝菌、蟪蛄以言生命之短暂者，借冥灵、大桩、彭祖以言生命之久长者，皆属借此以言彼，"设言于此，寓意于彼"的语言使用，并由于其间模拟之张度而使吾人能将生命看作俨若鲲鱼、俨若大鹏等，借以转化思想，驰骋想象。譬如，若将《逍遥游》的"鲲"解为鲸鱼，落入描述性，则完全失去其寓言之旨。也因此，庄子所昭示的科学，并不止于经验性的描述与逻辑性的推理，而是有更深一层的意义，涉及生命的转化与提升。这点是了解道家科学之钥：以寓言和对话讨论生命的转化与提升。

庄子的寓言，不仅有隐喻之意趣，而且具有象征（symbol）的地位。所谓象征，按照吕格尔，是"以一直接，原本、字面的意义，超越地指向此外另一间接、引申、转喻之意义，而且后者只能透过前者而得以觉察"。[2]换言之，象征是一种用可见、具体之符号指向一不可见、抽象或神秘的领域之意义结构。吕格尔说："象征链接两个层次，吾人可称之为两个言说的宇宙，其一为语言界的，其二为非语言界的。"[3]象征有两个重要特点，其一，所象征对于象征有一种意义上之盈余，因而象征只能超越地指向所象征。例如以水象征纯洁，以火象征欲望，然而，纯洁与欲望的丰盈内涵，不能被水与火所穷尽，因而后者只能以超越的方式指涉之。其二，象征必须根源于人性或存在界中之深沉动力，不像隐喻常常仅属于语言上的转换。象征在心理分析中指向潜意识中欲望的冲力及其彼此的冲突，在文学中指向某种世界观或诗化的体验；在宗教史中指向神圣界的显现。庄子的语言把象征同实存经验连接起来，显示出一个自由逍遥、平等太和、昂扬奋进的生命历程，其中含有盈余的意义，不可以用感觉和逻辑予以验证。其所谓之鲲鹏，不能寻之于鱼类、鸟类中某一个体。庄子的象征立基于生命的运动变化，迈向自由的实践历程，舍此则纯属虚构，无以责实。

《天下篇》曰："庄周……以寓言为广。"我们可以设想，庄周由于突破了

[1] Paul Ricœur, *La métaphore vive* (Paris: Éditions du Seuil, 1975), 61.

[2] Paul Ricœur, *Le conflit des interprétations: essais d'herméneutique* (Paris: Éditions du Seuil, 1969), 16.

[3] Paul Ricoeur, *Interpretation Theory: Discourse and the Surplus of Meaning* (Texas: Texas Christian University Press, 1976), 53–54.

感性经验和形式分析的限制，而能进入生命本身变化发展之历程，并激励之，使其昂扬向上，所以能用寓言来扩大经验范围，推广语言的意义。亚里士多德尝谓，隐喻既立基于相似性，"必须在适切但隐微的事物中提炼隐喻，正如同哲学上能在远离之事物中觉察出相似性，乃敏锐心灵之证明"。①可见，隐喻能透过相似性，而达到推广（auxetai）之功。亚里士多德的论点，足以为庄生佳证。然其中亦有差异：亚里士多德的隐喻以相似性为本，而庄生之寓言则含有相似与不相似的创造性互动。从庄子之见，来重新看待亚里士多德，则后者的隐喻其实亦可看成由切近的日常语（ta kuria）和一疏远的别异语（allotrios）之间的转换所形成的，换言之，其中亦含有一远与近的创造性互动。所谓"广"意味着经验范围之扩大与语言意义之推广，便是借着此种对比的辩证而达成的。

三、重言、对话与真理的揭露

庄子的寓言可谓其全部语言哲学的基础，在寓言的基础上，方可以再有重言和卮言。因为必须先透过寓言的使用，突破感性经验与形式逻辑的限制，扩充经验范围，推广语言意义，昂扬生命精神，甚至冥合于道，才能进一步有对传统或先贤加以创造性地引述的重言，和应机而发，随说随扫的卮言。

所谓重言，就是对在时间中较为久远者，无论其为耆艾或为传统的言语或记载加以重新引述。《寓言篇》曰："重言十七，所以已言也，是为耆艾。年先矣，而无经纬本末，以期年耆者，是非先也。人而无以先人，无人道也。人而无人道，是之谓陈人。"成玄英疏："重言，长老乡闾尊重者也，老人之言。"释文："重言，谓为人所重者之言也。家世父曰：重当为直容切。《广韵》：重，复也。"②在此吾人可注意到两点：一、重言所言者乃在时间中较为久长者，或为老人之言，或为传统经籍之言。二、重言须对老人之言或传统之言加以引述，借以见信于人，盖以其在时间上较为悠远之故。重言须先引述长辈或传统之言，

---

①Aristote, *Rhétorique*, book III (Paris: Belles Lettres, 1980), 68.
②郭庆藩：《庄子集释》卷九上，王孝鱼点校，中华书局2012年版，第947页。

始能进而予以倚重。重言亦即《天下篇》所谓"谬悠之说"是也。重言对前辈之言或传统经籍的引述，在《庄子》里皆不是重复照抄，反而将之放置在一个创造性诠释的脉络中。例如，《逍遥游》在提出鲲鹏的寓言之后，再加之以一引自《齐谐》的重言：

> 《齐谐》者，志怪者也。《谐》之言曰："鹏之徙于南冥也，水击三千里，抟扶摇而上者九万里，去以六月息者也。"野马也，尘埃也，生物之以息相吹也。天之苍苍，其正色邪，其远而无所至极邪，其视下也，亦若是则已矣。

按以上引文中所引《齐谐》之言，即重言也。成玄英疏曰："齐谐所著之书，多记怪异之事，庄子引以为证，明己所说不虚。"[①]齐谐之书后世未有流传，吾人单凭庄子之引述而得知，是以无法验证其引述的正确性，庄子借引述来证明己言为真。《天下篇》曰："以重言为真。"同时，此种引述又被庄子安置在整个鲲鹏寓言的叙述脉络中，因此并非抄袭式的引述，而是被寓言所转化过的创造性的引述。庄子引述传统，是为了求真。但是真理并非照抄，可以逐字逐句予以验证，却是必须经过作者的自由创造的转化。换言之，庄子并非如孔子一般"以述为作"，而是倾向于"以作为述"。传统蕴藏真理，然而传统所含之真理必经创造性的诠释始得更显其真。在此，伽达默尔所谓的"传统"和"境域之交融"有助于吾人进一步阐扬庄子之思想。

在伽达默尔看来，无论是主张唯有传统才是合理的，必须予以全部照抄式地重复的传统主义，或是主张传统是完全非理性的，必须全面予以抛弃的启蒙运动，都假定了传统是像自然一般，皆为既与之物，必须予以保存（传统主义）或从其中求解脱（启蒙运动）。其实，按照伽达默尔的意见，传统并非既与之物，而是仍在形成之中。传统就是意义的领域在时间中发展所形成的。人文科学既然涉及到人在时间中的自我了解，则传统实为其不可或缺之因素与动力。伽达默尔说："事实上传统恒为自由与历史本身之一因素"，"我们恒须立足于传统之内……它恒为我们的一部分，一种模式或典型，一种对吾人自我的再认。"[②]在诠释传统之时，唯有以真正的理解为基础而拟构的原创性语言，始能真正予以

---

①郭庆藩：《庄子集释》卷九上，王孝鱼点校，第5页。
②Gadamer, *Truth and Method*, 250.

保存和发扬。伽达默尔说："传统的存在模态不是一种感性的直接性。传统是语言，在诠释传统的文字之时，真懂的人会把传统的真理关联到自己对世界的语言态度上，此种现在与传统的语言沟通乃发生于一切理解中之真实事件。"①由此来读庄子，他在重言中引述传统文字，并不是要把传统当成照抄或反对之对象，而是在真正的理解中，以自己原创性的语言来予以重新诠释。

这点显示出，庄子对待传统，务求达到境域交融（fusion of horizons）。因为真正的理解就在于上接传统所传衍的意义境域，并以自己之意义境域与之相交融，重言正是此种交融之表现。伽达默尔谓："在理解的历程中会发生一种真正的境域之交融。"②因而，"一个传统的历史生命不断地仰赖于新的吸收和诠释"。③交谈或对话可谓最适宜地表现了境域之交融，这点亦可在庄子的重言中获得印证，尤其表现在由对话所交织而成的境域交融。庄子所用之重言，大多是二人或数人之交谈，例如《逍遥游》中尧与许由之交谈，《齐物论》中南郭子綦与颜成子游之交谈、尧与舜之交谈、啮缺与王倪之交谈、瞿鹊子与长梧子之交谈，《养生主》中文惠君与庖丁之交谈，《人间世》中颜回与孔子之交谈等，不胜枚举。这些耆艾之言或传统记载在庄子的引述中皆被庄子特有的寓言所转化，并在庄子特有的寓言式诠释中达到境域交融，借以创造性地保存其中之真理。

由此可见，《天下篇》所谓"以重言为真"，并不表示以一成不变地引述耆艾之言或传统之文，来取信于人，而是表示透过相互的交谈与创造性的诠释，在境域交融中来彰显其中的真理。重言的真理不在于符应一既与的内容，而在开显历史的生命，尤其在交谈中来予以开显，如此才能形成伽达默尔所谓"活的传

①Gadamer, *Truth and Method*, 420.
②Gadamer, *Truth and Method*, 273.
③Gadamer, *Truth and Method*, 358.

统"①。之所以真理需透过交谈来呈现，盖因为唯有在交谈，尤其在多元化的交响乐中，才足以呈现真理的丰富面貌。

这点也表现在庄子对于身体的论述中。例如，以下这段对话，讨论修道者从身体起所经历的变化：

> 南伯子葵问乎女偊曰："子之年长矣，而色若孺子，何也？"曰："吾闻道矣。"南伯子葵曰："道可得学邪？"曰："恶！恶可！子非其人也。夫卜梁倚有圣人之才而无圣人之道，我有圣人之道而无圣人之才。吾欲以教之，庶几其果为圣人乎！不然。以圣人之道告圣人之才，亦易矣。吾犹守而告之，参日，而后能外天下；已外天下矣，吾又守之，七日，而后能外物；已外物矣，吾又守之，九日，而后能外生；已外生矣，而后能朝彻；朝彻，而后能见独；见独，而后能无古今；无古今，而后能入于不死不生。杀生者不死，生生者不生。其为物，无不将也，无不迎也；无不毁也，无不成也。其名为撄宁。撄宁也者，撄而后成者也。"

---

① 庄子的第三种语言是卮言。所谓卮言，意即无先设论题，但随机而发，迎事接物，与人交谈，皆以天道为最终依归，因应情境之需要，随机指点，然又随说随扫，复归于无言。卮言必须满足四个条件。一、在起源上：不持任何预设之论题和意向，而从一零度的起点为出发，具无预设义。二、在判准上：以天道为最后依据，具存有学义。三、在对象上：以具体情境为对象，具情境义。四、在结果上：随说随扫，还归无言，具解构义。

《庄子》书中，除去寓言和重言之外，其余对寓言和重言所做之引申与评论——例如《逍遥游》在大小之辩的寓言之后评论曰，"故夫知效一官，行比一乡，德合一君，而征一国者，其自视也亦若此矣"；或庄子答辩惠施之对话、庄子对惠施的随机应答，以及庄子对于自然、社会、生命等特定对象所提出之论点等，皆属卮言之类，不可胜数。

《天下篇》曰："以卮言为曼衍。"所谓曼衍乃随机而发，其旨乃在无心之言，终身言，未尝言，盖以其随说随扫，得鱼忘筌故也。所谓"解构"（deconstruction）之旨，即在于随说随扫，得鱼忘筌。其中包含先验的解构与存有论的解构。先验的解构就如本文第一节所述庄子对惠施的批判，指出某些语言与经验的构成之不彻底，而随予扫之，以还归其原始的构成起点。存有论的解构，则延承老子"道可道，非常道"之旨，以明道之不得已而说，既说之复扫之，以还归道本身之丰盈难诠，正如同海德洛尔在"论存有问题"（"Zur Seinsfrage"）一文中使用存有（Sein）的符号，一方面表示不得不说及存有，另一方面又立即划去，表随说随扫之旨。如德里达所言："一方面可阅读到，但同时又涂抹去，一超越所指之在现前。使得符号的观念本身可阅读而又自行涂抹，既自现又自毁。"（Jacques Derrida, De la grammatologie [Paris: Éditions de Minuit, 1967], 38.）其中含藏的随写随抹，随说随扫，正是解构的真义。

　　此段对话，以南伯子葵询问女偊所呈现的身体表象"色若处子"开始，探问其如何得道。在对话过程中，女偊提出，人必须同时具备材质与道缘，始易于接受道。然后，须经过三关（外天下、外物、外生），犹如现象学还原（phenomenological reduction）一般，层层剥落，首先将"天下"放入括号，再将一般"物"放入括号，最后则将"生命"都放入括号。继而，进入四悟（朝彻、见独、无古今、不死不生）。首先是"朝彻"，也就是如清晨初醒般的彻悟；其次"见独"，也就是见一己内之本真自我（真君、真宰），也就是以"道"为真我，其实就是见道；然后，由于能与道游，因而能随着道而无古无今，进入时间上的无限之境，乃至进入"不死不生"的地步；最后，由于道为万物的根源，因而能抵达宇宙原出于道的"撄宁"之境，也就是跃动中的安宁之道。以上这些，全是在此一重要的对话过程中揭露者。可见，庄子所期待于得道者，在于能游于无穷、与造物者游、游于道中，而不仅止于长生而已。相较起来，《老子中经》所追求的，则是长生。

　　若能游于道，合于道，自亦可有身形长生的效果。《在宥篇》有黄帝与广成子的对话，其言曰："广成子南首而卧，黄帝顺下风膝行而进，再拜稽首而问曰：'闻吾子达于至道，敢问治身奈何而可以长久？'广成子蹶然而起，曰：'善哉问乎！来！吾语女至道。至道之精，窈窈冥冥；至道之极，昏昏默默。无视无听，抱神以静，形将自正。必静必清，无劳女形，无摇女精，乃可以长生。目无所见，耳无所闻，心无所知，女神将守形，形乃长生。慎女内，闭女外，多知为败。我为女遂于大明之上矣，至彼至阳之原也；为女入于窈冥之门矣，至彼至阴之原也。天地有官，阴阳有藏，慎守女身，物将自壮。我守其一，以处其和，故我修身千二百岁矣，吾形未尝衰。'"说的就是：若能合于至道，"抱神以静，形将自正。必静必清，无劳汝形，无摇汝精，乃可以长生"。其实际的例子就是广成子自己，"我修身千二百岁矣，吾形未尝衰"。此为尔后道教讨论长生乃至成仙，启发所自的《庄子》文本。

四、《老子中经》的存思及点滴自我整合灵修

　　《老子中经》为道教重要典籍，出于汉代，作者不详。其中，对于身体内外

神明的存思，多采取对话的形式，可以视为一种道教灵修的方式，是一种向超越神明开放并与之互动的自我整合技术。首先，让我交代这整体灵修的要旨。《老子中经》内容共分五十五章，分别称之为"第一神仙""第二神仙""第三神仙"……"第五十五神仙"，各章节即从第一神明开始，一直到第五十五神仙为止。内文中除了对各章所主身体内外神明或神明群进行描述，也进而述及人对神明的存思与祈祷、呼唤、召叫等对话关系。这并不表示总共有五十五位神仙，因为事实上有好几章中含多位神仙，而有几章并没有新增神仙，有几章则是总摄性或重复性的，也没有新增神仙。①

大体说来，《老子中经》列出大约三个层级的神明，而其灵修的主旨，便是依照这些神明的次第，进行存思，而且向其祷告、行祝、呼唤等，并获其响应。关于神明的层级与结构，下节再详论。在此，先约略就此三层神明来说明其灵修意涵。

首先，有形而上超越的神明及其在人身上的中介。形而上超越的神明位居人身之外，地位崇高，在天地之先，且无以名之，称之为"上上太一"，为"道之父"②，此为第一神仙。然其在人身上亦有其中介，"无极太上元君者，道君也……上上太一之子也。非其子也，元气自然耳"③，是为第二神仙。修行者须先对此二者进行观想，见之，进而向其祷告。

其次，有宇宙论式的神仙而在人身上有其显现之迹，其中，东、西、南、北、中央、日月等诸神，在人身上皆有其临在。例如第三神仙是东方之神，人亦有之，在人左目中；第四神仙为西王母，人亦有之，在人右目。第八神仙泥丸君脑神也。第十神仙两肾是也。第十二神仙在脾中；十四神仙、十五神仙、十六神仙等皆在脐中。可见东、西、南、北、中央、日月诸神，亦在人身之中，所谓"人亦有之"是也。对于他们，人须与之对话，称之曰"祝"。

再次，为人身中之神，乃人身体内诸部位或器官本有之神明。除了上述通宇宙之神以外，也有专属于身体某一部分器官的神仙。例如第十七神仙丹田者，姓孔名丘字仲尼。第十八神仙，大肠小肠，元梁使者。第二十神仙胃为太仓……诸

---

① 本文采用《云笈七签》卷十八、十九所收《老子中经》上、下。上经第一至第二十七神仙，下经第二十八至第五十五神仙。见《老子中经》，张君房编：《云笈七签》，书目文献出版社1992年版，第138—153页。
② 《老子中经》，张君房编：《云笈七签》，第138页。
③ 《老子中经》，张君房编：《云笈七签》，第138页。

神就太仓中饮食。第二十二神仙，头发神七人，七星精也。第二十三神仙：肺神八人，大和君也，名曰玉真宫，尚书府也。重复上述诸神仙并予综摄的，为第三十七神仙：肺为尚书；肝为兰台；心为太尉公；左肾为司徒公，右肾为司空公；脾为皇后、贵人、夫人；胆为天子、大道君；胃为太仓，太子之府也，等等。对于众身体中诸神可以小名亲切呼之。

原则上，整个祷告、祝、呼的过程，是一个存思身体内诸神明的过程。或是说，存思是一对话的过程，首先须向形上超越之神祷告，愿得长生；再进而向形上超越之神在吾身中的代表祷告，愿得长生。再进而向宇宙诸神在我身上相通之处致祝词，命消死籍，愿得长生。再进而向身体各部分各器官的神明对话，亲切呼之。既然有形上超越之神，也有与宇宙中神相连之神仙，而且身体各部分亦各有其神，所以整个存思过程，必须带着有如对于神明般的敬畏之意为之。可见，整个存思过程，是一带着对神明的敬畏，以祷、祝、呼诸种形式，依顺序与身体内外诸神明沟通对话之过程，亦为在对话过程中，一部分一部分地进行整合、修复与治疗，最后达至自我整合的过程。所以我称之为“点滴自我整合灵修”（piecemeal spirituality of self-integration）。之所以如此称呼，是因为修炼者必须按顺序一步一步地，一个一个神明，一个一个器官，逐一加以存思、观想，并与之对话，乃至达至整体身心自我整合的过程。且在最后总结于自我，实际上整个过程即是自我修炼之道。譬如，第三十七神仙曰；“老君曰：万道众多，但存一念子丹耳。一、道也。在紫房宫中者，胆也。子丹者，吾也。吾者，正己身也。道毕此矣。”[1]以道毕于正己身，换今天的话来说，整个过程之道，基本上穷尽了自我整合的过程。

可见，所谓存思，是一种图像式的观想性思考与对话的灵修方式，其中隐含着人与神明的互动关系。譬如，第四神仙论及西王母时，说道：“如母念子，子亦念母也。”[2]思即念也，此处言及母子的相互心念关系，且此种心念关系须用言语表现出来。又如第五神仙论及道君时说道：“子能存之，与之语言，即呼子上谒道君。”[3]此所谓存，即存思也，在存思的过程中，能与之语言，即可“呼”你上谒道君。可见，“呼”不只是人的主观作为，同时亦是来自神明的动

---

① 《老子中经》，张君房编：《云笈七签》，第148页。
② 《老子中经》，张君房编：《云笈七签》，第138页。
③ 《老子中经》，张君房编：《云笈七签》，第139页。

作，以修行者为受词。更何况，有时《老子中经》文本也有显态对话的表现，如第四十五神仙："念此毕，卧，有所见，神气来语人也。"①又如第五十三神仙，经曰："天都京兆，合在勾陈之左端，号曰安德君……主人魂魄……即言曰：司录、六丁、玉女，削去某死籍，更着某长生神仙玉历，急急如律令！即日有天帝无极君，教自应曰：诺。下床回向再拜，谢天神。一身道毕此矣。"②

总之，《老子中经》的自我整合灵修，一方面是点滴式的，另一方面也是交互式的，在与多元他者互动过程中，形成更为完整的自我，而且这种与多元他者的互动，是存思与言语交加的，一方面存思动念，另方面也是祷、祝、呼，与之言语的过程，且在互动中有响应，也因此可以说是交互式的对话。可见，这是一个内省与交往交互进行的过程。并非完全的自我封闭式的冥想。而且此种存思与对话的实践，也是一个治疗的过程。如第二十二神仙："其有病痛处，即九呼其神，令治之，百病悉去。"③第三十三神仙说："念此尽遍，而复存之，法十二周，精神处之，和气自来，百病去除。"④第三十五神仙说："其五脏衰者，皆自见于己也。忧悲不乐则伤肝，伤肝则目瞑头白，当思肾心以养之。……饮食绝饱，酒醉过度则伤脾，伤脾则思心肺以养之。令其子母相养之，即病愈疾除。"⑤从以上"令治之，百病悉去""百病去除""病愈疾除"的角度来看，显然也是一种治疗过程。

五、《老子中经》神明结构及人神对话关系

前节总述《老子中经》的灵修要旨，其中涉及神明层级结构以及人与神的对话关系，需再加以详解。《老子中经》虽未列出神与人交互式的对话内容，而多显示单方面人对于神的对话形式，然其中祷、祝、呼，确属于隐含式对话形式。

---

① 《老子中经》，张君房编：《云笈七签》，第151页。
② 《老子中经》，张君房编：《云笈七签》，第151—152页。
③ 《老子中经》，张君房编：《云笈七签》，第143页。
④ 《老子中经》，张君房编：《云笈七签》，第147页。
⑤ 《老子中经》，张君房编：《云笈七签》，第147—148页。

大体说来，《老子中经》整体的文本结构，是依照其神明层级结构而形成，如前所述，神明的总类共计有三，兹详论如下：

第一层次的神明，是形而上超越的神明及其中介。其中，第一神仙称为"上上太一"，也就是超越太一之上的超越者，甚至称为"道之父"，由于其超越性，自不在人身内，可谓超越人身；且其地位崇高，在天地之先且无以名之。原先在老庄道家中"道"是终极真实。然在此道并非终极真实，而上上太一或道之父才是，也因此形而上超越的神明具有终极真实的地位，此为第一神仙，经曰："上上太一者，道之父也，天地之先也。吾不知其名也。正在兆头上，去兆九尺。"[1]可见，道还另有根源，称为道之父也，具超越相，是以称之为"形而上超越的神明"。对于这位形而上超越的神，人只能用祷告，来与之对话，表达一己长生的愿望，祷词曰："兆见之言曰：上上太一道君，曾孙小兆王甲，洁志好道，愿得长生。"[2]在此既无昵称，亦无命使语气，全属祷告之词。其乃道之父，而以道为祖父，至于道之父则为曾祖父，修行者则自称"曾孙"。虽无昵称，以表敬意，然仍有"曾祖父—曾孙"的密切关系。又自称"小兆"，谓为兆民之一，有如西方哲学奥卡姆（William Occam，1285—1349）所谓的众民（multitudo），自视为兆民之一而已。

第一神仙虽属超越，然并不与人隔绝，因此随后立刻设定了第二位神仙，来进行接引。在第一神仙之下的第二神仙："无极太上元君者，道君也。……上上太一之子也。非其子也，元气自然耳。"[3]虽住在兆头之上，紫云之中，华盖之下，因而具有其超越性，但随后亦曰："人亦有之，长存之眉间，通于泥丸，气上与天连。"[4]此处所谓"天"，应指在"九天之上"的第一神仙，为此其可谓人身与第一神仙的接引，内存于人者。可见神明亦有其内在性。第二神仙虽超越而内在，对之，修行者并无特别的对话方式，仍属前述祷告，有如虔诚申祷如下："兆见之言曰：皇天上帝太上道君，曾孙小兆王甲好道，愿得长生。养我育我，保我护我。毒虫猛兽，见我皆蛰伏，令某所为之成，所求之得。"[5]在此所谓"人亦有之"，是指在人身上有其接应处，不是作为人之器官，而是作为人身

---

①《老子中经》，张君房编：《云笈七签》，第138页。
②《老子中经》，张君房编：《云笈七签》，第138页。
③《老子中经》，张君房编：《云笈七签》，第138页。
④《老子中经》，张君房编：《云笈七签》，第138页。
⑤《老子中经》，张君房编：《云笈七签》，第138页。

与超越界的连接点。至于所谓"毒虫猛兽，见我皆蛰伏。"让人想起老子所谓"含德之厚比于赤子。毒虫虺蛇不螫，猛兽不据，攫鸟不抟"。不同的是，老子讲的是丰厚于德者，宛如婴孩，天真无邪，与世无对，是以无物害之，乃世人修炼所能至者。而在此处，则转企求之于神仙。由此可见，对于形而上超越的神及其在人身上的中介，人们只能向他们祷告，而祷告也是一种与神明对话的方式。

第二层次是宇宙论式的神，而在人身上有其显现之迹。我须先指出：早在庄子便以神明的诞生，来讲论宇宙六合（即天地四方）的创生。诸如《大宗师》所言："狶韦氏得之，以挈天地；伏戏氏得之，以袭气母；维斗得之，终古不忒；日月得之，终古不息；堪坏得之，以袭崑仑；冯夷得之，以游大川；肩吾得之，以处大山；黄帝得之，以登云天；颛顼得之，以处玄宫；禹强得之，立乎北极；西王母得之，坐乎少广，莫知其始，莫知其终。"[1]其中，我们可以读到诸神诞生的顺序，代表了空间、气、北斗、日月、中、东、西、南、北诸神诞生的顺序，这是庄子讲的宇宙生成神话。在《老子中经》而言，其中关于第三神仙，则说明东、西、南、北、中央诸神在人身上之所在，说："东王父者，青阳之元气也，万神之先也。"[2]是指东方之神，在汉代，属青色，而且是其后诸神明的先祖。至于第四神仙："西王母者，太阴之元气也。"[3]是指西方之神，与东方之神相对，属阴性、母性，是太阴之元气。在此，关于东、西方之神，似乎没有任何祝词可言。

然自第五神仙开始，则有祝词。第五神仙："道君者，一也；皇天上帝中极北辰中央星是也。"[4]说的是中央之神，亦为道君。我们已知，第一神仙为道之父，亦简称道君，尔后凡是与修道相关的重要神明，亦称道君。针对第五神仙，修行者，需常存思，尤其在八个重要节气，以及每月朔旦，还有每日夜半，向其行祝词。《老子中经》说："子常思之，以八节之日，及晦朔日，日暮夜半时祝曰：天灵节荣真人，王甲愿得长生，太玄之一，守王某甲身形，五藏君侯，愿长安宁。"[5]

在中央道君左右，则有老子和太和侍候。第六神仙"老君者，天之魂也，自

①《庄子集释》，张君房编：《云笈七签》，第112—113页。
②《老子中经》，张君房编：《云笈七签》，第138页。
③《老子中经》，张君房编：《云笈七签》，第138页。
④《老子中经》，张君房编：《云笈七签》，第138页。
⑤《老子中经》，张君房编：《云笈七签》，第139页。

然之君也"①，以及第七神仙"太和者，天之魄也，自然之君也"②。对于老子，修行者特别感到亲切，可以小名称之，曰"蓝蓝"。第八神仙为脑神，亦可与第三类人身体器官之神相重叠，由于其在人身上的重要性，所以最先列出。《老子中经》曰："泥丸君者，脑神也。乃生于脑，肾根心精之元也。"③也因此，其与宇宙之神相通，是为南极老人，亦为身上的众仙人之首。为此，"第九神仙，经曰：南极者，一也，仙人之首出也"④，然而。《老子中经》不依顺序，先于第八神仙中向南极老人致上祝词曰："兆见之言曰：南极老人，使王甲长生，东西南北，入地上天，终不死坏迷惑，上某王生籍，侍于道君，与天地无极。"⑤可见，《老子中经》也有重复的情形。

到了第十神仙，亦即日月之神，又有了对话的形式。第十神仙，经曰："日月者，天之司徒、司空公也。……人亦有之，两肾是也。左肾男，衣皂衣；右肾女，衣白衣……为日月之精，虚无之气，人之根也。在目中，故人之目，左为司徒公，右为司空公。"⑥日月既为天之司徒公、司空公，然其在人身，又为两肾。《老子中经》指出肾和眼睛的密切关系，而人往往以眼见来判断，是以左右眼又分别为司徒公、司空公。修行者与其进行对话，是以祝为形式。"常存以八节之夜，卧祝曰：司命司录，六丁玉女！削去王甲死籍，更着某甲长生玉历。"⑦明显地，是在每逢道教八大节日的夜晚，加以存思，并以卧着的姿态，行祝之礼，要求削去其死籍，以得长生。在此第十神仙，另有一种对话形式，那就是上奏皇天上帝太上道君，命令司徒公、司空公，削去修行者死籍，曰："左为司命，右为司录；左为司隶校尉，右为廷尉卿。主记人罪过，上奏皇天上帝太上道君。兆常存之，令削去死籍，着某长生。属太初乡，玄冥里。"⑧由此可见，宇宙神明自日月之神开始，既为中介，亦服从其上超越而形而上的神明的命令。

① 《老子中经》，张君房编：《云笈七签》，第139页。
② 《老子中经》，张君房编：《云笈七签》，第139页。
③ 《老子中经》，张君房编：《云笈七签》，第139页。
④ 《老子中经》，张君房编：《云笈七签》，第139页。
⑤ 《老子中经》，张君房编：《云笈七签》，乃第139页。
⑥ 《老子中经》，张君房编：《云笈七签》，第139页。
⑦ 《老子中经》，张君房编：《云笈七签》，第139页。
⑧ 《老子中经》，张君房编：《云笈七签》，第139页。

　　第十一神仙，经曰："中极黄老者，真人之府中斗君也。"①再者，第十三神仙，经曰："璇玑者，北斗君也，天之侯王也。主制万二千神，持人命籍。"②可见，东、西、南、西、北、中等方位之神、阴阳太和与天之魂魄等，虽属宇宙中之神明，但"人亦有之"。对于第十一神仙，修行者的存思，不但用祝，而且配合服食、吞津等动作。《老子中经》曰："兆常思存之，上为真人。故曰：同出而异名也。有注云：日月同出异名。太素乡，中元里，中黄真人，字黄裳子，主辟谷，令人神明午小乍大，常以鸡鸣，食时祝曰：黄裳子，黄裳子，黄庭真人在于已。为我致药酒、松脯、粳粮、黍臛诸可食饮者，令立至！祝讫，瞑目有顷，闭口咽之二七过，即饱矣。"③服食的材料，包含药酒、松脯、粳粮、黍臛等，且在此祝的形式还包含"令"："令立至！"并在祝毕，进行服食与吞津等动作。

　　至于第十二神仙，则点出真我的重要性，经曰："吾者，道子之也。人亦有之，非独吾也。……故父曰陵阳，字子明，母曰太阴，字玄光玉女。己身为元阳，字子丹。真人字仲黄，真吾之师也。常教吾神仙长生之道，常侍吾左右。"④这里所谓的"真吾"，指修道人的本真自我，人以道为其真我，是以自称为道之子，但修道者并非一人独修，是以谓"非独吾也"，盖参与修道者其有父、有母、有师，而且有祖先，其所谓祖先，应是指前面所云的道为父、道之父（上上太一）等等，而且明言，"常以四时祠吾祖先"⑤。由道之父，到道君，到道之子，到道之孙，到道之曾孙，有一整个家族系列参与其中。然后，才经由宇宙神明转向人身上的神明去过渡。

　　第十三神仙，在天为璇玑，是北斗君，是天之侯王，所以需特别予以敬畏；然人亦有之，是在人脐中，是为人之侯王，亦需特别予以尊敬。可见，他是宇宙诸神在人身的重要中介，是以祝祷时需以特别仪式为之。《老子中经》曰："第十三神仙，经曰：璇玑者，北斗君也，天之侯王也。……人亦有之，在脐中，太一君，人之侯王也。"对于这位兼两居中之神仙，行祝祷时要特别仪式："右手拊脐二七，左手拊心三七，祝曰：天灵节荣真人，某甲愿得长生，太玄真一，守

①《老子中经》，张君房编：《云笈七签》，第140页。
②《老子中经》，张君房编：《云笈七签》，第140页。
③《老子中经》，张君房编：《云笈七签》，第140页。
④《老子中经》，张君房编：《云笈七签》，第140页。
⑤《老子中经》，张君房编：《云笈七签》，第140页。

某甲身形，五脏诸君侯愿且安宁！"①明日平旦，复祝曰："太一北极君，敬守告诸神，常念魂魄安宁，无离某甲身形！"常以十二月晦日人定时，向月建太一于空室中，再拜，正坐，瞑目，祝曰："五脏之君，魂魄诸神，某乞长生，无得离身。常与形合，同成为一身！"常以八节日于室中，向其王地再拜，瞑目，祝曰："大道鸿濛鸿濛，天节之日，万兆魂魄皆上诸天。真人身与神合。某甲欲得长生，独在空室之中，不豫死籍！"又，"常以十二月晦日，宿夜昼朝至平旦，于室中向寅地再拜，祝曰：鸿濛鸿濛，某受大道之恩，太清玄巅，愿还王甲去岁之年，魂魄保身！"②

由上可见，脑、眉间、左右眼、两肾、脾、心、脐等人身器官，皆是与宇宙神仙相通的。在此，我们就转入第三层的人身器官中之神明。

第三层的神明，是身体内各部位及器官中的神明。除了上述通天诸神以外，也有专属于身体某一部分器官的神仙，基本上仍立基于宇宙诸神，其关键处在于第十三神仙，转而为十四神仙，在于人的脐，也就是人的气渊。"第十四神仙，经曰：脐者，人之命也。一名中极，一名太渊，一名昆仑，一名特枢，一名五城。五城者，五帝也。五城中有五真人。"③可见是以太渊昆仑为喻，并为东、西、南、北、中央五方之微型，称为五城，中居五帝。盖人身亦为一小宇宙也。接着，第十五神仙绪论脐中之神，也因此可视为上一章节（神仙）的延续，并未新增神仙，而只增加祝词："经曰：五城真人者，五方五帝之神名也。故常以晦朔、八节之日夜欲卧时，念上太一、中太一、下太一、五城、十二楼真人，祝曰：天帝太一君，天帝太一君，敬存诸神，与之相亲。司录司命、六丁玉女，削去某死籍，着某生文，皆当言长生！"④

于是，身体各个重要部位与器官亦各有神明。譬如，"第十七神仙，经曰：丹田者，人之根也；精神之所藏也；五气之元也……在脐下三寸者，言法天、地、人。……神姓孔，名丘，字仲尼，传之为师也。"⑤其意在于尊敬丹田中之神仙，有如尊敬孔子之为师。又如第十八神仙："大肠、小肠为元梁使者，主逐捕邪气。三焦关元为左社右稷，主捕奸贼。……兆身与天地等也。天地万物不可

---

① 《老子中经》，张君房编：《云笈七签》，第140—141页。
② 《老子中经》，张君房编：《云笈七签》，第141页。
③ 《老子中经》，张君房编：《云笈七签》，第141页。
④ 《老子中经》，张君房编：《云笈七签》，第141页。
⑤ 《老子中经》，张君房编：《云笈七签》，第142页。

犯触也，天地之神则知之矣，而人身体四支，亦不可伤也。……与神为友。"① 又如，第十九神仙："经曰：两肾间名曰大海，一名弱水。中有神龟，呼吸元气，流行作为风雨，通气四支，无不至者。"②第二十神仙："经曰：胃为太仓，三皇五帝之厨府也。"③第二十一神仙："经曰：兆审欲得神仙，当知天地父母赤子处。兆汝为道，不可不知此五神名也，当自苦耳。知之，行之，坚守之，常念之，即神仙矣！"④在此，《老子中经》将儒家道理综合进来，并无增加神明，而是把伦理关系加进修身的考虑，天、地、父、母、一己的真实自我（赤子处），皆必须尊敬之，宛如五神。第二十二神仙："经曰：头发神七人，七星精也，神字录之。兆欲卧，瞑目，从上次三呼之，竟，乃止。其有病痛处，即九呼其神，令治之，百病悉去，即为神仙矣。"⑤又，第二十三神仙："经曰：肺神八人，大和君也，名曰玉真宫，尚书府也。"⑥由此可知，以上身体中诸神，其"宛若"成分较多，然尊若神仙，是以实指的方式达到隐喻的效果。

在第三十七神仙，我们可以见到对于前面所提及诸神的重复与综摄："肺为尚书；肝为兰台；心为太尉公；左肾为司徒公，右肾为司空公；脾为皇后、贵人、夫人；胆为天子、大道君；胃为太仓，太子之府也，吾之舍也；大肠、小肠为元梁使者；下元气为大鸿胪；中元气为八十一元士；上元气为高车使者，通神于上皇；故肺为玉堂宫；心为绛宫雀阙门；肾为北极幽阙玄武掖门；脾为明堂，侍中省阁也；胃为上海，日月之所宿也；脐为下海，日月更相上下至胃中。"⑦

对于身体中诸神，修行者可以小名亲切呼之："乃念肺色正白，名曰鸿鸿，七日。念心色正赤，名曰响响，九日。念肝色正青，名曰蓝蓝，三日。念胆色正青，名曰护护，三日。念脾色正黄，名曰俾俾，五日。念胃色正黄，名曰旦旦……"⑧

总之，在以上层层相关的三层神明结构下，存思其实是一种与众多神明的多元他者既观想又对话的方式，一方面内省而观想，另方面亦运用隐含式对话，与

---

①《老子中经》，张君房编：《云笈七签》，第142页。
②《老子中经》，张君房编：《云笈七签》，第142页。
③《老子中经》，张君房编：《云笈七签》，第142页。
④《老子中经》，张君房编：《云笈七签》，第143页。
⑤《老子中经》，张君房编：《云笈七签》，第143页。
⑥《老子中经》，张君房编：《云笈七签》，第143页。
⑦《老子中经》，张君房编：《云笈七签》，第148页。
⑧《老子中经》，张君房编：《云笈七签》，第144页。

众神仙祷、祝、呼，进行对话，而如此对话便成了修行者与超越自身与在己身内外的神明的沟通方式，与形而上超越之神是使用祈祷、上谒的方式，与宇宙诸神则是以祝的方式，对身体中诸神明则是以呼的方式，甚至可以小名亲切呼之。

六、总结：《庄子》与《老子中经》的比较

最后，让我对《庄子》与《老子中经》有关对话与身体这个主题的论述进行总结性的比较如下，以作为本文的结语。

《老子中经》中的自我整合灵修，在原始目的上颇类似庄子"见独"的功夫，其要旨皆在于观想并整合自我的"真吾"，或庄子所谓真君、真宰，以进一步获得长生或庄子所谓"无古今"甚至"不死不生"之境。双方的不同点在于：庄子至此境界之前，必须先经过三关，并进而达至朝彻之境，强调自我内心的修行，以达至见独之功。相较起来，《老子中经》是在对多元神明的观想并与之互动交谈，以获致之。且《老子中经》所企求者，为求免除死籍，而致长生；但庄子只想尽年，游于无穷，最终随道流转，以致不死不生。但《老子中经》不但以死为祸，且要削去死籍，谨求长生。

庄子以显态的对话形式，有说有应，有来有往，借以显示视域交融所显现的道理或真实性，关切的是终极真实，且其哲学性较强。相较起来，《老子中经》以祷、祝、呼等隐含式交谈，往往在主观上试图与神明交往，其文本偶亦显示神明响应之迹，主要表现的是其宗教灵修与治疗上的关心，所关切的长生不死，其宗教性较强。然而，人终究可以以敬意来与自己的身体及其各部位进行交谈，则是其启发。而哲学往往忽视这点，须加以留意。

庄子所提及的神明系列，仅作为寓言、神话或象征，借以显示宇宙诞生的顺序。然而，《老子中经》所提出的形上超越的神明，以及其宇宙众神，均以实指为主，换言之，实有其神，各有姓名，有其形状，适宜观想存思；至于其身体中诸神，虽然多少亦具隐喻性质，然其隐喻性不稍减其宗教性。可谓以实指性来达至隐喻与象征的功效。

庄子先于《齐物论》中超越身体我、心理我、仲裁我等经验我层次，直到达至本真我或先验我，然后才于《大宗师》再度返回，重新构成经验我诸层次。然

而，《老子中经》却采取即超越即内在，即身体即神明的态度，且其神明即内在即超越，即使没有形而上超越性的神明，然人亦有之；且宇宙诸神亦在人身有其相应处，更何况身体诸部位亦各有神明。可谓即身体即神明，即内在即超越矣。

第十三章　慷慨与随顺：从当今世界看道家灵修与基督徒密契论

一、引言："当今"世界的特征

在第三部分的最后一章，我将从比较宗教学（comparative religion）、比较密契论（comparative mysticism）的角度，从当今世界的特性来看道家灵修与基督徒密契论的比较与会通，特别集中在慷慨的恩典与被动的随顺两个看似对比、其实汇流的密契特质。事实上，由于与终极真实的密切契合正是中国哲学与基督宗教的共同关切点，一如中国哲学所谓的"天人合一""与造物者游"，或西方基督宗教所谓"密契于天主""与主交谈"等，显示中国灵修与基督徒密契论的终极关怀。

今天，我们正生活在一个迈向全球化的世界里。我把"全球化"定义为"一个跨界的历史进程，在这进程中，人类的欲望、可普性以及本体上的相互关联，实现在这个地球上，并具体化为目前的全球利伯维尔场、跨国政治秩序及全球在地文化"[①]。可见，全球化的主要特征便是"跨界"，其实，这仅是人类不断超越自己的当前状况之一：如今我们跨越国界并与全球的各种文明互动。寻求超越，这正是人性的一项基本特征。这点我们可以从当前各种不同的"超越"——其字面意义是"跨过"——的事实里面体验到。超越的经验不仅发生在跨越国界、经济、社会、政治、文化的进程上，而且也发生在科学、艺术和教育的发展过程中。例如：科学研究会不断否证旧的理论，并且不断提出新的理论，以进行超越现况，追求科学进步。超越的经验也表现在艺术创作上，不断超越传统的美感，否认"表象"经营的美感，兴起对于"崇高"的向往。超越也出现在今日向外伸展的大学教育，例如大学要进入社会，要参与更多国际服务，要招收更多国

---

①沈清松：《麦可·哈特、涅格利〈全球统治〉》，《哲学与文化》2004年第6期。

际学生等。的确，一方面，这种种超越的现象，正显示了人类不断慷慨地走出；另一方面，也显示人正被一股更强大的力量、更广阔的宇宙画面所吸引。

在这全球化的世界里，所有不同的文化传统都必须在文明的交谈或冲击中，向外延伸、走向多元他者。我们在国内与国际的层面上，面临多元文化的挑战，处处会遇到陌生人。我赞同在与陌生人或他人接触时，增加相互的了解，而不是挑起冲突甚或战争。我认为，如今我们有必要以"多元他者"的观念，取代法国后现代主义学者如拉康、德勒兹、列维纳斯、德里达等人所提倡的"他者"概念。我必须指出，"他者"概念仍然暗含着自我与他人之间隐然的二元对立。然而，来自中国哲学的启发，尤其是儒家"五伦"、道家"万物"及佛家"众生"等概念的多元蕴意，我更愿意采用"多元他者"一词，因为对我而言，这正是我们出生、成长与发展的具体脉络。假如人们常常记得，人是生活成长在许多人当中的，一定会活得更健康一些。"多元他者"的概念远比列维纳斯的"第三方"（le tiers parti）概念——意指他者的他者——更清楚也更具说服力。

隐含在走出自我、走向他人的行动中，含有一种原初慷慨，这正是构成相互性关系的必要条件。相互性虽然是法国社会学家毛斯（Marcel Mauss，1872—1950）强调的人类社会的组成原则，然而，按哲学上来说，在人们建立相互性关系之前，必须先有一方走出自己，走向他方的慷慨行动，或是双方都慷慨走出自己、走向对方，才有可能进而建立相互性的关系。如果说，在古典世界与现代世界中，人们极为强调相互性的金律，并视它为人的社会性的基本原则，那么，在当前的后现代世界及全球化世界里，我们需要一种能超越相互性关系而又奠立相互性的原理。我们期盼的社会与伦理原理，应该是建立在原初慷慨和外推的基础上，并在这上面来进行走出自己、走向多元他者，进而完成相互性的行动。

慷慨的实践始于我们内心盈溢的意向，而完成于我们与各个不同的对方交谈的行动。为解决今天急迫的伦理问题，这是一个很重要的精神。再者，我觉得有必要区别"主动的慷慨"与"被动的慷慨"。主动的慷慨是一种德行和行动，借之我们超越个人的亲密性、熟悉性与自我圈限，走向陌生人，走向多元他者，拿出自己最好的价值、想法与言论，将它们视为无须回报的赠礼，为了丰富别人的理智与灵性生命，毫无优越感地与他人共享。被动的慷慨，也就是所谓的好客之道（hospitalité），是列维纳斯与德里达所强调的美德，这种慷慨是接待一名陌生人或他者，让他感到自在，以随适的态度使他感到愉快，全神贯注地向他倾听。当我们在许多不同文化的团体里面与许多人互动之时，我们应该能实践主动慷慨与被动慷慨或好客之道，两者皆备。借此，我们可以推动相互外推的过程，它能在不同文化团体与文化传统中，孕育出交谈的过程与结果。

在当前世界信息化、全球化，乃至文明交谈的过程当中，各种文明皆已铺陈在我们面前，无论是西方或东方，也无论是现代或古代，皆可于弹指之间唾手可得，就如同一切信息、文本、图像、现象，不分东、西，无分南、北，率皆呈现在吾人眼前一般。今后我们必须对所有文明一律平等看待，一视同仁，取其优而避其劣，不能再自我封限，偏心偏食。尤其当前在与西方文明交流的要求之下，中国文化应如先前，将来自印度的佛教纳入并发展为中国大乘佛学，成为我国儒、释、道三教之一；同样，如今在全球化过程中与西方交流，我们不应再视西方的基督宗教为夷狄之教或外国教，而应能取其精华、去其糟粕，纳入我中华文化之大流，使之成为其中正面的构成之一。在文化与精神资源上，我们应该不再仇外、不再视为与己无关，而是应当与基督宗教在寻求终极真实的路途上，相互照映，相互采光。

我建议在面对全球化的挑战时，彼此相互习取对方的语言并进行相互外推，这是交谈时的两个基本的方法。以外推的行为，慷慨地走向陌生人，可以成功地运用在语言的外推、实践的外推及本体的外推上。我在别处曾对语言[①]及实践的相互外推[②]有较多的发挥。在这本文中，我将针对本体的外推做较多的阐述。所谓本体外推，即以迂回的方式经由经验到真实本身，达至可普化：例如与他人、大自然甚至终极真实的直接体验，可以有助于我们间接了解不同科学的微世界（某一学科或研究计划）、不同族群的文化世界、不同宗教的宗教世界。本体的外推对于今日的宗教交谈最为重要，我们不再只采取概念上的辩论，愈辩愈远，而更好是用迂回方式经过体验去了解另一个宗教的终极真实，如果确实是终极真实，应可允许不同的人以多种方式去接近其不同的显相，否则往往只是宗教排他主义的托辞。

---

①语言的外推，是指人把其核心理念或主张的真理/价值/信念系统翻译成对方能懂的语言。若在翻译之后仍然有效，这就意味着该思想、表达、语言、价值或宗教信仰，在一定程度上具有可共同分享的特性。若这些在翻译过程中变得荒谬，那就应该承认它们的局限性，并因此对其原则、方法和有效性进行反省或检讨。

②实践的外推，是指人可以把其核心理念或主张的真理/文化表达/价值/宗教信仰，从其原先从出的社会或组织脉络中抽离出来，放入到他人的社会或组织脉络中，看其在什么程度上仍然能行得通。若它们在新的脉络中仍有价值，那么它们便在一定程度上具有可共同分享性。若在他人的脉络下行不通，则不应该怪罪或责备他人，相反，此时应该对自己主张的真理、文化表达/价值或宗教信仰，作出反省和自我批判。

对我而言，慷慨有更深刻的根源，那是出自终极真实本身以及人对于终极真实的经验。也因此，有必要诉诸认真研究密契和灵修，以求勉强得之。我将"密契"定义为"与终极真实密切契合的直接经验"，至于"灵修"则是"自我修养与成全的概念与做法，甚至能到达与终极真实的结合"。由于对于终极真实有各种不同的表达方式，例如：道家的道，中国大乘佛学的空或一心，儒家的天，或中，或诚，或仁体，基督宗教的三位一体天主或上帝等，也因此而有各种不同的密契论和灵修学，虽然它们在概念和实践上可能有些重叠或交互可通之处。在本篇论文里，我将集中在基督徒的密契与道家的灵修，尤其是关于随顺（或受动性）与慷慨，做一些跨文化的交谈，这对两者的相互了解与相互丰富，十分重要。

对于基督宗教而言，与天主或上帝建立亲密关系是最重要的宗教经验，而其灵修的终极目的，则是与天主或上帝结合。因此，基督徒灵修的最终目的便是密契或与天主或上帝的密契经验。另一方面，在中国的三教即儒、释、道的教义中，通常密契经验是融合于其灵修之中的。也就是说，中国灵修可以含摄密契。也因此，它们是处于对比的情况中：即使有差异，但仍然是互补的；即使有断裂，仍然是连续的。本文首先要讨论中国灵修和基督徒密契论的神学或本体宇宙论的基础，一方面专注在老子与庄子的思想上，另一方面则聚焦在托马斯与大德兰的神学与体验上。他们在这两个传统中都是哲学家与密契经验者。若缺少这种本体宇宙论的向度，便不可能在人的密契经验中讨论慷慨与被动。之后，我将进而讨论人在密契与灵修经验中的慷慨与被动，这是他们对于终极真实的密契经验的结果，并且借此而获得灵性的成全。

二、道家灵修的本体宇宙论基础：老子的道是终极真实

首先，让我们先讨论道家的观点，之后再与基督徒的观点进行比较。对老子而言，"道"是作为那能自行开显的终极真实。"道"并非概念，因为若将它视为概念，就等同于说它仅是概念上的存在或理性建构的实在，因而有别于真实本身。这便是为何老子会说"道可道，非常道；名可名，非常名"（《老子》第一章）的理由。虽然如此，老子仍以数个特征表达这深不可测而又无名的"道"，

例如，他说"道"是"有状混成""寂兮""寥兮""独立""不垓""周行""不殆""天下母""大""逝""远""返"等。老子描述的这些特征虽然不完全，并且有"强为之名"的意味，然"道"确有其不断开显与扩张的进程。"道"是能够自行开显的终极真实本身，它首先开显为无限的可能性，其次再显现为万物。然而，由于老子担心将"道"局限在人的经验之中，为此，对于老子而言，"道"是无位格的，在《老子》里，我们看不到他有关"道"是否拥有理性、意志或爱的讨论。而且，若道果真拥有如此属性，这也与"道"的无位格的想法不相符。所以，按照老子的观点，所有万物的存在，以及尚未成物的种种可能性，所有的经验，包括人的密契经验，其本体论的基础便是作为无位格的终极真实的"道"。

按照老子的主张，"道"透过两个本体论环节来开显自己，即"无"与"有"。首先，"无"并非空无一物，它表示在万物之前。"道"首先开显为意指奥妙无穷的可能性，而"有"则是成为实际物、实现与实体。由于可能性先于现实性，对老子而言，"无"的环节先于"有"的环节。因此老子说："天下万物生于有，有生于无。"（《老子》第四十章）道的开显过程应该是：首先，道开显为可能性；之后，某些可能性实现为实际的具体之始有，并在分化与复杂化的过程中，转变为许多实体，甚至身体。

在老子思想里有极深刻的慷慨观，超越人的慷慨，而直指慷慨的本体论和宇宙论的基础，也就是道。老子告诉我们，"道"是深不可测的，是永不枯竭的终极真实，它首先主动超越自己，开显出无限可能性，并生出万物，而不是如基督宗教所言的"无中创造"，从没有万物到创造出万物。因此，我们可以说，在无位格的"道"的自我开显过程中，它首先慷慨地开显为无限的可能性，然后再使某些可能性具体化成为万物，可以说是在道自我开显的慷慨行动里，首先产生了可能性，其后则有实体与有身之物。

晚近出土的《恒先》竹简，对于老子关于"道"的慷慨产生出无、有，提供了文本上的支持，该文可能编写于老子之后。内容如下：

> 恒先无有，质、静、虚。质，大质；静，大静；虚，大虚。自厌不自忍，或作。有或，焉有气。有气，焉有有。有有，焉有始。有始，焉有往者。[1]

---

[1]马承源主编：《上海博物馆藏战国楚竹书 三》，上海古籍出版社2003年版，第288页。

在此文本中，"恒"是"道"的别名，它先于无和有，具有极大的简单、安静与虚空的属性，由于不以停留于自身内为已足，因而走出自己，造生空间；然后，在空间中造生了气，以及随后由气分化而产出的有限之物，由此而生出有开端之物，然凡有开端者，也就有其终结。这文本表达了"道"的慷慨，主动走出自己，生出宇宙万物，借着"道"的原初慷慨，超越自己而走向多元他者的行动。

在《老子》里，道的第一个慷慨行动，便是开显了奥妙的可能性，由于可能性不可触摸、无可计量，因而称之为"无"。然后，由这些无限的可能性中，道将某些可能性具体化，使它们成为"有"。这可视为"道"的第二个慷慨行动。借着分化与复杂化的过程（一生二，二生三，三生万物），不断地创生更多的事物，这便是"道"在天地间持续的、无止境的慷慨行动。此处的"万物"，代表了道家"多元他者"的概念。生出万物之后，"道"就住在每个事物里面，而成为它们的"德"（能力、创生力）。"德"呈现在所有存在物之中，经由其全面展开，以便将它们全都带回根源，亦即道本身。

这意味着"道"本身是无限的。于老子而言，其宇宙诞生虽有个开端，但其未来则是无止境的。然而，道本身应属无穷无尽。庄子更清楚地表明了这点。对于庄子而言，"道"及其在时空中无穷无尽的开显，是无限的，因此不能用言语表达。言语只能诉说有形的事物，却不能谈论"道"本身。因此，我们甚至不能说宇宙有第一因，或没有第一因。庄子说：

> 或之使，莫之为，疑之所假。吾观之本，其往无穷。吾求之末，其来无止。无穷无止，言之无也，与物同理；或使莫为，言之本也，与物终始。……道之为名，所假而行。或使莫为，在物一曲，夫胡为于大方？言而足，则终日言而尽道；言而不足，则终日言而尽物。道，物之极，言默不足以载，非言非默，议其有极。（《庄子·则阳》）

由于"道"本身是无限的，它生化万物，是物物者，不应将它视为物，因其无穷，言语无法描述它，无论是说有或没有第一因，皆不足以表达它于万一。然而，庄子却另以"游于无穷"或"与造物者游"，来讲述密契经验。我们可以想象，因为"游"是忘我的融入式互动，是对等的完全融入，对于庄子而言，密契经验是两者（道与圣人）融入式的互动，一而非一，二而非二，而不是完全地融为一体。

最后要提及的是，若道是无限的，则它必能超越性别，超越"阴"与"阳"的区分，因为分别总是有限的。诚如《老子》《庄子》《恒先》及许多其他中国哲学著作（例如周敦颐的《太极图说》）所证实的，无限的终极真实超越了有与无、阴与阳、动与静等区分，因此它并没有性别，或说是超越了性别，超越了阴与阳的区分。在宇宙创生之后，或于空间中产生"气"之后，即一切有限之物出现之后，才开始有了阴与阳、动与静以及有限之物相互之间有规律的互动。然而在道本身，则未有此种种区分。

在有关道是否有智慧、仁爱的特性的议题上，老子大不同于下文所论的托马斯。托马斯主张天主是智慧与爱，老子却认为，"道"的本身是无位格的，根本无所谓的爱与仁可言，即使"道"是慷慨的根源，且在奥妙的可能性与宇宙万物的存在上开显自身，但仍无仁爱可言。老子和庄子都将"爱"理解为对于某些个体或局部的偏好，然而"道"本身是普遍的。思想与爱都是专属于人性的活动，太过人性了，诚如老子所说"天地不仁"（《老子》第五章），或庄子所说"仁常则不周"（《庄子·齐物论》）。对于老子而言，由于"道"的原初慷慨，超越自身，却在具体世界中开显了自身，因而化生了宇宙。然对于托马斯而言，宇宙的创造是出于天主的爱与慷慨的给予，世界的创造显示了天主的理性、爱与永不止息的慷慨给予，同时创造也是形成秩序的过程，因而衍生出永恒律的观念。对老子而言，"天道"代表了规理万物的自然律；然而对于托马斯而言，天主的永恒律为宇宙的秩序制定了自然法。

三、三位一体的天主是基督徒密契论的本体论基础：
托马斯的神学论述

对于基督宗教而言，其神学或本体论的基础是三位一体的天主或上帝，他是精神性的终极真实，是一切受造物——无论人或非人——的原始原因和最终目的。然而，人们所思、所言的有关天主的论述，终究无法达到天主本身的完美——那最为卓越的成全。因此，必须要透过肯定神学（*via positiva*）、否定神学（via negativa）和卓越神学（via excellentia）三层的向上辩证①，来了解天主于万一。

　　大多数的基督徒密契经验者都指向三位一体的天主，以之作为密切契合的对象，他是完全的、无限的精神体，以之作为密契经验的本体论基础。托马斯对于三位一体中有关"位格"的理解，是指"最成全的本性——以理性为本性的个别实体。由于一切事物的美好必须归属于天主，因为他的本质包含一切完善，这'位格'的名称适用于天主，然而并非以它适用于受造物的方式，而是以更卓越的方式适用于天主"②。所谓三位一体，包含天主父、天主子和天主圣神。天主父是深不可测、无可言喻的元神；他同时发而为智慧、理性与话语，也因此转成为第二位，亦即天主子，借着他，天主父创造一切实际的存在物与一切的可能性；第三位称为天主圣神，是天主的爱与恩赐。天主以他的智慧，慷慨地创造了宇宙及其中一切受造物，使它们存在。天主父爱他的子，子也爱父，他们也爱每一个存在的受造物。托马斯深深了解天主的原初慷慨，因而说圣神是爱与恩赐。对于托马斯而言，"爱"便是我们对于圣神最适当的称呼。他说："在天主内，爱的称呼可以用在本质与位格上。若将它用于位格上，它便是圣神的名字；若用于圣言上，便是圣子的名字。"③托马斯又说：

　　　　因为天主父说出的话，万物产生，圣言是天主的一句话，代表天主父与万物。因此，借着圣神，他爱他自己及万物，由于圣神发出爱与美善，天主父爱他自己和万物。因此，很明显，天主与受造物的关系意味着在圣言与圣神之爱内的关系，是次要方式，因为神圣的真理与美善是了解和爱所有受造物的原则。④

　　对我而言，当托马斯说圣神是恩赐时，他所要表达的意思具有令人着迷而又深刻的哲学思想，远超过列维纳斯与德里达二人的好客伦理学所强调的礼物

---

①肯定神学（via positiva）是说，万物所有的美善，天主皆有。否定神学（via negativa）是说，天主的美善，不是万物的美善所能比拟。这是前现代的批判观念。卓越神学（via excellentia）是说，天主的美善，要比万物的美善更形卓越。

②Aquinas, *Summa theologica*, I, q. 29, a. 3.

③Aquinas, *Summa theologica*, I, q. 37, a. 1.

④Aquinas, *Summa theologica*, I, q. 37, a. 1.

（*don, gift*）概念，事实上，好客是一种被动的慷慨。然而，按照托马斯的说法："天父的神圣本质便是恩赐，可当作天父的独特性"[1]，"因为圣神出自天父的爱，称为恩赐是很恰当的，圣子也是发自天父。按照天父的话，圣子也是出自天父的爱。天主深爱世界，因此，赐下他的独生子。"[2]对我而言，这便是一种根本上的主动慷慨。

按照托马斯的主张，天主以他的智慧、理性或话语创造了世界，天主的话语成为世界的秩序与规律的根源。他的爱，或称为圣神，是他爱圣子并给予世界的礼物。创造世界是理智与爱的行为。天主或上帝的智慧包含了世界所有的原理。由于世界是因天主的爱而受造的，因此，世界是出自天主的爱的慷慨恩赐。可以说，因为有爱，所以才有慷慨与恩赐。

依托马斯的思想，三位一体的信理神学，表示天主三位一体既是实体性的，同时也是关系性的。对于托马斯而言，天主是实体，表示他是全面自觉、完全自我透明的独立自存的存有本身；然而由于三位彼此以爱密切相关，他也是关系性的终极真实。诚如托马斯所说：

> 天主内的关系不是如同物体的偶然因素，而是天主神圣性的本质，是神圣本质的内在的存在性。因此，天主是头，即是，天主父，是神圣的一位。神圣的一位表示存在的关系。以实体方式表示关系。这种关系是在神圣本性中的基础，虽然在真理中，神圣本性中的本质便是天主的本性。因此，我们可以说"位"的名称便是直接表示关系，本质是间接的表达方式，然而，关系的表达并非如此，而是以基础方式表达。[3]

换言之，天主是精神性的实体，以其智能和爱来显示三位之间的关系，他既是实体又是关系，以他的根源性与无止境的慷慨来创造万物。因此，他是所有存在和将要存在的一切的本体宇宙论的基础，借着他，有了包罗万象的宇宙，包括每种有限存在可能有的经验，其中当然也包含了密契经验。

---

[1] Aquinas, *Summa theologica*, I, q. 37, a. 2.
[2] Aquinas, *Summa theologica*, I, q. 38, a. 1.
[3] Aquinas, *Summa theologica*, I, q. 29, a. 4.

四、大德兰以三位一体天主为基础的论述

当托马斯谈到三位一体天主时，特别谈到天主圣神是爱与恩赐时，确实极为深刻又感人。可惜的是，当托马斯在其密契经验之后，他说："自从有了那些启示给我的事物之后，我曾写过的一切，都好似稻草一般。"因而停笔，不再继续写完《神学大全》了。[①]我认为，他应该继续撰写并完成这本巨著，尤其应写出他的密契经验，使日后的追随者有文字记录，因而有可依循的路径。幸运的是，其后的大德兰，当她有了多次与天主的密契经验之后，写到了三位一体的天主。换言之，当托马斯从论述天主转升到经验天主时，他不再谈论他对天主的经验；然而大德兰在经验天主之时，也继续谈论她对天主的经验。因此，我们现在从托马斯的神学论述，转进圣女大德兰的密契论述。的确，当大德兰提到以三位一体天主作为她灵魂的中心之时，天主圣三就成为她密契论的基础，她说：

> 借着一些神秘的显示，至尊的三位一体天主以闪亮的光显现，像一片光耀的云彩。三位一体的天主，各有分别；将崇高的知识灌注在我的灵魂内，使我的灵魂充满真理，即是，三位具有同一性质、权力与知识，是同一的天主。因此，我们所拥有的信仰道理，是以看见来了解，虽然我们不以肉眼，不以灵魂的眼睛看见至圣天主圣三，这也不是想象的。天主圣三与灵魂沟通，对灵魂说话，使灵魂了解我主在福音中所说的话，他和父及圣神将要住在那些爱他及遵守他的诫命的灵魂里。[②]

因此，这具有同一本性，但又各有区别的三位一体天主，已经启示给了大德兰，并且她也已经体验到，这就成为她密契经验的核心，也就是其本体论的基础；不是以信仰的道理，而是以直接的方式启示给灵魂的；不是作为视觉的图

[①]故事是这样的：在圣尼各拉斯的瞻礼日，圣托马斯正在举行弥撒，突然蒙获密契恩宠，在密契中所亲见是如此地生动，从此他不再继续完成《神学大全》的写作。在回答其助理雷吉纳修士的询问时，他说："是该停止的时候了。与我在天启中所见，我所写仅只是稻草而已。"后来，雷修士请他回来继续写作，他说："我不能再写了。我之所见，使我所写宛如稻草。"
[②]St. Teresa of Avila, *The Interior Castle, or, The Mansions*, ed. Benedict Zimmerman (London: Thomas Baker, 1921), 265–267.

像，而是唯有灵魂的眼睛才能看见并因而了悟。三位一体的天主与她的灵魂沟通，并且住在她的灵魂内。的确，他们住在其灵魂深处的内心。这种与天主圣三的直接体验，不是只用听见或相信，而是就在她的灵魂里，"他们住在灵魂的中心和深处"，"啊，我的天主，以这种方式了解三位一体天主的真理，与仅仅听见和相信，是何等不同！灵魂每天都充满惊讶，因为至圣天主圣三似乎总不离开；以我描述的方式，可以确实看见，即是，天主圣三住在灵魂的中心和深处；虽然缺乏描述的学识，但却能意识到这神圣的伴侣住在灵魂内里。"①

因此，基于这起始于天主的启示，她的密契经验正在于被动地接受天主爱的标记和恩赐。对于大德兰而言，她接受这爱的标记，或爱的力量。她写道：

> 啊灵魂，这是爱的力量，
> 把你印在我的心上。
> 没有一名手工艺者有如此的技术，
> 无论他的技巧如何，
> 他也无法将你的图像印在我心上。
> 爱给予你生命……
> 美丽的这一位，假如你迷失了自己，
> 你将在我已烙印的胸上看你的像。
> 灵魂，在我内寻找你自己吧。②

大德兰接受的这一极其深刻的密契经验，是来自天主/上帝至高无上的恩赐。在此同时，她又说道：

> 天主第一次赐予这恩宠，借着想象中的他的至圣人性的神视，将他自己启示给灵魂，使她能了解和认出她所领受的恩赐。③

然而，三位一体的天主/上帝并没有全然地显现，的确，人类语言无法表达那

---

①St. Teresa of Avila, *The Interior Castle, or, The Mansions*, 267.

②St. Teresa of Avila, "Alma, buscarte has en Mi," quoted in *The Interior Castle, or, The Mansions*, 275.

③St. Teresa of Avila, *The Interior Castle, or, The Mansions*, 269–270.

深不可测的三位一体的天主／上帝，无限的天主／上帝永远也不可能将自己完全显示给有限的灵魂，也因此总有隐藏的天主／上帝。也因此，这里便会有类似圣十字若望所说的"灵魂的黑夜"。对于这位深不可测又不为人知的天主，大德兰也有相同的经验，并不是因为她看不见他，或不了解他，而是似乎他关上了门，让自己处在黑暗中。她说：

> 这种临在不是常常让人完全认得出的，即是，如同第一次极为清楚地显现，或有时天主重新赐予这恩惠，否则，接受者不可能参与什么，也不能活在世上。虽然不是常常借着明亮的光而看见，但无论何时，当她反省时，她总觉得有至圣天主圣三的陪伴。这就如同，当我们与别人在一间极为明亮的房间里，有人关上门，使房间变暗，我们能确定的是别人都在，虽然我们看不见他们。①

天主隐藏的一面，不是人所能掌握的。天主启示他所想要启示的，人完全处于被动。天主采取主动启示他自己，他选择启示自己的时间及内容。在这方面，人只能随顺。这便是在密契经验中一切受动性（passivity）的根源。大德兰写道：

> 你可能问道："难道她不能重回光中，看见三位一体的天主吗？"这不在她的能力中，当我主选择时，他将打开了解的大门。他向她显示极大的仁慈，总不抛弃她，使她清楚地认出他来。至尊陛下似乎以这神圣的陪伴来准备让他的新娘接受更大的事务，在各个方面帮助她达到成全，并且当天主赐予她其他恩宠时，除去她有时感觉到的害怕。②

诚如我们清楚地看见的，看见或看不见天主／上帝，都不在大德兰的能力之中。在她的密契经验里，随顺或受动性的根源，就在天主／上帝的深不可测之中。这不仅对大德兰是特殊状况，在所有一般的密契论里也是证据确凿的。天主／上帝采取主动向大德兰启示他的神秘性，是她能在各方面到达成全的原因，使她深信不会失掉天主／上帝的恩宠。

---

①St. Teresa of Avila, *The Interior Castle, or, The Mansions*, 268.
②St. Teresa of Avila, *The Interior Castle, or, The Mansions*, 268–269.

五、从慷慨到随顺（相互性或律法）：老子与托马斯

无论基督信仰中的天主/上帝，或道家的"道"，除了终极真实的深不可测、无可言喻之外，其受动性也包含在宇宙受造之后终极真实本身所依循的宇宙秩序、律法或相互性的法则之中。

首先，在托马斯，对于如何从天主/上帝的原初慷慨，产生出秩序与律法，可以由先前的分析里找到答案。首先，天主/上帝本身就是智慧与理性，宇宙中的秩序便是依据这一智慧与理性而成为运行的法则。法则创造秩序，而非混乱。其次，为了要照顾所有受造物的共同善（common good），减少冲突，合该有合理的秩序与律法。再次，天主的理性与爱将敦促万物与人类进步——甚至会超越对秩序的既有认知，而达到对于天主的秩序与爱的更高层级、更有深度的了解。

因此，天主会依循他自己的智慧与爱来运行宇宙，那便是宇宙中的永恒法则（eternal law）。在某种意义上，天主在这样的规范性与律法中是被动的，甚至是无涉于其位格的。对于托马斯而言，宇宙中所有运行与改变的过程，都在永恒律的掌管之下。理性与非理性的存在物，都在永恒律之下顺从定则。人类意识到或了解了这些律法，并依循之；非理性的受造物虽不了解这些律法，却仍被天主的律则所推动并依循之。

相较之下，对于道家，老子认为，宇宙历程的构成，首在于"道"生成万物的历程；其次，万物最后回归于"道"。"道"创生万物，以此显示其原初慷慨。诚如我们在《老子》中所读到的："道生一，一生二，二生三，三生万物。万物负阴而抱阳，冲气以为和。"（第四十二章）。因此，在本体与宇宙论的层面上，"道"是万物的根源，由它而开展出分化与复杂化的过程，并借着有与无、阴与阳、动与静，相互间的辩证性、规律性的互动过程，方能返回于道，并达至和谐。

若论老子所谓自然法则，可分三点论之。第一，结构性的自然法则。宇宙万物在结构上，皆是由一些对立元结构而成的。例如：有、无；长、短；高、下；动、静；阴、阳；等等，彼此皆在差异中有互补、对立中有统一，"万物负阴而抱阳，冲气以为和"。看待万物，皆必须兼顾其对立面，正如一个铜板，见其一面，一定还有另外一面。第二，动态性的自然法则。在变化过程中，当某一状态发展至穷尽，便会朝向其对立面转移，以至出现"祸兮福之所倚，福兮祸之所伏……正复为奇，善复为妖"（《老子》第五十八章）、"曲则全，枉则直，洼

则盈，敝则新，少则得，多则惑"（《老子》第二十二章）、"重为轻根，静为躁君"（《老子》第二十六章）等情况。第三，目的性的自然法则。万物之运动与变化的最终目的是朝向道本身返回，万物越是变化至极，越将终返于道。郭店竹简作"返也者，道僮（动）也"[①]，将"反"同时意味着"相反"与"返回"的歧义性及其丰富性简单化了，单纯只就其"返回"一义而言，表示万物皆朝向道返回而动，这是道在万物之中运作的动力与效果。因为道既以分殊化的程序产生万物，又内在其中运作，带领万物返回自身。在竹简《老子》以外，其余各版本皆有"道生一，一生二，二生三，三生万物"一段文字，明确交代由道生出万物，也就是由道论至宇宙论的步骤，可以明白见出存在的根源即是变化的目的。

天道的规律或自然律是如何出自道的原初慷慨呢？根据新近出土的《太一生水》的文本，"太一"代表产生万物的"道"，借着其一步一步地创生与物质化，产生万物，并使之各归其位，使之井然有序。此出土文本的内容是：

> 太一生水，水反辅太一，是以成天。天反辅太一，是以成地。天地复相辅也，是以成神明。神明复相辅也，是以成阴阳。阴阳复相辅也，是以成四时。四时复相辅也，是以成沧热。沧热复相辅也，是以成湿燥。湿燥复相辅也，成岁而止。[②]

可见，道的创生行动似乎总是借相辅与互助来产生，这意味着相互性与规律性，借之最终导入秩序与规律的概念。请注意，当一年四季的规律形成之时，创生过程就从此停止。可以说，这一文本将宇宙生发过程，予以具体化，特别说明物质世界与时序规律的出现，乃至"成岁而止"。可见，对于相互性与秩序的需要，将原初慷慨引入到大自然规律的法则或范式中了。创造的根源既产生了相互关系，又将自己涉入相互性之中，建立了大自然的规律与法则，万物皆依从它。因此可以说，终极真实以某种顺服形式依循自己所定的规律或自然法则。

总之，对于基督信仰而言，密契论的本体论和宇宙论基础，在于天主/上帝的关系性，以爱和赠礼走出自己，创造了宇宙万物；而受造物的受动性在于遵从天主的法则，即遵守他制定的律法。在道家而言，"道"走出自己，生成天与地，

---

① 荆门市博物馆编：《郭店楚墓竹简》，文物出版社1998年版，第113页。
② 荆门市博物馆编：《郭店楚墓竹简》，第125页。

借相互性建造了自己也涉入其中的规律性，并在所有行动中遵循"天道"。再者，天主/上帝因为爱而创造；他遵循律法及强调相互性，是因为要维护正义。然而，天主/上帝的爱远超过律法，且在促成爱的过程中，并不失去正义。诚如耶稣所说的："不要认为我来是要废除法律或先知；我来不是为废除，而是为了完成。"（《圣经·马太福音》）。同样，道给出了客观的自然法则的秩序，并维护其秩序，因而确保了世界上的正义。虽然如此，并不阻碍道本身的慷慨超越一切规律与秩序。

六、基督徒神秘经验中的随顺（受动）与慷慨

当我读到嘉比萼神父（Father Gabriel of St. Mary Magdalen，1893—1953）写道，大德兰在《全德之路》（*The Way of Perfection*）中所说，便是一个慷慨的召唤时，[1]在我心中引起了极深的共鸣。他继续说，对于大德兰而言，通往最高道德理想的快捷方式，便是"默观之路"。默观生活的道路便是慷慨之路。她说："天主习惯将这感谢的恩宠赐予灵魂，灵魂慷慨地准备自己去接受这恩宠。"大德兰的苦修是整合性的，而非严厉性的，是生于爱的精神，出自渴慕得到天主的友谊，渴望将一切交给天主，因为"除非灵魂将自己完全交给天主，否则天主不会将自己完全给予灵魂。"[2]这便是为何嘉比萼神父在这里谈到"慷慨的美德"。诚如我们所看到的，慷慨美德的本质结合了苦修和自我约束的德行，也包含随顺（被动性）。因此，诚如嘉比萼神父所指出的，大德兰所奠定的默观生活的基础，便是操练这些德行，"首先是彼此相爱，其次是摆脱对受造物的牵挂，第三是真正的谦逊，虽然将谦逊放在最后，但它却是第一名，因为它包含了其他德行"[3]。因此，一方面这是具有主动力的爱、慷慨和恩赐，另一方面也是谦逊、苦修及默观等，较属消极与被动。事实上，这是兼主动慷慨与被动慷慨而有

---

①Father Gabriel of St. Mary Magdalen, *St. Teresa of Jesus* (Westminster: Newman Press, 1949), 69.
②以上文字皆引自 Father Gabriel of St. Mary Magdalen, *St. Teresa of Jesus*, 69。
③Father Gabriel of St. Mary Magdalen, *St. Teresa of Jesus*, 57.

之，居于将自己完全交给天主与约束自我或甚至放弃自我之间，在与天主结合和在工作中服务他人之间的辩证。嘉比莘神父似乎比较强调大德兰的被动慷慨、自我约束等消极面，亦即苦修与谦逊；而我则更强调她慷慨的主动积极面，即怀着爱心去为更多人工作。

大德兰是一位善于使用象征的专家，她在《灵心城堡》一书里使用了一些象征，例如结婚与订婚的区别。对她而言，采用这一象征更能说明天主与一个密契经验者之间的关系。它不像订婚者之间的关系，因为订婚的两人有时候仍会分离，"虽然两者结合，但结合的恩宠常会消失，其分开仍是可能的，并且彼此保持为独立个体"[1]。至于婚姻的关系，则是他永远住在你心中，你总是为他工作，慷慨地、顺服地为他做一切事，包括为众人服务，因为耶稣常说："我实在告诉你们，你们为我最小的弟兄姊妹做的，你们就是为我做。"[2]这的确是一个极好的比喻，也是一项强而有力的辩证，因为完全顺服的精神必定充满了慷慨的精神。"因为这秘密的结合发生在灵魂的最深处，这是天主必定居住的地方。我相信，不需要经过门户就可进入。我说：'不需要经过门户。'因为，我描述的似乎是借着感觉与感官，去感受主的人性，然而在神婚中的结合，是极为不同的。在这里，天主出现在灵魂的中心，不是借着想象，而是借着理智的神视，比先前所见的更为密契得多了，就如同当他显现给宗徒时，不需要经过门户，直接向他们说：'愿你们平安'一样。"[3]在这里，她以"不需要经过门户"来表达完全顺服天主的旨意，因为天主直接进入他所想要进入的灵魂里。

此外，大德兰也以雨水下到河里的比喻，来描绘这一神婚。"神婚如同雨水下到河流中或小溪里，成为同样的水，因此，河水和雨水不再能分开，或者如同流入海洋的小溪，无法再区分彼此了。这种婚姻也好似从两扇窗户射进屋内的光线，虽然由不同窗户射进来，但屋内的光线却都成为相同的光线了。"[4]

这种亲密的关系，在灵魂上产生两种结果：第一种结果是，"完全的忘我，她似乎不再存在了，由于这种在灵魂上的转变，她不再认识自己了，也不再记得天堂，或生命，或光荣是属于她的了，似乎完全专心寻找天主所喜悦的。"第二种结果是，"受苦的强烈渴望，虽然不会如先前一样地打乱她的平安，因为这些

---

①St. Teresa of Avila, *The Interior Castle, or, The Mansions*, 272.

②Mathew 25: 40.

③St. Teresa of Avila, *The Interior Castle, or, The Mansions*, 271–272.

④St. Teresa of Avila, *The Interior Castle, or, The Mansions*, 273.

灵魂愿意承行天主旨意的热诚渴望，使她们默默赞同他的一切作为。"因此，这些密契经验者显示出"侍奉他的热烈渴望，使他常受到赞美，并尽最大力量帮助别人"。[1]为此，凡是为天主工作的人，"这神婚的子女，常常是善工。工作是正确的记号，它表示热诚是出自天主"。故此，玛尔大与玛利亚，都一样地在侍奉主。

> 让我们不要做梦吧，请相信我，玛尔大与玛利亚都必须款待我们的主，待他如上宾，她们不会冷落他，而不给他食物。假如她的姐姐不帮助她，玛利亚如何可以坐在主的脚边呢？[2]

玛利亚的工作与玛尔大的工作是互补的。默观的生活仍然要求我们为天主、当然也为他人工作，那是非常耗费时间和生命的，甚至，有时我们并没有时间做默观和祈祷。关于这一点，爱克哈特大师似乎也强调，为耶稣付出劳力比仅仅聆听他，更需要一个高度成熟的灵魂。因此，对他而言，玛尔大拥有较高层次的灵性成熟，因为她为了爱基督而工作。爱克哈特大师说：

> 有三件事使得玛尔大为服务她所爱的基督忙进忙出。首先是她的成熟度和她的存在基础，使她具有担任这工作的能力。第二是她明智地了解如何完善地执行这爱的命令。第三是服务这位尊贵的客人是一份殊荣。[3]

因此，爱克哈特大师反对教父的作品中，将默观的生活（玛利亚）高于服务的生活（玛尔大）的习俗解释，他反而强调两者的结合。这便是为何关于玛利亚的部分，他会这样说：

> 玛利亚坐在耶稣脚边，聆听他，她在学习，因为她仍然处于受教阶段，学习如何生活。日后，当基督升天后，她领受圣神，那时她才开始服务他人，走遍各地，宣讲及教导，成为一名仆人。[4]

---

[1] St. Teresa of Avila, *The Interior Castle, or, The Mansions*, 279–280.
[2] St. Teresa of Avila, *The Interior Castle, or, The Mansions*, 294–295.
[3] Meister Eckhart, *Selected Writings*, trans. Oliver Davies (New York: Penguin Classics, 1994), 193.
[4] Eckhart, *Selected Writings*, 202.

我可以这样说：虽然爱克哈特大师由于自己拥有极深厚的默观生活，可能会过于强调服务与工作的重要性，但是，我要说，默观与服务应两相结合，两者应保持平衡，因为它们是一体的两面。诚如大德兰所说，"玛利亚也以自己的头发擦拭耶稣的脚"[①]，尽了服务耶稣的职责。

七、道家灵修经验中的慷慨与随顺

现在，让我们回到道家的论点。首先，我要说，由于"道"原本走出自己，创生万物的慷慨行动，当圣人效法这一慷慨行动之时，便成立了一慷慨的伦理行动，及其所含有的慷慨伦理学意涵。圣人以"道"为其生活典范，将"道"融入自己的内心，以获得这无偿恩宠的心，慷慨对待他人，在他慷慨分施他人以赠礼之时，也丰富了自己生命的意义。"圣人不积。既以为人己愈有。既以与人己愈多。"基本上，圣人所作所为，以及其所给予他人的，正是向他们开启各自展现其"德"的可能性。圣人的宽宏大量也表达在当人们或万物有急需之时，他在对于人、对于物的造福、滋养与拯救的行为上，诚如下列老子文本所示，有以下的慷慨作为：

> 上善若水，水善利万物而不争。（《老子》第八章）
> 圣人常善救人，故无弃人；常善救物，故无弃物；是谓袭明。（《老子》第二十七章）
> 万物归焉而不为主，可名为大；以其终不为大，故能成其大。（《老子》第三十四章）

在第一段文本里，圣人至高的慈善如同水一般，慷慨地造福万物，总不会伤害它们或甚至与之相争，而且行善不欲人知。第二段经文指出，在紧急状况中，圣人的善巧，表现在解救他人、它物上。此处"袭明"是指遵从内在本性或人与

---

①St. Teresa of Avila, *The Interior Castle, or, The Mansions*, 295.

万物的"德"而获得的智慧之光。意思是，圣人顺从他们各自的"德"，去解救急需帮助的人与万物。圣人之所以能这样做，是因为他遵循"道"的榜样而做出慷慨的行动，也是遵从所有的人与万物的"德"自行展现。最后一段强调，圣人按照万物的本性，平和地保护及养育它们，没有任何宰制的主观意志，甚至不假装自己是个大人物，因此，呈现了完全的忘我的伟大人格。

对于老子而言，最高的"德"是与"道"完全结合，并分享其自发的慷慨，这一德的特性是：包容一切、纯洁无瑕、简单朴实、原初慷慨和忘我精神。一方面，它强调必须将我们所有的运动感知、知觉经验、理智推理与概念化作用、社会规范与价值等逐一剥除，如现象学所谓"放入括号""存而不论"；另一方面，是进行灵性修炼，从调节身体姿势与呼吸开始，以便消减个人欲望，并且更加前进，达至本质直观，以物付物，使万物睹现自身本来面貌。

老子在《道德经》第十章叙述如何到达这一境界的步骤。首先，人将自己的魂（属心）与魄（属身）结合为一。然后，调整呼吸，专注于气而练之，逐渐成为如婴儿般单纯柔软，这是一种对人存在的原初状况的比喻。接着，人应净化自己的意识，使得人的精神如同镜子一般，明亮无瑕，借此，人能睹现万物的本性，让它们各自呈现本来面貌。在完成了以上自我修养的三个步骤之后，方能进到以爱心服务众人，治理国家。这一步骤的原则便是无为，即不以个别殊善的行为打扰人民，而是以共同善的行为完成一切。

如此之后，才来到重要的步骤，即"与天合一"。老子说："天门开阖，能为雌乎？"（《老子》第十章）在此，达到了"事天"或以随顺或被动方式与天合一的最高层次。老子在这里提出了阴性、顺从与柔弱的原则。老子在《老子》第四十章里说："反者道之动，柔者道之用。"这意思是说：人应该顺从"道"，毫无个人的意志，无任何控制欲，完全依循道的韵律，随道而去。人应该以任"道"成其为"道"的方式生活、行动。在此，人得与道家最深刻的密契经验相遇，即是以最高程度的被动性或随顺来遵从"道"，让"道"的韵律倾注并充满人的内心，任道将人带走。也就是说将"小我"放入"大道"的韵律、自发、普遍的行动中。的确，"无为"就是完全随顺于道。这并不是指什么都不做，而是指在做任何事时都顺从于道，由共同善、普遍行动着手，而不以局部的行为开始，采取自发的行动，而不造作。老子说：

> 治人事天莫若啬，夫唯啬，是谓早服，早服谓之重积德，重积德则无不克，无不克则莫知其极。（《老子》第五十九章）

此处所谓的"啬"，是指以最随顺（受动）的方式遵循"道"的韵律，以此方式来节省人的精神。的确，当人无为之时，也就是最为节省精神的时候，那便是完全随顺于道，使道成为人的行动的真正主体。换言之，使道成其为道，并使他人、他物成为他人、他物，也因此使自己成为真正的自己。

八、结论

在本文中，我所谓的"当今世界"的特征，便是处于全球化中不断超越的过程。我在引言中以凸显"全球化"来讨论当代性。在本结论中，我要谈谈所谓"世界"的意义。首先，事实上，我们会以多重意义来表达"世界"的概念。"世界"最广的意义，便是指整个宇宙，它正不断地超越自身，向外扩张。其次，如若将"世界"局限于人类，其意义在目前则是指全球化过程，在其中，借着各种网络、市场、社会政治与文化活动，都逐渐联结在一起。再次，它也指"文化世界"，在其中，来自不同文化传统的人们，现在都被推挤着去接触别人，并与他们交谈。"世界"还可以指每个人的知觉现象，即个人的生活、内在世界，代表着灵性上的自我修养和终究能到达纯全境界的期盼。所有这些"世界"，都是以连续与中断、差异与互补的方式，交互重叠着。我们可以用这样的画面来说明：当我们现在正在工作之际，此刻也正是来自与过去时刻的连续及中断，并导向创新的未来，那未来与目前虽有断裂，但仍是连续的。

今天的文化研究对于欧洲现代性提出强烈的批判，盼望从前现代的著作中，找到走出现代性自我或主体封闭世界迷宫的灵感。这便是为何我求助于两位道家古典作者——老子与庄子，以及中世纪神学家与哲学家托马斯，以及现代性初期的密契作者大德兰的原因，在他们的密契经验与灵修的著作中，窥探他们与终极真实的亲密关系。幸运的是，诠释学的方法允许我们能将他们的文本展读于现前，可以拿他们与当代的其他著作、行为与现象一起来解读。

慷慨与随顺（受动性）对于当今世界的跨界与超越的本性及其了解甚为重要。诚如老子与托马斯在本体宇宙论的层面上所指出的，宇宙万物，包括人的生命，不论类别与差异，都是由天主创造或在道的终极慷慨中创生。在灵性的层面上，密契论是建立在接受天主的爱或道的慷慨的经验上，并以完全随顺的方式遵循之；这些有必要呈现在慷慨为他人或多元他者的生命意义而工作的行动上，甚至不期盼获得任何的回报。人应该对多元他者传达爱与慷慨，好似作为天主之爱或道的慷慨的中介者或管道一般。

人与终极真实的结合，基督徒称之为"与天主结合"，老子称之为"事天"，庄子称之为"与造物者游"或"游于无穷"。基督徒的密契论与中国的灵修都证明那终究是可能的。这种"结合"表达了人的精神与无限的终极真实在互动中动态的融合关系，在结合为一时仍有分别，在分别中仍是一体。如此，融入式的互动并非全部的融合，诚如庄子所谓的"游"所言，与造物者游并不等同完全为一，否则就无游可言。在基督信仰里，则是与天主终极真实的爱的交谈。我们必须顺服地遵循无限者动态的韵律，然后以爱和正义为他人工作。这里，积极为他人所做的，就类似儒家的仁，诚如孔子与孟子所说："仁者爱人。"

在密契论里，"随顺"或"受动性"的意思是，在人与终极真实的经验中，有超越个人主体性的顺服依从。相反，强调人的主体性正是欧洲现代性的基本假定之一。①然而托马斯的神学论述和老子、庄子的道家思想，清楚地表明了前现代时期的观点是未受到现代主体性的污染的。这就是他们能给我们提供走出现代性瓶颈的启发性途径的原因。使我欣慰的是，大德兰出现于欧洲现代性的初期，她已经提出超越现代性的不安与窘困的真理，即当爱在完成正义之时，也超越了正义；当慷慨在完成相互性之时，也超越了相互性；当关系在完成个人之时，也超越了个体。换言之，所有这些思想家与密契论者都教导我们，爱在完成法律之时，也优先于法律；服务多元他者，优先于照顾自己；这种爱的关系更早于公义与正直，并完成后者。现代性及其所强调孤立的个人，甚或占有式的个人主义的宿命，如今迫切需要解构与转变。大德兰爱她的女儿们，她们也爱她；因而形成了一个爱的团体，挑战自我封闭的现代性，并开创了引导它走出瓶颈的道路，这都是建立在她在随顺（受动）与慷慨地与天主密契经验的基础上的。

---

① 我在其他地方曾讨论欧洲现代性的特征，包含主体哲学、表象文化、理性与宰制。参见Vincent Shen, "In Search of Modernity and Beyond—Development of Philosophy in the Republic of China in the Last Hundred Years," *China Review International* 19, no. 2 (2012): 153–155。

附录

阅《觉悟与救恩》^①一文的启示

净慧法师

2000年11月29日中午，上海复旦大学王雷泉教授来玉佛寺看我，并共进午斋。王教授将一份宗教比较学的文章《觉悟与救恩——佛教与基督教交谈》（台湾政治大学沈清松教授著）给我看。阅后，颇有一些启发。

特别是文中说到基督宗教的最高原则或原理，实在难以言喻，只有用"无"来表示。文章说："存在并不是独立自存的实体，而上帝则是独立自存的存在活动。除此之外，在这样的独立自存的存在活动当中，有无可穷尽、无可言喻的理想、可能性，它们都可能存在，但尚未存在。就这一点而言，正如'否定神学'所言，只能用负面和否定的方式加以理解。我们很难找出其他的语词，只能把这些无可言喻的可能性称之为'无'。如果没有这些'无'充斥于存有者的领域当中，存有就不可能再有进一步的实现了。"

真是"无一物中无尽藏，有花有月有楼台"，此处"无"之诠释颇类佛教之空义。"空"为无限发展之可能性，故《中论》云："以有空义故，一切法得成。"

该文引用了爱克哈特的话说："上帝是无。"并以此来与道家的"无"和佛教的"空"相比较，所不同的是，"在基督宗教的密契经验中，除此以外还有与上帝亲密的交谈和爱的融合"。

该文认为"效益论"和"义务论"都只能导致"非人性之科技与制度正造成各种异化现象"，从而使"当前世界正步入虚无主义的幽谷"。要克服这些现象，"佛教与基督宗教，以及其他精神文明传统，皆可发挥其德行伦理的胜义与

① 本书第十一章原稿。

实践"。

该文认为："戒定慧是佛教生活中三项基本的要素。其主要的目的是利他的能力的卓越化，和与众生关系的和谐化。"并说，这两点应为佛教的德行伦理的核心。该文同时也说："佛教的觉悟更多是与自我的关系，就是与自己本有佛性的关系，以及与万物的关系的和谐化，但其中并不包含与上帝的关系。"

佛教认为"众生皆有佛性"；基督教认为"人是上帝的肖像"。

同时佛教认为，人性的卓越化，意味着觉悟人生，即成佛；关系的和谐化意味着奉献人生，即度生。

该文有些观点值得我们认真思考："把神视为位格，更合乎人性。神是位格的，表示他能够认识，能够爱，而且我们也能向他祈祷。虽然神的非位格性也有一种深刻的意义，但是如果太坚持非位格性的论题，也会掉入一种无对应性的崇拜，没有交谈和互动（关系）。我认为人性最深刻的内在，除了自觉与自由，还需要和超越界交谈，才能够超越自我封限，否则，都会沉溺于对这种交谈的需要的冷漠当中。"

我们佛教界出现的那种理性化的倾向，认为佛是"寂灭"的、是"真如"、是"法界"、佛的法身不起作用、佛无感应等"理性化"的言论，在实践中证明是消极的，是使教团整体素质下降、信仰淡化的根本原因。太过理性化的言论也会导致因果观念的淡化，因为强调"空性"，一切都可以"空"掉，因果、罪福皆空，恶法不能止息，善法无由落实，其对佛教之负面影响，不可忽视。

我们要大力宣扬观世音菩萨的慈悲精神和地藏菩萨的救助精神，使佛教有人情味，有生机，有生命，要让释迦活起来，要让所有的佛菩萨都成为活生生的救世主。我们向佛祈祷，向佛求助，应该是有效的，是有求必应的。众生与诸佛菩萨本有的互动关系，要深刻地去发掘，去建立，去利用，不能让我们的祈祷成为"无对应"的行为，成为无效劳动，无益苦行。人有诚心，佛有感应，有感而应，这是客观事实，有"真空"，还要有"妙有"，才是圆满的教法。

众生处在无助的状态中，人生不能单靠自身的力量来完成自我的净化和超越，还必须有佛菩萨的加持和加被。佛菩萨的无缘大慈和同体大悲，是现实的，是普遍存在的。不管众生是否觉悟到有佛菩萨的存在，佛菩萨都会悲愍每一个众生，照顾每一个众生。佛光普照不能成为空话。"大慈大悲愍众生，大喜大舍济含识"，是真实不虚的。

愿我佛慈悲，救拔我们这些苦恼、无助的众生。

南无广大灵感救苦救难观世音菩萨！

索引

1. 外国人名索引

本书正文中的人名保留了作者的翻译。一些在其他出版物中的译法，在此以"另译"标出。

2. 外文书名索引